图书馆管理策略与阅读服务创新研究

邵帅 | 著

九州出版社
JIUZHOUPRESS

图书在版编目（CIP）数据

图书馆管理策略与阅读服务创新研究 / 邵帅著.
北京：九州出版社，2024. 8. -- ISBN 978-7-5225
-3424-4

Ⅰ．G25

中国国家版本馆CIP数据核字第2024ST4613号

图书馆管理策略与阅读服务创新研究

作　者	邵 帅 著
责任编辑	石增银
出版发行	九州出版社
地　址	北京市西城区阜外大街甲 35 号（100037）
发行电话	(010)68992190/3/5/6
网　址	www.jiuzhoupress.com
印　刷	北京星阳艺彩印刷技术有限公司
开　本	787 毫米 ×1092 毫米　16 开
印　张	15.5
字　数	253 千字
版　次	2024 年 8 月第 1 版
印　次	2024 年 8 月第 1 次印刷
书　号	ISBN 978-7-5225-3424-4
定　价	78.00 元

前　言

　　随着信息化技术的发展，图书馆的规模正在逐渐扩大，馆藏图书量也在增大，因此图书馆在管理与服务方面面临着巨大的挑战。当今时代也是信息化时代，随着信息技术的不断发展，知识的存储、传递和获取发生了根本的变化，从原始的纸质资料逐渐向数字信息发展。面对这些新的改变，图书馆必须改变服务模式与管理模式，改变自身的工作内容与方法，树立以人为本的管理理念，实施人性化服务，才能使图书馆的管理和服务与时代同步，真正满足人们对知识的需求。

　　本书首先论述了图书馆管理与服务理念，然后分析了图书馆人力资源管理、物力资源管理、财力资源管理、业务管理的相关内容，接下来对图书馆信息化服务以及图书馆阅读服务进行了阐述，最后探讨了图书馆阅读创新服务的实施策略。

　　本书在各级领导、同事和行业专家的支持和配合中得以完成，其顺利出版也得益于我校对学术专著的积极支持政策。同时，该书的撰写过程也得到了家人的大力支持和广泛理解，才得以使我能够全身心地投入创作之中。最后，还要感谢出版社的领导和编辑，是他们为本书的顺利出版做出了大量辛勤的劳动，使这本书得以呈现在读者面前。由于本人才疏学浅，加之可资参考和借鉴的资料不多，书中定会存在很多不足和欠缺之处，真诚希望各位同仁和广大读者批评指正，不吝赐教。

目　录

第一章
图书馆管理与服务理念

第一节　图书馆管理内涵

一、图书馆管理的概念

现代图书馆管理是人类现代管理活动的重要组成部分。作为一门新兴的交叉学科，现代图书馆管理是现代管理学理论与当代图书馆管理实践有机结合的产物。与传统的图书馆管理相比，现代图书馆管理已经显现出许多新的内容与特点。

图书馆管理是图书馆学研究的主要对象，也是图书馆学中的重要分支学科，是集业务管理与行政管理于一体的管理学应用学科。

国外学者一般不明确界定图书馆管理的内涵，国内许多学者分别给图书馆管理下了定义，以致学术界至今尚未取得统一的认识。

郭星寿认为："所谓图书馆管理，就是遵循图书馆工作的规律，依据管理工作的内容与程序，在图书馆系统最优化的条件下，充分利用其资源，以有效地实现其社会职能的一系列有组织的活动。"

于鸣镝认为："应用现代科学的理论与方法，遵照图书馆工作和图书馆事业的固有规律，最大限度地发挥图书馆人力、物力、财力等各种资源的作用，以便达到预定目标的决策过程，这就是图书馆的科学管理。"

黄宗忠认为："图书馆管理是根据图书馆满足社会读者需求的目的，通过决策、计划、组织、指挥、协调与控制等行动，最合理地分配与使用图书馆系统的人力、物力、财力等资源，使之发挥最大的效益，提高图书馆的效率，以达到图书馆预期的目标，完成图书馆任务的动态过程。"

谭祥金认为："图书馆管理是图书馆通过专门的机构和人员，合理配置和使用图书馆资源，达到预期目标的过程。"

刘喜申认为，图书馆管理是指图书馆的主管者通过实施决策、组织、领导、控制和创新等职能，来协调工作人员的行为，以达到图书馆预期目标的活动过程。

李松妹认为，现代图书馆管理是指：全面运用现代管理理论，用以指导现代图书馆全部活动，提升现代图书馆管理水平的整个过程。

上述几种定义或多或少是通过概括图书馆工作的客观规律、图书馆职能、图书馆资源、图书馆目标等要素来定义图书馆管理，都承认图书馆管理是一种管理活动或管理过程。

本书总结上述定义，给图书馆管理下了一个定义：图书馆管理是指引导人力资源、财力资源、信息资源和物质资源进入动态的图书馆以达到图书馆管理的目标，就是使其服务对象——读者满意，并且使服务的提供者——馆员获得一种高涨的士气和强烈的成就感的活动。

二、图书馆管理的特点

作为一种特殊的社会实践活动，图书馆管理具有一般社会实践所共有的客观性、能动性和社会历史性等特性。不过这一特性在图书馆管理中有其具体的表现形式。图书馆管理具有以下几个主要特性：

（一）综合性

图书馆的综合管理体现在多个维度。从空间角度而言，它渗透于图书馆的各项活动中，无论在哪个管理环节或者领域，只要涉及图书馆的操作，就必然伴随着管理行为的影子。时间维度上，图书馆的发展历程与管理的演变始终相伴相随。早在商朝时期，就已经出现了专门负责收藏、管理书籍的史官，尽管当时书籍的分类和目录编制尚未形成完整体系，但对于书籍的管理规则已然初具规模。例如，商朝史官会将编制好的甲骨文书籍进行标记，以便于后续的查找和使用。

随着信息技术的进步，图书馆的外在形态将不断演进。传统实体书籍的收藏和使用可能会减少，而网络图书馆、数字图书馆等新型形式将逐渐占据主导地位。尽管图书馆的形式在变，图书馆的管理职能并未因此而消失。无论是实体图书馆还是虚拟图书馆，管理工作始终是维系其正常运作的关键。

总的来说，图书馆管理是一个全方位、全时段的社会实践活动，它在图书馆系统的各个层面发挥着至关重要的作用。无论时代如何变迁，其综合性的特点始终不变。

（二）依附性

在图书馆运作中，管理职责涉及对各项核心服务的监督，包括文献的选择与采购、资料的分类与编排、借阅服务、查询咨询、资料检索以及情报分析等。

图书馆管理的特征在于其对各项服务活动的依存性：它的目标实现必须建立在这些服务活动的基础上，其管理流程始终与服务活动同步进行，而其成效则体现在服务活动的最终成果之中。换言之，图书馆管理的实质是通过对一项或多项服务活动的系统管理来体现其价值和功能。

（三）协调性

协调性的概念在管理领域指的是对不同管理目标之间关系的调整与优化，旨在实现它们之间的相互配合，并依据各自的规律达到整体的最优工作状态。在图书馆管理中，这种协调性体现得尤为独特：首要区别在于管理的焦点不同。通常，具体的业务活动关注的是明确的对象，如文献采选关注尚未收藏的书籍和其他文献载体，分类编目对已经采购的新资料进行整理，而读者咨询服务则直接面向读者本身。相比之下，图书馆管理更为宏观，其核心在于整个图书馆系统的业务活动，不仅包含这些活动本身，还涉及它们之间以及内部各要素之间的相互作用，目的是改善它们的工作效能。其次，区别在于任务性质。一般业务活动具有明确的目标，如采购用户需求的文献、转变文献形态、传递信息给读者、培训检索技巧或提供咨询服务等。图书馆管理则致力于调和人际关系及其利益，优化工作流程和状态，以确保业务活动能有序地结合在一起。

因此，图书馆管理呈现为一种灵活的社会工作形式，管理者通常不直接参与信息产品的制作或服务活动。他们的主要职责是通过内外部业务活动的协调，特别是员工间以及员工与读者间的关系调整，来解决方法、时间、资源或利益上的差异和冲突，使图书馆的业务活动能够和谐运作，并最终形成一个协同统一的整体，以最高效地满足用户的信息需求。

（四）组织性

图书馆管理的组织性体现在两个层面上：首先，管理行为总是在特定的机构框架内进行，如学校、科研、企业、公共及工会图书馆等。这些机构构成了管理行为的有序平台，是管理工作得以实施的主体。同时，这些机构也是管理的服务对象，因为管理的核心即是对特定图书馆的系统化运作。其次，图书馆管理本质上也是一种组织行为，它涉及将分散的资源，如人员、物资、财务、信息等整合，形成既稳定又能适应外部环境变化的双重结构体系。这一过程将杂乱无章的元素编织成一个互相关联、相互约束的体系，既是图书馆管理活动存在的实体基础，也是其动态调整的前提，以便在物质和社会层面上达到最优配合，推动图书馆系统朝既定目标发展。组织特性的前者体现为静态的组织架构，而后者则展现为动态的组织能力。这种组织性是图书馆管理工作的根本属性。

（五）变革性

管理的本质在于推动创新和自由。在图书馆的运营中，虽然表面上看似保守，维护着一定的秩序，并通过各种规则和制度来规范成员行为，但这种看似固守的做法实际上是为了图书馆的持续发展和个人自由的真正实现，只是一种过渡和相对的方法。稳定性并非静止不变，反而是动态发展的一种表现形式。因为组成图书馆系统的人力、财力、物资和信息等要素都是不停变化的，外部的经济、政治、文化和科技环境也在持续演进之中。

要高效地管理图书馆，就需要目标和计划能够及时反映这些变化，确保系统内外的各个因素能在动态变化中实现合理配合。这还包括利用信息反馈机制来进行动态调控，及时修正那些已不再合理的规章制度。图书馆管理的创新性关键在于其发展的能力，它不仅要捕捉到图书馆当前的变动，更要洞察未来的发展趋势和趋势的转变。这需要通过科学的预测、目标设定、计划制定、组织优化以及控制实施等一连串的动态管理循环来不断实现。

（六）科学性

虽然图书馆管理充满变化，但依然存在其内在的规律性。图书馆管理的活动可以概括为程序性和非程序性两大类。程序性活动遵循既定的规则和条例，通过规范化操作来实现特定的管理效果，如针对读者服务、人事管理、行政和后勤等方面设定的规章制度。非程序性活动则更为灵活，具有探索性，常涉及无先例可循的情境，如图书馆自动化系统的建设、组织结构调整或综合图书馆设计。

这两种活动虽有差异，但实际上是可以相互转换的。现有的程序性活动往往是从先前的非程序性活动中演变而来，这种转变是基于对管理活动和对象进行科学总结和规律性认识的结果。图书馆管理的科学性在这个转化过程中得以显现。此外，面对新的管理挑战时所采取的非程序性活动，必须基于以往的科学研究和结论来进行，确保管理的准确性和可靠性，这同样反映了图书馆管理活动的科学本质。

（七）艺术性

图书馆管理面临多元化的挑战，因为图书馆服务的对象分布在不同的系统（如科研机构、文化部门、教育领域、商业企业等），不同的功能部门（如采集、编目、借阅服务、收藏、咨询服务、研究支持、信息技术支持、特色藏品管理等），以及参与的各个操作环节（如借书还书柜台、图书整理）和不同资源供应的状况。这种多样性意味着对每一项具体的管理任务并不存在单一的、标准化的管理模板，特别是对于那些非常规的、全新的管理领域，管理的效果极大地依赖于管理者本身的技巧和经验。实际上，管理者如何运用管理技能，反映了他们在设计和执行管理任务时的创造性和艺术性。

同时，图书馆资源的有效管理和责任的履行过程中，存在多样化的管理策略和手段供管理者选择。因此，从众多选项中精挑细选出最适合当前图书馆实际情况的管理方式，也是管理者所需具备的艺术性技能之一。

（八）经济性

图书馆运营中的核心经济议题围绕资源的稀缺性展开，例如，社会对图书馆的资金投入需要达到何种程度才能有效发挥其社会职能？如何在保证资金使用效率的同时，优化对图书馆的财政支出分配？又如何通过精明的选购和管理藏书来最大化有限的预算？要妥善回答这些问题，就须对人力、物资、资金和信息等资源做出合理的规划和分配。资源分配伴随着成本，这使得图书馆管理带有明显的经济属性。

图书馆管理的经济特征首先体现在资源配置的机会成本上，即管理者在选择一种资源配置方案时，必然会放弃其他方案，这种取舍涉及机会成本的权衡。接着，管理的经济性也表现在选择管理策略和方法时的成本差异，因为不同的资源配置策略和方法成本各异，管理者的选择导致经济效益的差异。最后，由于图书馆管理本质上是对资源的有效整合，不同的资源组合和配比决定了成本的多寡，这也是其经济性的体现之一。

四、图书馆管理的范畴

范畴是反映事物本质和普遍联系的基本概念，是人的思维对客观事物本质的普遍反映和概括。

每门学科都应有自身特有的一系列适用范畴。范畴对于学科的发展具有重要意义。一门学科有没有自身的适用范畴是它能否存在的重要条件。若没有范畴，它既不可能被人们所认识，也不可能被社会所认可。范畴的不断扩展，就意味着该学科的不断发展。扩展范畴的途径：一是改造原有的范畴，即丰富其内涵或深化其内容；二是提出或形成新的范畴。范畴对于学科理论建设具有特殊的意义，因为理论观点的表述要借助于范畴才有可能实现。范畴提供学科的入门知识，对于学习者必不可少。从范畴入手，是学习专业知识的必经之路。范畴是一种交流工具，在专业工作者之间借助于范畴进行交流有助于学科的发展。

图书馆管理的范畴是图书馆管理活动中各种要素、关系的普遍联系和全面发展的不同侧面的反映。图书馆系统内部充满着各种矛盾，图书馆管理范畴就是从不同角度反映图书馆系统中各种因素的既对立又统一的辩证关系，它们是图书馆管理的本质和运动规律的不同表现形式，也是各种管理要素和运动过程之间相互作用的交叉点和"结合部"。这些范畴来源于图书馆管理实践，它们随着图书馆管理实践的发展而发展，同时也指导着人们的图书馆管理实践。

（一）管理主体与管理客体

管理主体是指具有一定管理能力、拥有相应的权威和责任、从事现实管理活动的人，也就是通常所说的管理者。管理主体具有能动性、创造性、自主性等特性。

图书馆的管理主体通常由两个部分构成：一是根据图书馆既定目标将目标任务分解为各类管理活动、工作任务和负有最终督促完成既定目标的人，这类人通常是图书馆的核心人物，或者说是图书馆的高级领导人员，如馆长、副馆长等；二是各方面具体执行计划、组织、协调、控制、经营等管理活动的人，这类人通常是图书馆的骨干人物，如各部门主任。

现实的图书馆管理活动是一种多层次的综合活动，管理主体通常是由多个人按一定形式组织起来的整体，这种担负管理主体功能的整体就是管理主体系统。从管理主体的不同职能性质来说，管理主体系统是由处于不同职权地位、担负不同管理职能的人相互组合而成的。一般来说，图书馆管理主体系统由四个部分组成，或者说包括四个子系统，即决策系统、执行系统、监督系统和参谋系统。

管理客体是指进入了管理主体活动领域、能接受管理主体的协调和组织、以人为中心的客观对象系统。这一规定概括地表明了管理客体的特性，即客观性、可控性、系统性和对象性。

图书馆内的管理客体范围较大。首先，图书馆的一般成员均是管理的客体，他们执行组织分配的工作任务，遵照一定的运行规则进行工作，以求获得良好的工作成绩。其次，图书馆中的其他资源，如信息资源、物质资源、金融资源、关系资源等均是管理的客体，都是管理的收受者，它们在管理的作用下经过特定的技术转换过程成为良好的产出物。最后，当图书馆向外扩展自己的生存空间时，必定要作用于相关的人、财、物、信息或其他组织，这些因素也就相应地成为本图书馆管理的客体，只是这类管理客体不一定很确定，而是经常会变动。

管理主体与管理客体是组成图书馆系统实体结构的两极，它们之间的相互联系和相互作用构成了图书馆管理系统。然而，这种联系和作用是通过管理组织这一形式而发生的。管理组织是图书馆管理系统的现实表现形式。管理主体与管理客体不仅通过组织的形式相互联系，而且通过组织的形式相互转化。这种转化指的是管理主体与管理客体在管理活动中各依一定的条件，使自己的地位向其对立面转化。管理主体与管理客体在图书馆系统中的相互转化有不同的表现形式：一种是地位的转化，这是由图书馆职权层次的变化引起的；一种是角色的转化，这是由图书馆行为的变化而引起的；还有一种是自身的转化，这是由组织成员自我意识的变化而引起的。正确认识这些转化，对理解图书馆管理系统的辩证性质有着重要意义。

（二）硬件与软件

一般来说，图书馆管理活动是由两类既相互对立又相互统一的因素所组成的：一类是活动的物质性载体，它具有一定的感性存在形式，具有稳定性、被动性的特点，称为"硬件"；另一类是使物质性载体能够按一定方式组合起来并产生现实活动的精神性因素，它往往不具有固定的感性存在形式，而是具有变动性、创造性、主动性等特点，称为"软件"。这里的硬件和软件都是泛指与图书馆管理活动有关的事物、过程、方法、成果等，具有普遍的意义。

硬件与软件的划分具有相对性和模糊性，只有把两者同时放在图书馆管理活动中进行比较，才具有较为确定的意义。在图书馆系统中，如果把馆舍、文献、信息技术设备等因素看作是硬件，那么人的精神因素就是软件；在组织结构中，如果组成图书馆的个人是硬件，那么指导人的行为的价值观念、道德情操、理想信念等就是软件；在组织形式中，如果正式组织是硬件即"硬组织"，那么非正式组织就是软件即"软组织"；在管理技术中，如果把具有固定程式的数学分析方法和计算机技术方法称为硬件，即"硬技术"，那么那些具有创造性、没有固定程式的其他管理技术就是软件，即"软技术"；在管理模式中，把图书馆管理单纯看成一种科学，强调运用数学和逻辑方法以及各种严格的制度和标准化原理来进行管理，这就是"硬管理"；而把管理看成一种艺术，强调对人的思想情感及各种非理性因素进行激励，运用非逻辑的创造性方法进行管理，这就是"软管理"。

在图书馆管理活动中，硬件和软件相互依存、相互促进、共同作用，谁也离不开谁。一方面，硬件是软件的基础。任何管理都必须具有正式的和相对固定的组织形式，必须有明确的职务、权力和责任的划分，必须有严格的大家都要遵循的规章制度，必须运用各种物质手段来组织和协调人们的活动。图书馆系统也必须有稳定的输入和输出关系，即既有一定的物质、能量和信息输入，又有一定的信息产品和信息服务输出。这些看得见、摸得着的有形事物是图书馆管理赖以存在和进行的物质基础，离开了这些硬件，软件就失去了自身依托的物质外壳，任何方法、手段、指令、程序等都无法显示其功能，图书馆管理也就根本不能存在。另一方面，软件是硬件的灵魂。任何管理如果只有硬件而没有相应的软件，那么硬件就只能是没有活力的"死东西"。一个图书馆系统，如果只有单纯的组织结构形式，只有一些硬的规章制度，而组织成员缺乏共同的目标、愿望、动机等软件，那么这样的图书馆是无法进行有效的管理活动的。管理的核心因素是人，而人总是有着自己的需要和追求，有着自己的情感和意志，这些"软件"是图书馆的各种结构和形式等"硬件"的灵魂，它规定着硬件的组成形式，引导着硬件的发展方向。

在图书馆管理活动中，硬件和软件不但相互依存，而且可以相互转化。这种转化包括了硬件的软化和软件的硬化两个方面，它们是和图书馆管理过程紧密联系在一起的。

（三）利益与责任

利益是标志人的物质和精神需要能否得到满足以及得到满足程度的范畴。

人们有各种各样的需要，也就有各种各样的利益。人的需要有高低不同的层次，利益也有根本和非根本之别。

责任是一种对自己采取的行为以及行为的社会意义的自觉意识和实践。对于自己责任的自觉意识通常称为责任心或责任感。责任感一般从激发和控制这两个方面将自己的行为确定在与自己的地位和职务相适应的范围内。激发行为是对应尽责任的鼓励，控制行为则是对超越责任的限制。

利益和责任在图书馆管理活动中是一对矛盾因素。首先，二者在方向上相互分离，有时甚至呈现出相互排斥的倾向。利益反映了整个图书馆、图书馆各部门、部门内各小组或馆员的需要，由外向内具有收敛性；而责任则要求整个图书馆、图书馆各部门、部门内各小组或馆员付出（劳动、努力等），是由内向外发出的影响，具有发散性。其次，利益和责任相互包含，表现了二者的一致。任何利益的取得都要承担相应的责任，没有责任的利益是不存在的；责任中也包含着一定的利益，如果不包含任何利益，履行责任就没有了动力和基础。最后，利益和责任能够相互转化。利益在实现的过程中必然转化为责任，不尽责任，就没法也不能取得利益；而责任在履行的过程中也可能转化为利益，这是尽责任应得的报酬。图书馆管理者在管理实践中有两个基本任务：一是将个人的、小组的、部门的或整个图书馆的利益获得过程设计为履行各自职责的过程；另一方面，把履行职责的结果同个人、小组、部门或整个图书馆的利益结合起来。

（四）集权与分权

集权与分权是表征管理职权在管理空间中的分布状态和运动方向的范畴。

集权既指管理活动中的集中统一指挥，又指权力向上层逐步收缩的过程。从职权在管理空间中分布的状态来说，集权意味着主要的管理职权（如决策权、人事权、财政权、奖惩权等）集中于高层领导，特别是最高领导层，而中下层只有处理例行的日常事务和工作的权力，而且即使是这些权力的执行也必须处于上级的控制之下。从职权的运动方向来说，它意味着下级某些权力被缩小乃至取消，并向上级组织或专门机构集中，这种集权化的运动方向是由下向上逐步收敛的。

集权一般有两种途径：一是规定限制下级组织或非专门组织裁决问题范围的一般标准。即规定他们该管哪些事，不该管哪些事；哪些事可以自己做主，哪些事必须上报并由上级批准。二是撤销下级组织或专门组织的实际决策职能。这种方式在某些特殊情况下会采用，譬如，某图书馆的购书经费很充足，但藏书结构多年来一直不合理，于是由馆长或一名副馆长亲自指挥采访部的工作。

分权就是分散权力，即上级部门将某些问题的决策权移交给下级部门。从职权在管理空间中分布的状态来说，就是中下层各级管理人员拥有某些问题的决策权，高层领导只保留重大问题的决策权和在政策、目标、任务方面的必要控制权。从职权运动的方向来说，它意味着下级部门自主性和独立性的加强，许多职权从上级向下级分散，这种分权化的趋势是自上而下逐步发散的。

在图书馆管理活动中，集权与分权是辩证统一的。首先，集权和分权各有利弊，因此必须互相补充。在图书馆管理过程中，关键是要把握好集权和分权的度。过度集权，什么都管，不仅上级决策的正确性不能保证，还会扼杀下级工作的积极性和主动性；过度分权，什么事情都撒手不管，则可能使上级对下级失去控制。其次，集权与分权在一定条件下互相转化。这种转化一般有两种形式：一种是被动转化，即在过度集权或过度分权的管理模式阻碍图书馆各项业务活动发展的情况下，由过度集权向分权或由过度分权向集权转化；另一种是主动转化，即在问题出现之前就注意调整集权和分权的关系，在动态中把握二者变化的度，及时消除偶然出现的过度集权或分权现象。

（五）权威与服从

权威是指管理过程中使人信赖和服从的力量和威望。在图书馆管理过程中，权威是非常必要的。没有权威就不能有效地指挥和协调图书馆各项业务分工和协作中的复杂关系，图书馆管理活动就会陷入混乱。

服从是指管理过程中尊重并执行权威意见的行为。服从并不是盲从或屈从，因为人们在管理活动中只能服从正确的意见，即服从真理，这是服从的实质。

在图书馆管理活动中，权威和服从的辩证关系表现为：其一，二者相互依存。权威以服从为自己存在的前提。没有服从就无所谓权威，强行建立起来的权威也形同虚设。同样，服从又以权威为自己存在的前提。没有权威人们不知道服从什么，权威如果不值得服从一方信赖，就会出现不服从。滥用权威造成的不是服从，而是屈从和盲从。不服从、盲从和屈从都不属于科学的服从范畴。

其二，权威和服从在一定条件下相互转化。权威代表被人服从的一方，但是权威只有在符合群众正确意见的时候才能被人们服从。服从是权威的反面，但权威的正确意见正是来自服从的一方；权威的行使又必须体现服从一方，即群众的意志。在这两种情况下，服从一方都是权威一方的真正权威。

（六）有序与无序

组织的协调性反映在其有序性与无序性之间的对立统一。所谓有序，是指管理体系中各元素通过相互联系、互动及转化形成的一种规律性和条理性；相对应地，无序则涉及这些元素联系、互动及转化的不规范、杂乱状态。

在图书馆的组织结构中，有序与无序是衡量其管理协调水平的关键指标。图书馆系统的秩序是管理者有意的、主动的行动所造成的结果，并非系统元素自发生成。要建立有效的组织，必须经由有目的的活动，将各种无规律、散乱的组成部分（尤其是人的因素）在共同的目标、一致的行为规范下，集结至统一的结构之中。这个过程即是将无序的状态转化为遵循一定规律和秩序的有序状态。有序状态是图书馆系统的基本属性之一。

图书馆的管理操作包括将馆员个体的不同目标整合至共同的目的，利用明确的规章制度来规范部门间和员工间的互动，以及通过管理实践来调和人际关系及心理情绪等多变因素。通过这些管理行为，图书馆能够实现部门间、员工间的规范化合作，朝着共同的目标一致行动，从而形成有序的组织状态。因此，图书馆管理的实质是通过主动的调整和管理，将无序的元素转化为一个有序的整体，即通过协调来构建有序的组织结构。

然而，在各种组织结构中无序也总是存在的，任何图书馆中都存在着一种反抗协调而自发趋向无规则、无秩序状态的力量。图书馆中的这种无序一般有两种表现形式：一是受控的无序状态。在统一的图书馆系统中，每个人都扮演着不同的角色，有着自己的利益、目标和爱好，外部环境又总是给予一些随机性的干扰，这些是图书馆的协调活动中不可能消除的因素。同时，图书馆中存在分权和结构软化、简化的活动，不可避免地增强图书馆管理中各个部分的自主性、独立性、竞争性的运动趋势。这样，有序的结构中就必然会产生对原来确定位置的无规则、无秩序的偏离，形成一种无序的涨落。这种涨落一般总是在一定限度之内进行，有效的控制总是会把偏离度过大的因素重新拉回到合理的范围之内，使它不致形成失控状态。这种受控的无序状态是保持一个图书馆活力所必需的，也是一个图书馆系统必然存在的，是一种良性的无序。二是失控的无序状态。如果图书馆自身的组织结构不合理，管理者决策或指挥失误，或者外界环境急剧恶化，对图书馆造成的巨大冲击力，都有可能使图书馆的协调和控制失效，原来的组织目标、规章制度和职权结构失去了对各个因素相互作用的制约力，图书馆中无规则、无秩序的运动趋势大大加强，再也无法把这种涨落控制在合理的范围内，这就是失控的无序状态。这种无序，轻则造成效率低下、管理混乱，图书馆管理目标难以实现；重则致使整个图书馆分崩离析，管理完全失败。这种失控的无序是一种恶性的无序，对图书馆有极大的危害性，所以必须极力防止。

图书馆系统中的有序和无序还标志着管理活动程序化的程度，这种程序化是管理过程各种机制和职能有机联系和转化的结果。一个相对完整的管理过程是以决策为中心的，包含了计划、组织、领导、控制和评价等一系列职能和过程的统一体，这些职能和过程相互联系和转化，形成了图书馆管理活动的一定程序。这个程序规定了图书馆系统在达到目标的过程中所应该遵循的行为步骤和秩序，使管理活动的整个过程表现出一种在时间进程中的规则性和秩序性，这就是管理过程的有序化。一个有序的图书馆管理过程表现为，各种管理活动井井有条。当上一阶段尚未完成时，不轻易进行下一阶段的工作；而当条件具备时，又不失时机地把管理过程推进到新的阶段，做到管理过程间断性与连续性的辩证统一。在每一阶段中善于抓住重点，顾及全面，突破难关，带动其他环节；而当内外环境发生变化时，又能适时地转移工作的重心，使整个管理过程呈现出主次适宜、轻重得当，有节奏、有规律地向前推进，做到管理过程起伏性和前进性的辩证统一。这就是图书馆管理活动的程序化。

然而，图书馆管理活动又具有非程序化的一面，即存在着管理过程的无序。这种无序同样有两种情况：一种是由于外界环境和图书馆系统内部各种关系的随机变化，使原来固定的程序不得不被打破，出现错位、扰动甚至颠倒的情况。例如，在开始实施图书馆计划之后，发现计划与客观实际严重不符，或者客观情况已经发生了重大的变化，这就必须停止原计划的执行，重新返到修改或重新制订计划的阶段。这就是要求保持管理过程的良性无序，这种无序就是灵活性，是任何成功的图书馆管理活动所必须具有的性质。另一种管理过程的无序不大一样。这种无序的根源是图书馆管理者主观思维与客观实际发生严重背离，它表现为原来制定的程序本身严重失误，与实际情况的变化完全不相适应；或者是图书馆管理者在执行程序时严重失职，完全不顾眼前现实的管理情境。这种无序会造成整个管理程序被打乱，管理活动严重失控，使图书馆处于一种被动应付、穷于招架、目标不清、方寸大乱的境地，从而导致图书馆管理失败。

图书馆管理的有序和无序还有另外两种形态：一种标示管理组织的协调程度，即组织结构的有序性；一种标示管理活动程序化程度，即管理过程的有序性。前者是空间结构规则性和秩序性的反映，后者是时间结构规则性和秩序性的反映。也可以说，有序和无序是图书馆系统在时空结构中的规则性和秩序性程度的综合反映。

（七）稳定与改革

稳定和改革是图书馆系统在其发展历史中的两种不同的状态和趋势。稳定是指图书馆系统在其发展过程中的总体状态和趋势保持不变，即处于相对静止的状态；改革是指图书馆系统的总体状态和趋势发生重大变化，即处于显著变动的状况。

图书馆管理的一切要素、一切过程都具有稳定性，否则图书馆管理活动就无法正常进行，研究者也无法对管理要素和过程进行研究。但是，图书馆管理活动的相对静止和相对稳定是有条件的、暂时的。首先，当我们说某些管理要素处于稳定状态时，只是相对于一定的管理系统和时间、地点而言。在某一特定的图书馆系统中，管理者和被管理者的划分是稳定的，但离开这个特定的系统，进入其他管理系统，情况就会发生变化。其次，稳定包含管理活动中的量变。当图书馆管理过程的某一阶段、某一种管理模式或体制仍然保持着它们自身的性质、没有发生质变的情况下，我们就认为它们是相对稳定的。但与此同时，它们在性质不变的情况下还发生着其他变化。例如，计划过程在没有向组织过程发生飞跃前，内部发生着由初选目标向预测、预算、决定方案的量变，这并没有改变计划过程的性质，我们就说它是稳定的。某一管理模式中的内部矛盾还未尖锐到刺破这种体制的外壳，我们就说这种管理模式是相对稳定的。

改革是图书馆管理活动中的质变，确切地说是指一种管理模式或管理体制向另一种管理模式或管理体制的飞跃。改革是由图书馆内在矛盾推动的自我否定和自我发展的过程。一方面，它是旧的管理模式向新的管理模式的质变，是旧管理过程连续性的中断，体现了图书馆管理活动发展的阶段性。另一方面，它继续保留并改造了旧的管理活动的积极成果，作为新管理过程存在和发展的基础，因而把新旧管理过程联系起来，体现了图书馆管理过程发展的连续性。

图书馆管理中的稳定和改革是辩证统一的。首先，稳定和改革相互包含、相互渗透。在图书馆管理模式全面质变发生之前，图书馆管理活动虽然处于相对稳定的状态，但局部改革是常常存在的。任何一个具体的图书馆管理过程都经历过改革。另外，改革中也有稳定的因素。改革不是一阵风、一股浪，它是一个持续稳定的过程。改革要有一定的步骤，改革中推行的政策、组织体制、管理方法等需要一定的稳定度，以便观察、评价和控制，并在改革过程中巩固自己的成果。其次，稳定和改革具有相互转化的趋势。管理模式的相对静止、管理过程的量变使整个图书馆管理活动在一定时期呈现出稳定状态，似乎一切都在按部就班地正常运转。其实不然，这背后隐藏着各种矛盾。当这些矛盾尖锐到不冲破旧的管理体制，其管理活动就会严重阻碍各项业务活动发展时，全面的改革就不可避免了。当通过改革建立起新的管理体制后，这种管理体制下的管理活动基本上是适合各项业务活动发展需要的，这时就需要以保持管理体制的稳定来巩固改革成果。总之，"稳定—改革—稳定"是管理体制发展的实际过程，这个过程的不断推进就是图书馆管理活动的进化和升级。

综上，图书馆管理的范畴是图书馆管理活动中个人与组织、组织与环境这两个基本问题的具体内容，作为矛盾统一体的每一对范畴在现实的图书馆管理活动中并不是孤立存在的，而是紧密联系并和图书馆管理活动规律相互结合综合地发挥作用。当我们用这些范畴去分析现实的图书馆管理活动及其矛盾时，应该注意这些范畴之间的相互联系和相互转化，注意它们在反映图书馆管理的本质和规律中的普遍性和特殊性，注意它们与图书馆管理现实活动及蓬勃发展的图书馆管理学的有机结合。

第二节　图书馆服务理念

一、图书馆服务的特点和内容

(一) 图书馆服务的特点

随着社会与科技水平的发展及计算机和网络快速普及，图书馆的服务呈现出新的特点，其主要有：

1. 服务虚拟化

随着现代信息网络技术的广泛应用，建立在虚拟馆藏资源和虚拟信息系统机制上的新型信息服务模式逐渐形成。这种虚拟化的服务彻底改变了以文献信息资源为主线的传统图书馆服务模式。图书馆的服务始终处于动态和虚拟的信息环境中。通过网络传输，图书馆既可以利用自有或自建的数字化馆藏资源，又可以利用电子邮件资源、网络新闻资源、FTP 资源、WWW 资源、Gopher 资源等多种互联网资源。这种无形的、即时的虚拟化信息服务突破了时空限制，使得图书馆为读者提供无所不在的信息服务成为可能。因此，服务虚拟化包括服务资源的虚拟化（信息资源的数字化、虚拟化）和服务方式的虚拟化（即由面对面的阵地服务转变为面向虚拟读者、虚拟环境的服务）。其实质是图书馆由向具体人群提供实体文献服务，转变为向非具体化读者提供虚拟的数字服务。

2. 文献多样化

随着数字资源的急剧增长，图书馆为读者服务的文献信息资源已呈现出印刷型文献与联机数据库、电子出版物、网络化信息资源并重的格局。信息载体多样化的发展打破了纸质文献一统天下的格局，也改变着读者利用文献的习惯与观念。读者对信息载体的需求已不再局限于印刷型文献，单一的纸质文献及其传递方式已不能满足读者多元化的信息需求，读者的信息需求越来越多地转向各种类型的数字资源。同时，以现代视频技术为手段而大量涌现的数字视频信息资源，也为人们获取丰富的多媒体信息创造了条件。因此，文献多样化使得图书馆在文献保存、信息交流和教育的基础上，极大地拓展了服务空间，信息服务保障能力得到极大提升。

3. 信息共享化

由于网络及各种信息技术的广泛应用，图书馆信息服务的观念发生了巨大变化，人们逐渐从习惯于依靠自己所熟悉的一个图书馆获取信息服务，走向依靠图书馆联盟乃至基于共享技术整合在一起的泛在云图书馆获取信息资源。现代图书馆不再是一个个孤立存在的信息实体，而是整个社会信息网络的一个个节点。图书馆之间的信息共享服务有了越来越大的空间和自由，其交互需求与作用也越来越大。共享思想与共享技术使信息资源共享服务从来没有像现在这样成为现代图书馆服务不可或缺的有机组成部分，从而使真正意义上的信息资源共享成为图书馆服务的重要特征。

4. 需求个性化

随着经济社会发展对信息需求的深度和广度日益提高，读者对信息的个性化服务需求越来越突出。图书馆通过专业馆员队伍素质的提升、现代信息技术的广泛应用以及信息综合保障能力的快速提高，为读者提供定制化、自助性、全天候的个性化服务，已成为现代图书馆读者服务工作发展的主要方向。在这样的服务过程中，读者的自主性得到张扬，个性得到满足。这种个性化的服务正逐渐成为图书馆界追求的服务新理念。

5. 交流互动化

图书馆借助网络和通信技术与读者建立起了十分便捷有效的交流关系。一方面，图书馆可以及时、准确地掌握读者的信息需求动态；另一方面，读者也可以自由地向图书馆表达具体的信息需求。图书馆根据读者的信息需求通过有目的的搜索、过滤、加工、整理，形成信息集合，以多种途径与形式主动发送到用户终端，满足读者的信息需求。读者足不出户就可直接、快捷地从图书馆获取自己所需的信息，减少了操作的盲目性；同时，读者还可以把个人的文献资源通过信息共享空间等渠道上传后提供给图书馆和其他读者，使图书馆与读者双方建立起顺畅的互动交流机制。

6. 服务多元化

图书馆通过计算机技术、远程通信技术和网络信息处理技术有机结合建立的网络服务平台，从根本上改变了图书馆的信息资源开发、组织和控制调度状况，使读者可以方便地按主体客观需求在网络环境下集中获取所需信息，即在网络中将各类信息获取方式融为一体，实现信息交流、查询、获取、阅读和发布的一站式集成化服务。在空间上，用户不仅可以到图书馆享受比以往任何时候都优越的读者服务，更可以不用亲自到图书馆，在家里或其他任何有网络的地方通过注册就可进入图书馆网页，查阅信息资源，变远距离为近距离，跨越空间的界限；在时间上，读者可以在任何时间通过有线或无线网络访问图书馆，也可以在同一个时间段内同时检索和借阅注册过的多家图书馆的资源，通过搜索、筛选，获得最需要、最合适的信息资源，方便快捷。图书馆服务呈现出多元化、立体化、全天候的特征。

（二）图书馆服务的内容

在图书馆的各项业务工作中，围绕服务形成了内容丰富、完整的工作体系，主要包括以下五个方面：

1. 研究读者

研究读者是开展图书馆服务工作的重要内容和前提条件，包括研究读者的文献需求和阅读规律两个主要方面。读者是图书馆的基本组成要素之一，是图书馆得以存在的根本。读者对图书馆的文献信息需求和利用规律，最直接、最具体地体现了社会的需要。它是图书馆赖以生存的土壤，也是图书馆一切工作的出发点和归宿。

开展读者研究有助于从总体上把握读者需求的特点和规律，提高图书馆服务的针对性，并对读者动机加以正确引导，不断改善和拓展图书馆服务的针对性，不断改善和拓展读者服务的方式和服务领域，提高图书馆服务工作的质量与水平。

（1）读者的文献需求研究

研究读者的文献需求就是对不同层次的读者在阅读需要、阅读目的、阅读过程中的特点及其规律进行研究。一般来说，不同层次的读者对信息资源的需求不同，读者在不同时期所需要的信息资源不同，其阅读的目的也不完全相同。现代图书馆要特别关注读者不完全相同的阅读目的，还要特别关注读者对不同类型文献的需求差异、不同渠道获取信息的差异，以及不同信息环境下的文献需求差异。

（2）读者的阅读规律研究

这方面的研究可以从两点着手：一是对读者心理及行为规律进行研究，即对读者在鉴别、提取、利用信息过程中的行为习惯和阅读规律进行研究，既包括对读者阅读动机、阅读兴趣、阅读能力和阅读习惯的研究，也包括对读者对文献的选择行为和获取行为的分析、对读者使用各类型信息资源特点的研究、对读者阅读效果的评估等。二是对读者信息素养及信息意识进行研究，包括社会发展与变化对读者文献需求意识的影响、社会环境与读者需求结构的关系等。

2. 组织读者

组织读者是图书馆为实现服务和管理目标而围绕服务工作实施的管理措施。它的主要任务是读者队伍的组织与发展，包括确定读者服务范围与服务重点、制定读者发展规划与计划、定期发展与登记读者、划分读者类型、掌握读者动态、组织与调整读者队伍等。

组织读者应根据图书馆的任务变化和环境变化，不断研究和掌握读者变化而展开。只有把握住读者的阅读规律，掌握读者的阅读需求，才能使图书馆服务不断与读者的需求相适应，使图书馆服务管理方式的变革与读者需求的变化同步，才能找出提高图书馆服务工作和管理工作水平的方法和途径。

发展读者队伍是组织读者工作的一项重要内容。拥有规模化的读者群体是图书馆一切工作的前提，只有拥有了广泛而确定的大量读者，图书馆的资源建设、服务管理才有了明确的目标，才能通过大量的高水平服务实现图书馆的社会价值。

不同类型图书馆发展读者的重点和方式有很大差别。高校图书馆是为本校服务的信息机构，因此，高校图书馆的读者成分比较单一，主体是本校的师生员工，其读者的确定和发展通常可通过读者账户注册实现。学校的教职员工只要进行简单的读者登记，由图书馆发放标明其基本身份信息的借阅证就可以成为图书馆的正式读者。研究单位、机构等图书馆的读者发展方式大体与高校图书馆类似，而公共图书馆是面向某个行政区域内所有公众的，因此，公共图书馆的服务对象十分广泛，读者的构成也比较复杂，需要在有服务需求的个人或团体向图书馆提出注册请求的基础上，由图书馆根据办馆的方针、任务、规模和条件以及读者的阅读需求特点等确定是否授予申请者享受本图书馆的权限，只有符合本馆读者发展条件的申请者才能通过注册成为正式读者。

受读者文化层次、信息需求、年龄、职业、工作任务等各种因素的影响，不同类型的读者对图书馆服务的期望和要求存在很大差别。并且由于图书馆的主要任务不同，资源、人员、环境和经费也很有限，图书馆需要在研究读者的基础上，通过制定不同类别读者使用图书馆的权限规则，以及读者管理系统的身份认证与权限管理，将庞大的读者群划分为在某些方面具有需求共性、使用行为共性的读者群体，从而在普遍服务的基础上实现针对不同需求的差别化服务。

读者发展、细分、管理的成果一般都通过图书馆的读者注册与身份认证管理系统固化下来。这既是了解读者、研究读者的重要资料，也是图书馆开展一切工作的基础数据，更是评价图书馆绩效、制定发展规划、进行服务与管理改革的重要基础。

3. 组织服务

充分利用图书馆的各种资源，在深入研究和准确掌握读者需求的基础上，通过组织开展多层次、多角度的全方位服务，最大程度地满足读者的文献信息需求，是图书馆服务工作的中心环节，也是图书馆实现社会价值和最终服务目标的重要手段和方式。

图书馆服务是图书馆各项工作的外在表现形式，也是图书馆中最具活力、最富创造性的工作。组织服务工作的主要内容包括优化读者服务方式、扩大读者服务范围、增加读者服务内容和提高读者服务水平等几个方面。一个图书馆以何种方式服务于读者，主要取决于本馆的性质、规模和读者需求，而且还要随着图书馆的发展和读者需求的变化而不断变化。

图书馆的传统服务方式是根据读者的实际需求，利用馆藏资源、馆舍设备以及环境条件，有区分地开展各项服务活动，包括文献查询、外借服务、阅览服务、复制服务、咨询服务、检索服务、定题服务、编译服务、报道服务、展览服务、情报服务等。由于读者需求具有广泛性、多样性和复杂性，几乎所有图书馆都要根据自身特点，以这些服务方式为基础，组织建立起多类型、多级别的综合服务体系，以有效地满足各类读者对文献的不同层次需求，帮助读者解决在学习、研究、工作中选择书刊、查询资料以及获取知识信息方面的各种具体问题。

随着网络的普及和计算机技术在图书馆中的广泛应用，现代图书馆的服务方式由传统的服务转向了现代化数字图书馆服务。因此，充分利用网络为读者提供服务已经成为现代图书馆的服务方向。这方面的服务包括资源检索、全文浏览、文献下载、自助借阅、虚拟参考咨询、网上读者调查、资源导航、特色数据库、移动阅读、用户文件上传与共享、个人学习空间、用户意见征集与实时交流等。

总之，图书馆服务的组织应根据本馆的具体情况和社会发展水平来决定，总的要求是用最少的投入，在最短的时间内，为最多的读者提供最好的信息资源。

4. 宣传辅导

读者宣传辅导工作是图书馆教育职能的体现。它包括读者宣传、读者辅导以及读者培训三个方面的内容。

（1）读者宣传

读者宣传是图书馆对读者进行科学管理的基本手段之一。宣传的目的是在了解和研究读者阅读需要的基础上，主动向读者揭示、推荐信息资源的形式与内容，宣传先进思想、科学知识、职业技术以及广泛的文化信息，通过多种形式，把读者最关切和最需要的信息及时展现在读者面前，吸引读者利用图书馆的各种资源和服务，使图书馆的资源得到最大限度的利用。

（2）读者辅导

读者辅导是指针对不同读者的具体情况，有区别地为读者答疑解惑、排忧解难。读者辅导需要图书馆员充分掌握信息资源的特点，熟悉图书馆各项服务流程，了解读者行为习惯和信息需求心理，在读者利用图书馆各项服务的过程中，积极影响读者选择阅读范围，引导他们正确地选择信息资源内容，帮助他们学会利用信息资源和图书馆，有针对性地为每位读者提供帮助和信息技能指导，以促进读者更好地获得知识，提高阅读能力及阅读效果。

（3）读者培训

读者培训是指根据不同读者群体的共性需求，通过开展讲座、参观、课堂教学等多种方式，帮助某一读者群体提高使用图书馆及其资源的技能，提高图书馆资源的利用率。培训读者主要从两个方面入手：一是培养读者的情报意识，激发他们利用图书馆的欲望，使他们自觉地认识到图书馆是自己的良师益友，是终身学习的场所；二是提高读者利用图书馆和检索情报的技能，帮助他们学会利用图书馆及其资源，充分发挥图书馆的教育职能和情报职能，吸引更多的读者开发和利用图书馆资源。

5. 服务管理

服务管理是指对图书馆读者工作部门的业务活动进行科学的组织管理，包括读者服务对象管理、读者服务人员管理、读者服务设施管理三个方面，具体包括制定读者发展的政策和计划、服务机构设置、岗位设置、人员配置、明确岗位责任、建立健全各种规章制度、人员分工与业务流程设计优化、合理组织藏书、改进服务手段、采用先进的设备与技术手段、完善服务体制等工作。服务管理为读者创造良好的环境和条件，方便读者有效利用图书馆资源，保证图书馆服务工作健康地向前发展。

以上五个方面的内容相互制约、相互作用，缺一不可。其中，组织与研究读者是开展一切读者服务工作的前提条件和基础；科学组织各项服务工作，构建层次分明、体系完整、灵活多样、富有生机的读者服务工作体系，是实现读者服务工作目标，体现图书馆社会价值的根本保障；组织各项宣传辅导活动，开展卓有成效的读者教育是提高读者素质、增强信息能力，从而提高读者服务工作成效，充分发挥图书馆效能的有效途径；加强图书馆服务管理，是顺利开展读者服务工作，有效实现上述任务的制度和组织保障。

二、图书馆服务的原则

图书馆服务有着特定的原则及内涵，它最大程度地满足读者的信息需求，是图书馆一切工作的出发点和归宿，始终把"读者第一、服务至上"作为读者服务工作的宗旨，并遵循以下原则：

（一）以人为本的原则

以人为本是图书馆服务的首要原则，也是图书馆精神的精髓，以人为本就是指在图书馆服务中，坚持以满足读者需求为核心，以积极的服务态度和认真的服务精神，通过各种措施，调动一切力量，为读者充分获取和利用图书馆各种信息资源提供一切方便。以人为本的原则体现了"一切为了读者"的服务思想和全局性的要求，即图书馆的所有文献、所有人员、所有工作都要把为读者服务当作出发点和归宿，并贯穿于一切服务过程之中。以人为本主要体现在下面几个方面：

1. 从方便读者出发

图书馆作为知识与信息的中心，其核心任务是为读者提供便捷高效的服务。为此，从方便读者出发的管理策略必须深入到图书馆的每一项工作中。这意味着图书馆需要设计和实施以用户体验为核心的服务流程，确保读者能够轻松地访问和使用图书馆的资源。这包括优化图书馆的布局，使得读者能够直观地找到所需的书籍与资料，以及提供清晰的指示和帮助。同时，图书馆需要采用现代化的信息技术，如在线目录查询系统，以便读者即便不在图书馆内也能迅速查找到所需信息。此外，图书馆工作人员应具备专业的知识和高效的服务能力，能够快速响应读者咨询，为他们提供个性化的信息检索和知识推荐服务。图书馆还应考虑到特殊群体的需要，如为视障人士提供有声读物和盲文资料，为儿童设计互动式阅读区域，确保每一位读者都能享受到平等而贴心的服务。总之，图书馆管理的先进性和服务的完善性，都体现在如何从各个细节出发，消除阅读的障碍，让读者的体验更加流畅与愉悦。

2. 建立科学合理的馆藏组织与揭示体系

这要求图书馆在馆藏建设上采纳精准的数据分析和用户行为研究，以匹配读者的需求和阅读习惯。图书馆的分类系统需要符合国际标准，同时也要灵活适应本地读者的特点，使得书籍和资源的分类既科学又直观，便于读者检索。图书馆的目录系统应当实现数字化，以支持在线搜索和资源的远程访问，确保读者无论身在何处都可以方便地获取信息。此外，图书馆应定期对馆藏进行评估和更新，淘汰过时的材料，并且引进新的文献和多媒体资源，以保持馆藏的时效性和相关性。为提高检索效率，图书馆应当利用先进的技术，如人工智能和大数据，来优化检索算法和推荐系统，提供个性化的阅读建议。同时，透明的馆藏揭示政策和友好的用户界面设计能够让读者更清楚地了解图书馆的资源分布和获取方式，从而提升信息获取的体验。通过这些措施，图书馆不仅能够让读者更加快速地找到所需资料，同时也在无形中培养了读者的信息素养，提升了图书馆的整体服务水平。

3. 建立协调统一的服务体系

这一体系需要涵盖图书馆内部的各项服务流程，确保每一项服务都能无缝对接，提供连贯且一致性的用户体验。为了达到这一目标，图书馆必须对服务流程进行精心设计，使读者在查询、借阅、学习、交流等一系列活动中感到顺畅无阻。这涉及图书馆内部管理层面的高效沟通，确保各部门之间的信息共享和协作，以及对服务人员培训的持续投资，使他们能够根据读者的不同需求提供个性化服务。同时，图书馆应该利用现代信息技术，如在线目录、移动应用和自助服务站等，来提升服务的可达性和便捷性。通过集成这些技术与传统服务模式，图书馆能够为读者提供一个全方位、多渠道的信息获取和学习环境。此外，图书馆还需要定期评估服务效果，根据反馈调整和优化服务体系，确保其能够跟上时代的步伐，满足读者日益增长的需求。只有这样，图书馆才能真正实现以人为本的服务原则，使每一位读者都能在这个知识的殿堂中获得满意的体验。

（二）平等原则

平等原则是图书馆信息服务最基本的原则，是现代图书馆服务的基本方向，它主要体现在两个方面。

1. 平等享有权利

平等意味着无贵贱之分，无高低（身份）之别，无特权之规定。"图书馆面前人人平等"是图书馆界的"人权宣言"。联合国教科文组织与国际图联1972年公布的《公共图书馆宣言》中早就写明："公共图书馆的大门需向社会上所有成员开放。"1994年国际图联起草的《联合国教科文组织公共图书馆宣言》（修订版）指出："每一个人都有平等享受公共图书馆服务的权利，而不受年龄、种族、性别、宗教信仰、国籍、语言或社会地位的限制，向所有的人提供平等服务。"平等原则强调的是图书馆要尊重、关爱每一个用户，坚决维护用户的合法权利。用户的合法权利包括：平等享有取得用户资格的权利；平等享有阅读的权利；平等享有个人人格和隐私不受侵犯的权利；平等享有提出咨询问题的权利；平等享有参与和监督图书馆管理的权利；平等享有遵守图书馆规章制度的权利和义务；平等享有提出合理化建议的权利；平等享有接受安全、卫生等辅助性服务的权利；平等享有对图书馆工作进行评价的权利；平等享有自己的合法权益受到侵害时提出改进、赔礼或诉讼的权利。图书馆是通过文献信息资源的传播来保障公众"认识权利"实现的机构，"读者的权利不可侵犯"应成为所有图书馆人铭记的职业信念。

2. 平等享有机会

平等享有机会也就是说图书馆除了应该保障用户平等利用图书馆的权利外，还应该为所有图书馆用户提供平等利用图书馆的机会，不应有任何用户歧视。1994年国际图联起草的《联合国教科文组织公共图书馆宣言》（修订版）

也强调："必须向由于种种原因不能利用其正常服务和资料的人，如语言上处于少数的人、残疾人或住院病人及在押犯人等提供特殊的服务和资料。"清楚地表明，图书馆服务的平等不仅要求形式上的平等，更要求实质上的平等。要对弱势群体，如阅读能力较低的人、残疾人、犯人或不会利用现代化信息技术获取信息的用户，给予特别关注和提供特种服务，弥补用户自身能力的客观差异，维护和保障社会弱势群体利用图书馆和享用信息资源的权利。

可以说，没有平等就没有人文关怀可言。贯彻平等的原则就要做到使信息资源尽量接近用户，方便用户使用；为用户提供相对宽松和自由的利用环境，消除用户利用图书馆的各种障碍，做到信息资源占有和利用的平等；尊重用户自主查询和利用各种信息资源的权利，坚持守密原则，不监控思想，不窥探用户的个人隐私，尽量为他们个性化的信息需求提供帮助。

（三）开放原则

开放原则是图书馆服务的基本原则。开放是服务的前提，没有开放便没有服务。开放服务是图书馆适应时代发展的必然趋势，是现代图书馆服务的重要特征。它包括资源开放、时间开放、人员开放和管理开放，是一种全方位的开放。首先，要将图书馆的所有馆藏资源、设施资源和人力资源向用户开放。通过实施开架借阅、加强图书宣传、健全检索体系等手段来全面揭示馆藏，使所有馆藏全部向读者开放并充分获得利用。要争取馆与馆之间相互开放资源，实现资源共享。其次，要最大限度延长读者利用图书馆的时间，尽量做到节假日不闭馆，从而保证开馆时间的完整性和连续性。对于虚拟图书馆则要求提供 7×24 小时的服务。再次，图书馆要向所有人开放，无论其国籍、种族、年龄、地位等。图书馆不仅是社会文化教育中心，也是一个人们相互交流、休闲、娱乐的场所，是具有综合功能的社会文化中心，每个人都应享受利用图书馆的权利。最后，图书馆应建立用户参与管理、参与决策的机制，如设立"用户监督委员会"之类的非常设机构，公布"馆长信箱"、设立"读者意见箱"等，认真听取用户对图书馆服务的意见、建议，接受他们对图书馆服务工作的监督，并在可能的情况下让读者直接参与决策过程，将反馈结果向全部用户开放。图书馆要重视用户的评价，查找差距，改进工作，以此促进图书馆服务工作的开展。

（四）方便原则

为服务对象提供方便，是任何一种服务都要追求的目标，图书馆也是通过服务来发挥其功能的。方便原则体现的是现代图书馆服务的内在品质，是图书馆业务的目标和工作努力的方向。实践表明，用户在决定是否选择和利用信息时，可获得性和易用性往往超过信息本身的价值。因此，图书馆在开展信息服务时，应为用户的信息获取和信息使用提供最大的便利，创造文献与人的和谐关系。如实行开架借阅，最大限度地拉近读者与资源之间的距离；文献标引准确、规范，排架合理，为读者方便快捷地接近、利用实体馆藏创造条件；资源检索一站式，力争一索即得；建筑格局采用大开间、灵活隔断的开放式模式；导引标识简明易认，一目了然；人机交互界面友好，操作"傻瓜"化；尽量减少读者寻找书刊、排队等候、往返楼层等无效劳动，提高效率；信息检索与参考咨询网络化；服务设施无障碍、人性化；服务方式灵活多样；简化办证手续、扩大读者范围；保证开馆时间；开展自助借还、送书上门服务等。总之，要千方百计从细微处方便用户，一切以方便用户为目的来开展图书馆的各项工作，让用户感到方便无处不在。

（五）满意服务原则

满意服务原则是图书馆服务诸原则中的核心原则。用户是否满意及其程度如何，是衡量图书馆服务质量的最终标准。用户对图书馆服务是否满意，实际上就是用户对图书馆的文献资源、工作人员、服务方式和环境设施等要素的预先期望与其实际感受的对比。如果按照现代企业管理的 CS（Customer Satisfaction）理论，图书馆服务的满意原则将包括服务理念的满意、服务行为的满意和服务视觉的满意三个方面。服务理念的满意，是图书馆的办馆宗旨、管理策略等带给用户的心理满足感。服务行为的满意，是图书馆的行为状况带给用户的心理满足状态，如图书馆的各项业务建设、制度规章、服务项目、服务态度、服务能力、服务效果等，是图书馆理念满意的外部表现形式。服务视觉的满意，是图书馆所具有的各种可视性的显在形象带给用户的心理满意状态，是图书馆理念的视觉化形式。它不仅包括对图书馆的环境、氛围、设施设备性能的满意，也包括对图书馆及其相关工作人员职业与业务形象的满意。坚持满意服务原则，除了要坚持"一切为了读者"，积极采取多种措施、开辟多种渠道，多层次、多形式满足用户需求外，还要建立起不同层次的评价指标，分别从不同的角度进行评价，以准确反映用户的满意程度，不断改进图书馆的服务工作。

（六）特色服务原则

图书馆由于工作性质、任务、服务对象和地域的不同，在信息资源的搜集与建设、服务的方式、管理等方面，呈现出各自独特的内容或风格，显示出不同的特色。特色服务主要以特色信息资源为基础，是专业性、专题性或专指性的服务，是有针对性地满足特定用户的特殊需要的重要手段。在网络信息资源极大丰富的今天，用户的信息需求更加趋向微观化和个性化，他们需要的是个性化的、特色化的、专业化的文献信息。因此，信息服务要有针对性和特色性，多层次、多角度地满足用户的需求。没有特色，图书馆就难以在林立的信息机构中生存和发展。图书馆只有独树一帜，树立品牌特色服务，才能吸引更多的用户，得到更好的发展。

（七）创新服务原则

阮冈纳赞的"图书馆学五定律"中的第五定律提出"图书馆是一个生长着的有机体"。这就意味着图书馆所收藏的文献信息、用户的信息需求、服务技术以及馆员的业务能力和业务水平都是在不断增长、不断变化着的，而图书馆正是在这种不断变化与创新中发展起来的。要创新，首先要树立创新意识，确立主动化、优质化、品牌化、专业化的服务理念。具体体现在：服务中要主动想方设法贴近用户，处处为用户着想，尽可能地为他们提供方便；讲究"精、快、广、准"的服务质量，满足用户求新、求快、求便捷的心理；通过特色馆藏、特色服务、特色活动、特色环境等突出本馆服务特色，建立图书馆特有的品牌服务；建立一系列严格的业务规范与规则，凸显图书馆服务的专业化。其次，要创新服务内容。如在信息服务方面，要努力从文献提供服务向知识提供服务转变；加大参考咨询，特别是网上虚拟参考服务的力度；增加网上信息导航；开展个性化信息服务；充分利用各种资源，开展形式多样的读者活动等。最后，要创新服务方法。如改变以往单一的馆藏文献借阅服务模式，利用现代网络平台，提供多种数据库服务、知识库服务以及各种在线或离线信息服务和主动推送服务、虚拟参考咨询服务、网络呼叫、智能代理服务等。

（八）资源共享原则

随着社会的进步和科学技术的飞速发展，文献出版数量剧增，各种信息大量涌现。任何图书馆没有必要，也没有经费去全面搜集、存储各种信息资源。但面对用户日益增长和不断扩大的信息需求，图书馆只有树立资源共享的观念，走资源共享的道路，变"一馆之藏"为"多馆之藏"，才能减轻单个图书馆的负担，既能最大程度地满足用户对知识、信息的需求，又能充分发挥馆藏文献信息资源的作用。资源共享将有力地促进人类知识的继承和发扬，实现人类的共同进步和发展。为此，不同系统、不同级次的图书馆要积极地加强图书馆之间的联合和合作，加强信息资源的共知、共建、共享，从而极大地提高图书馆事业在社会中的地位和发挥其知识宝库的重要作用。

第二章

图书馆人力资源管理

第一节 图书馆人力资源管理概述

一、图书馆人力资源

(一)图书馆人力资源的内涵

图书馆人力资源是指图书馆所拥有的知识、经验、技能、个人魅力、团队意识等，能为图书馆带来持久性效益，且提升图书馆价值的群体的总称；也可以理解为具有连续不断地获取、积累、利用和创造知识的组织能力。在图书馆的科学管理中，最能动的资源是人力资源，它具有主动性、积极性和活跃性的特征。通过人力资源投资形成特定技术结构和人力资源存量，对这些不同形态和专业化功能的人力资源按照组织目标及要求加以激励使用、整合配置和协调控制，能够达到人力资源保值增值，实现图书馆效率和价值最大化的目的。

(二)图书馆人力资源的作用

1. 人力资源是财富形成的关键

人力资源在财富形成中扮演着不可或缺的角色，它是一种独特且充满活力的资源，与自然资源共同铸就了财富的基石。在财富的生成过程中，人力资源的地位尤为突出，因为它将自然资源通过智慧和劳动的方式转化为对人类物质和文化生活有价值的产品和服务。没有人力资源的参与和创造性工作，自然资源便无法转化为有实际使用价值的财富，也就是说，人力资源的创造性转化作用是社会财富得以累积和增长的决定性因素。其重要性不仅仅体现在转化的过程中，还在于它对财富总量的直接影响。人力资源的有效投入量越大，创造出的财富也越丰厚。这种关系呈现出明显的正比例特征，即人力资源的使用和利用程度越高，社会所能创造的财富越多。因此，提升人力资源的质量，优化其使用效率，不仅能够促进财富的累积，也是实现经济和社会发展的根本途径。正是基于这种认识，全球各国都在不遗余力地开发和建设自己的人力资源，以期通过提高人力资本的素质，加速经济增长，推动社会向前发展。

2. 人力资源是社会经济发展的主要力量

人力资源在社会经济发展中的作用至关重要，它通过增强个体的知识和技能，直接推动价值的创造和经济的增长。在科学技术飞速发展的当今世界，传统的物质资源已不再是唯一的增长动力。相反，知识、创新和技能成为了新时代经济发展的核心驱动力。经济学界诸如 P.R. 罗默和 R.E. 卢卡斯等学者的研究强调了人力资源在现代经济体系中的中心地位，并预测未来经济的健康增长将依赖于对人力资源的投资和培养。这种观点已经得到全球范围内的认同和重视，各国政府和企业都在积极探索如何有效地开发人力资源，致力于通过教育、培训和终身学习等方式，提升整体劳动力的素质。这不仅促进了经济的多样化发展，还增强了社会的适应能力，使得经济能够更好地应对全球化和技术变革带来的挑战。因此，人力资源的优化和发展成为了提升国家竞争力、实现经济可持续发展的关键策略。

3. 人力资源是图书馆组织的首要资源

在图书馆组织的众多资源中，人力资源的作用无可替代，它是图书馆实现服务目标、满足读者需求的核心要素。人力资源的强度和质量直接决定了图书馆服务的效率和质量，关系到图书馆工作的每一个环节和细节。图书馆工作者的知识水平、技能技术、职业道德以及服务精神构成了图书馆能否提供高质量服务的基石。他们是连接读者和图书馆藏书的桥梁，是推动图书馆服务创新的动力，确保图书馆能够适应不断变化的信息需求和技术发展。图书馆人力资源的培养和管理，因此成为图书馆管理工作中最为重要的一环，需要图书馆管理者不断提升人力资源管理的策略，从而塑造一支既专业又富有创新精神的图书馆工作团队。通过优化人力资源配置、提升服务质量、加强职业培训和激励机制的建设，图书馆能力发展的潜能得以释放，从而推动整个图书馆系统的持续进步和发展。简言之，图书馆人力资源是图书馆连续发展的核心动力，是提升图书馆社会价值和文化影响力的关键因素。

（三）图书馆人力资源的构成

图书馆人力资源主要由管理者、信息技术人员、采编人员、参考咨询人员、报刊管理人员和流通管理人员等构成。

1. 管理者

图书馆管理者在图书馆人力资源构成中扮演着核心角色。他们不仅是图书馆运营的领头人，而且还是制定和实施图书馆发展战略的关键力量。管理者需要具备高度的专业知识和广泛的管理技能，通过对图书馆工作流程的理解和掌握，以及对图书馆员工的领导和激励，来提高整个图书馆的服务质量和工作效率。管理者负责制定图书馆的政策制度，监控图书馆的服务质量，同时还要确保图书馆的财务健康和资源的有效利用。他们在人才招聘、培训和职业发展方面的决策直接影响着图书馆的未来成长。此外，管理者也是图书馆与外部世界联系的桥梁，代表图书馆与政府机构、教育机构、出版商及其他合作伙伴进行交流和合作。他们的远见卓识和决策能力，不仅能够确保图书馆在面临挑战时保持稳定发展，也能在图书馆业务拓展和服务创新上起到至关重要的作用。优秀的图书馆管理者通过他们的领导力，塑造图书馆的文化，激发员工的潜力，使图书馆成为知识传播和文化交流的重要场所。

2. 信息技术人员

随着数字化时代的到来，图书馆服务和管理方式经历了根本性的变革，信息技术人员成为支撑图书馆服务创新和提升用户体验的关键力量。他们负责图书馆信息系统的设计、开发、维护和更新，确保图书馆的数字资源能够安全、高效地存储和访问。这包括管理图书馆的网络环境、数据库、数字化档案以及自动化系统等。信息技术人员还需要密切关注信息技术的最新发展，将先进的技术应用到图书馆服务中，如实现远程访问、数字资源共享、虚拟参考服务等。他们同样承担着对图书馆其他工作人员进行信息技术培训的职责，以提高整个图书馆在应对数字化挑战上的能力。此外，信息技术人员在图书馆与用户之间起着桥梁作用，他们通过用户反馈优化系统功能，为用户提供个性化的数字阅读体验。在图书馆的日常运营中，信息技术人员的专业技能和创新意识对于提高图书馆工作效率、丰富图书馆服务内容、满足读者需求具有不可或缺的重要性。

3. 采编人员

这些专业人员负责采集、选择和组织图书馆的信息资源，包括图书、期刊、电子文献和其他类型的媒体。他们的工作确保图书馆能够提供丰富、及时且相关性强的材料来满足用户的需求。采编人员需具备敏锐的市场洞察力，以评估和预测图书馆用户群的需求变化，同时与出版商、作者和其他图书馆合作，以最佳价格获取高质量的资源。他们还需涉猎广泛的学科知识，以便更好地理解和整理各类学术和文化资料。在资源的组织和编目方面，采编人员运用专业的知识对资料进行分类和索引，使得用户能够通过图书馆的查找系统高效地检索到所需资料。随着数字资源的不断增长，他们也负责数字化项目，确保传统资源的数字访问性和长期保存。通过他们的工作，图书馆能够持续更新其藏书，保持信息的现代性和多样性，同时为学术研究和个人兴趣的探索提供稳定的支持。采编人员的专业能力不仅影响图书馆服务的质量和效率，也是图书馆能否适应快速变化信息环境的关键。

4. 参考咨询人员

参考咨询人员在图书馆中担任着桥梁和导航者的角色，他们直接与读者互动，提供专业的信息检索服务和研究支持。这些专业人士必须具备广泛的知识基础和高效的信息检索技能，以便在海量的信息资源中迅速找到用户所需的准确信息。他们通过解读用户的信息需求，指导用户如何使用图书馆的各种资源，包括图书、数据库、档案以及在线资源。参考咨询人员还负责开展信息素养培训，教育用户如何独立进行信息检索和评估信息的可靠性，增强用户自主学习和研究的能力。在日常工作中，他们需要不断更新自己的专业知识，以适应不断变化的信息环境和技术工具。他们也负责维护参考资料的收藏，确保这些资源的时效性和相关性。此外，参考咨询人员在评估图书馆服务效果和读者满意度方面扮演着重要角色，他们的反馈对于图书馆服务的改进至关重要。通过个性化咨询服务，参考咨询人员不仅帮助用户解决具体问题，还通过高质量的交流促进读者的知识增长和智力发展，为图书馆营造积极向上的学术氛围。

5. 报刊管理人员

他们负责订阅、收藏、整理和提供报刊资源，确保用户能够及时获取最新的信息和研究动态。这项工作不仅需要对出版行业有深刻的理解，还需要对收藏资源进行精确的分类、编目和存档，以便用户能够方便地查找和使用。报刊管理人员必须密切关注报刊出版的趋势和周期，以及相关的出版政策和版权法规，以确保图书馆的报刊收藏合法且最新。他们还需要与出版商、分销商和其他图书馆建立和维护良好的关系，以优化资源共享和交流。在数字化时代背景下，报刊管理人员也面临着将传统纸质报刊资源转变为电子版的挑战，这涉及数字资源的采购、许可协议谈判以及数字存储和访问问题。他们的工作对于支持学术研究、满足公众获取时事新闻的需求以及促进终身学习具有重要意义。通过对报刊资源的高效管理，报刊管理人员确保图书馆用户能够随时接触到多元化的观点和广阔的知识领域，从而支撑图书馆在信息传播和知识更新方面的核心作用。

6. 流通管理人员

流通管理人员在图书馆中扮演着至关重要的角色，他们负责图书的借阅、归还、预约以及罚款等工作，确保图书资料的流转效率和准确性。这些人员需要具备良好的组织和协调能力，以便高效地处理图书流通过程中的各项事务，并解决读者关于借阅的各种疑问和问题。他们还需要熟悉图书馆的分类体系和索书号，方便快速地为读者找到所需资料。在数字化和信息技术高度发达的今天，流通管理人员同样需要掌握计算机操作技能和图书馆管理系统的使用，以便能够处理电子图书的流通和管理电子资源。此外，他们还要定期进行图书的盘点工作，对于流通中的图书进行实时监控，以确保图书馆藏书的完整和安全。通过对读者借阅习惯的分析，流通管理人员还可以为图书馆的采购和淘汰提供建议，从而使馆藏更加贴近读者需求，提升服务质量。总之，流通管理人员是图书馆提供高效阅读服务的关键，他们的工作不仅保障了图书的有效流通，而且直接影响到读者的借阅体验和满意度。

二、图书馆人力资源管理

（一）图书馆人力资源管理的内涵

图书馆人力资源管理，从管理学的视角出发，可分为全局与局部两个层面的解读。

全局层面上，图书馆的人力资源管理侧重于宏观策略的制定，涉及对图书馆人力资源整体布局的规划、制定发展战略及政策措施、预测与分析人力资源的总量和需求，并对人力资本的运用进行监控和评估。这类策略性管理往往由上级管理机构或相关政府部门制定并执行，其内容可能需要与国家的社会人力资源管理策略相结合，通过国家层面的政策引导，组织社会力量对图书馆专业人才进行系统的培养和认证。

局部层面上，图书馆人力资源管理聚焦于日常运作，包括但不限于拟定图书馆内部的人事政策、人员架构、确定职务等级和评估标准、岗位职责和薪酬体系，并针对工作人员进行招聘、选拔、培训、激励和考核。相对于宏观管理的社会环境构建，局部管理更注重图书馆内部人员管理的具体实施，通常由图书馆内部的人力资源部门负责执行。

两者相互衔接，共同构成图书馆人力资源管理体系，对图书馆与社会、各部门间的互动，乃至图书馆业务的长远发展产生深远影响。

图书馆人力资源管理的根本目的在于通过有效的人员配置和培养，促进机构内部和谐互动，实现人才与图书馆资源的最优配置。因为图书馆服务质量、资源运用，以及图书馆形象塑造，均由图书馆工作人员来推动实现。因此，优化人力资源配置是提升图书馆核心竞争力、确保其可持续发展的基础。

（二）图书馆人力资源管理的必要性

人力资源管理是图书馆持续发展的基础。人力资源是图书馆服务工作的主体，是图书馆事业的灵魂，是图书馆生存与发展的生命线。

1.网络时代工作的需要

随着网络时代的到来，图书馆管理工作面临巨大变革，此时，吸引与留住高素质的知识型人才显得尤为关键。这些具备创新精神的专业人士成为推动图书馆前进的核心资产。为了有效管理这些宝贵的人力资源，图书馆必须设计并实施一个科学的激励机制，这样的机制应紧密结合工作激励的方法与目标，采取创新的思维模式，以符合图书馆独有的文化、适应当前时代发展的趋势，同时满足馆员的个性化需求。通过这种开放且具有吸引力的激励体系，可以有效提高馆员的工作积极性和创造力，从而保证图书馆在日益激烈的市场竞争中能够保持竞争力，并始终处于行业领导地位。这不仅要求图书馆管理层有前瞻性的人才观念，而且要求他们能够不断地调整和优化人力资源结构，确保图书馆能够适应未来信息服务的新要求。

2.提高图书馆员综合素质的需要

提升图书馆员的综合素质是图书馆人力资源管理中至关重要的环节，直接影响图书馆的发展前景。在构筑未来图书馆的过程中，馆员不仅需要丰富的知识储备和专业技能，更需要具备创新意识和服务精神。这要求图书馆建立一套以人力资源为核心的发展战略，精心规划人才培养路径，同时对现有人员结构进行深度分析与优化。通过持续的培训和职业发展机会，可以显著提升馆员的业务能力和服务质量，进而提高图书馆工作的总体效率。此外，通过激发馆员的创新潜能，并对其进行科学的管理和合理的激励，图书馆能够确保自身在未来的发展中具备强大的内生动力和竞争优势。综合素质的提升不仅涉及专业知识与技能训练，还包括了解和适应新兴信息技术的能力，这是实现图书馆服务创新和满足用户多元化需求的关键所在。

3.图书馆人力资源配置结构的需要

在当今图书馆的人力资源结构中存在着一个显著的问题：缺乏既能够提供

高水平信息服务，又有能力进行信息技术开发与应用的复合型人才。这种结构性缺口不仅限制了图书馆服务能力的提升，也影响了图书馆适应数字化转型的进程。随着信息技术的不断发展和用户需求的日益多样化，图书馆必须调整和优化人力资源配置。未来的图书馆人力资源管理需重点发展信息研究和信息技术人员队伍，这些人员将成为支撑图书馆服务创新和技术进步的主力军。同时，需要优化传统技术人员和管理人员的角色，使他们更好地支持和补充信息技术团队的工作。通过这种新的人力资源配置模式，图书馆将能够更有效地管理和利用信息资源，提供更高质量的服务，并在数字化的大潮中保持竞争力。这样的结构调整既要注重人才的内部培养，也要在招聘策略上更加开放和前瞻，以吸引和留住具有高级信息处理能力和创新精神的专业人才，从而实现图书馆服务的长期和可持续发展。

三、图书馆人力资源管理的内容与原则

（一）图书馆人力资源管理内容

图书馆人力资源管理包括三个方面的内容：人力资源的分析与评价；人力资源的开发和利用；人力资源的控制和激励。通过对图书馆人力资源的信息管理、招聘、调配、控制、培训等手段，实现求才、用才、育才、激才和留才等管理模式，使图书馆员与图书馆的工作保持最佳比例，达到最佳状态。

1. 人力资源规划

根据图书馆的发展战略和工作计划，系统地分析和确定人力资源需求的过程，如评估人力资源现状及其发展趋势，收集和分析人力资源供求的信息和资料，预测人力资源供求的发展趋势，结合实际制订图书馆的人力资源培训与发展计划等。

2. 工作分析

工作分析是图书馆人力资源管理最基础的工作，对各个工作岗位进行考查与分析，确定其职责、任务、工作条件、任职资格和享有权利，以及相应的教育培训情况等，以便最后形成工作职务说明书。

3. 馆员招聘

根据人力资源规划和工作分析的要求，馆员招聘主要由计划、招募、测评、

选拔、录用、评估等一系列活动组成。图书馆可以在内部聘任，也可以向社会招聘，按照平等就业、择优录用的原则招聘所需要的人才。

4. 馆员培训与发展

馆员培训与发展主要包括馆员职业生涯规划、馆员发展、业绩评估等。对馆员进行培训和开发，可以促使馆员更好地提高工作效能，增强对图书馆的归属感；对图书馆而言，可以减少事故，降低成本，提高工作效率和经济效益。

5. 馆员激励

馆员激励就是通过运用各种因素激发馆员的动机，引导和强化馆员的行为，调动馆员工作的积极性，使之产生实现图书馆目标的行为过程。

6. 绩效管理

绩效管理是图书馆管理者参照工作目标或绩效标准，采用一定的考评方法，对馆员的工作表现和工作成果等做出评价的过程。对绩效突出的馆员应进行物质和精神方面的奖励，对表现差的馆员应给予批评甚至惩罚，目的是调动馆员的积极性，使图书馆人力资源管理工作健康高效地运行。

7. 薪酬管理

薪酬管理是图书馆人力资源管理的重要组成部分，图书馆要从馆员的资历、职级、岗位及实际表现和工作成绩等方面综合考虑，制定相应的、具有吸引力的工资报酬标准和制度；同时，也是图书馆吸引和留住人才、激励馆员努力工作、发挥人力资源效能的最有力的杠杆之一。

8. 职业生涯管理

职业生涯管理是个人和图书馆对职业历程的规划、对职业发展的促进等一系列活动的总和，包含职业生涯决策、设计、发展和开发等内容，有助于提高个人人力资本的投资收益，有助于降低改变职业通道的成本，有助于图书馆事业的发展。

9. 人力资源保护

人力资源管理涉及劳动关系的各个方面，如劳动用工、劳动时间、劳动报酬、劳动保护、劳动争议等内容。图书馆应根据国家劳动保护的有关协议条款的规定，依法行事，处理相关的劳动关系，以确保馆员在图书馆工作过程中的安全与健康。

(二) 图书馆人力资源管理原则

图书馆人力资源管理是图书馆管理和发展战略中重要的工作内容，需要政府和社会的积极支持以及图书馆各级领导与管理部门的协同努力。从根本上说，图书馆人力资源管理的核心是优化图书馆人力资源结构以及合理使用专业人员，它直接关系到图书馆组织生存与发展，也是衡量人力资源管理效果的主要标准。在图书馆人力资源管理活动中应遵循"以人为本"的指导思想，坚持体现以下几个基本原则：

1. 以思想和行为为中心

图书馆人力资源管理的过程中注重思想和行为的核心地位，意味着管理工作不仅关注员工的技能和知识，更重视他们的价值观、工作态度和行为模式。这种以思想和行为为中心的原则，强调塑造积极向上、责任感强、愿意不断学习和创新的图书馆员工文化。图书馆管理者需通过建立健全的价值观体系，引导员工内化图书馆的使命和愿景，使之成为推动自我发展和提升服务质量的内在动力。此外，培养专业的行为准则，确保图书馆员工能够在日常工作中展现出专业性和一致性，对外提供高标准的服务，对内维护团队协作和谐。通过对思想和行为的重视，图书馆能够形成一支高效、专业且具有良好职业道德的团队，为用户提供卓越的图书馆体验，同时促进图书馆整体战略目标的实现。这种管理模式要求图书馆领导层不仅要以身作则，树立正面典型，还要通过各种形式的培训和交流活动，加强员工的思想建设，引导员工形成正确的价值判断和行为习惯，从而在图书馆的日常管理和服务中体现出"以人为本"的管理哲学。

2. 以需要和能力为标准

图书馆人力资源管理中的"以需要和能力为标准"原则，着重于将图书馆的实际需求与员工的专业能力相匹配。这一原则要求图书馆管理者在人员招聘、培训、评估和晋升等方面的决策过程中，都应基于图书馆服务的具体要求以及员工实现这些要求的能力。这种做法确保了每位图书馆员工都能在其最擅长的领域发挥最大的作用，同时也激励员工不断提升自身的知识和技能，以满足图书馆服务发展的变化。管理者通过准确的岗位分析，明确岗位职责，合理规划人力资源配置，确保员工的职业发展路径与图书馆的长远目标一致。此外，这一原则还强调对员工绩效的合理评估，通过科学的评价体系衡量员工的工作成果和专业能力，从而为其提供公正的职业发展机会。在此基础上，图书馆应建立起一种持续的学习环境，支持员工通过各种培训和学习机会来补充新知，提高个人竞争力，这不仅有助于员工个人职业生涯的发展，也有助于图书馆整体服务能力的提升。通过这种以需求和能力为导向的人力资源管理，图书馆能够更有效地利用其人力资源，提高服务质量，增强用户满意度，从而在信息服务的竞争中保持优势。

3. 以平衡和团队为动力

在图书馆人力资源管理中，"以平衡和团队为动力"原则强调在不同员工之间、不同部门之间以及员工与管理层之间建立和谐且平衡的关系。这一原则识别并尊重每个员工的贡献，促进团队合作，确保图书馆的各项服务能够协调高效地运作。管理者需通过公平的人力资源政策和透明的沟通机制，营造一个支持性和包容性的工作环境，让每位员工都感到自己是团队不可或缺的一部分。在这样的环境中，员工的个人目标与图书馆的整体目标相互融合，形成强大的团队动力。此外，平衡原则还要求在工作分配、职责划分、资源配置和机会提供等方面公正对待每位员工，避免偏见和不平等现象的产生。这样的管理手段不仅能提升员工的归属感和满意度，还能鼓励员工创新思维和积极参与，从而促进图书馆服务质量的整体提升。团队合作的精神同样是这一原则的核心，通过团队建设活动和跨部门合作项目，员工能够相互学习、相互支持，共同解决工作中遇到的挑战，用协同的努力提高图书馆的运营效率和服务水平。平衡和团队动力的结合，使得图书馆能以一种更加人性化和动态的方式管理人力资源，让图书馆成为既富有效率又充满活力的学习与服务场所。

四、图书馆人力资源配置原则和策略

(一) 图书馆人力资源配置原则

人力资源配置就是根据经济社会发展的客观要求，通过一定的形式和机制，科学合理地调配人力资源的管理行为，从而促使人力资源与其他资源合理有效地结合，产生最佳的工作效果。简言之，人力资源配置是指合理分配人力资源，使之与组织中的职位实现有效结合的过程，它是人力资源管理的一个重要组成部分。图书馆人力资源配置应遵循以下原则：

1. 整体配置原则

在图书馆人力资源的整体配置原则中，关键是要深刻理解和精准实施优化配置的策略，确保配置的每一步都与图书馆的整体发展战略和目标紧密相连。这意味着必须突破传统的人事管理框架，着眼于图书馆的整体优势和需求，实现人员结构的最大化效能。在这一过程中，管理者应充分认识到每位图书馆员的独特价值和潜力，通过有机地整合各种人力资源，促进个体与组织目标的同步进化。为此，管理者需精心设计和调整岗位，以确保每个职位都能得到合理的人选，从而避免资源浪费和岗位空缺。优化配置也要考虑到图书馆员的职业发展，提供持续的培训和职业规划，使其能够与图书馆的成长和变革同步，进而激发每位员工的创造性和积极性，共同推进图书馆服务水平的提升和知识共享的实现。通过这种全面而深入的人力资源配置，图书馆将能够形成一个高效、协调、能够应对未来挑战的团队。

2. 读者需求原则

读者需求原则在图书馆人力资源配置中占据核心地位，其精髓在于将图书馆员的职责与读者的信息需求紧密对接。这种原则要求图书馆管理者深入分析和预测读者对知识信息的需求，包括需求的种类、层次和变化趋势，并据此来优化图书馆人员的配置。图书馆员的配置不仅要考虑服务当前读者的数量和需求，还要预见未来的变化，确保图书馆服务的及时性、有效性和个性化。图书馆工作人员应具备多元化的知识结构和技能，能够在不同的服务领域提供专业支持。此外，图书馆员配置还应当反映读者社会、文化和教育背景的多样性，以便更好地理解和满足不同群体的需求。通过这样的配置，图书馆能够为读者提供准确、及时的信息服务和更贴心的阅读体验，从而提升读者的满意度和图书馆的社会价值。图书馆人力资源的配置应当灵活、有弹性，能够适应信息技术的迅猛发展和读者需求的不断演变，确保图书馆能够持续地为读者提供高质量的服务。

3. 因地制宜原则

因地制宜原则在图书馆人力资源配置中强调根据不同图书馆的具体情况来做出适应性决策。它要求管理者深入理解各自图书馆的独特环境、文化、资源状况以及服务对象，从而制定出最适合该图书馆实情的人员配置方案。这意味着在人员配置时，要考虑图书馆所处的地理位置、所服务社区的特点、读者群体的构成以及图书馆面临的具体挑战和发展目标。例如，学术图书馆的人员配置会与公共图书馆有所不同，因为它们服务的重点和读者群体有明显差异。在执行因地制宜原则时，图书馆需要对现有的人员结构进行精细的分析，找出各类工作岗位之间的最佳匹配和可能的整合点，促进图书馆员的多技能发展，并鼓励跨领域合作，以提高工作效率和服务质量。同时，图书馆员的培训和职业发展也应该考虑到本地区的特殊需求和条件，以确保图书馆服务的实际效果。图书馆应通过灵活的人员配置来应对快速变化的信息环境和读者需求，保持服务的现代性和相关性，从而在满足当地社区需求的同时，促进图书馆整体的长期可持续发展。

4. 动态发展原则

动态发展原则在图书馆人力资源管理中强调必须适应不断变化的环境，保持人员结构的灵活性和适应性。图书馆工作领域的快速演变，以及信息技术和用户需求的持续变化，要求图书馆员的角色和技能必须与时俱进。这种动态配置不仅涉及对新兴技术和服务模式的响应，而且还包括对学科发展趋势的预见和适应。图书馆人员配置的灵活性确保了图书馆能够快速调整其服务以满足新的学术研究方向或社区利益。此外，动态发展原则还意味着图书馆员的持续职业发展和教育培训是至关重要的，以便他们能够掌握新的知识管理技术，提供先进的信息服务，同时也为图书馆的未来发展奠定基础。图书馆领导者应该定期评估服务需求，预测未来趋势，并据此调整人力资源配置，以保持图书馆服务的相关性和有效性。通过这种动态的人力资源管理，图书馆不仅能够应对当前的挑战，还能够积极规划未来，确保在快速变化的信息环境中继续发挥其作为知识和学习中心的核心作用。

（二）图书馆人力资源配置策略

1. 优化图书馆领导班子配置

优化图书馆领导班子配置。首先，图书馆领导要有较高的学识水平、较强的决策管理能力和民主严谨的工作作风；其次，要加强对图书馆人力资源优化配置和整体规划的制定，全面推行全员聘任制，彻底改变长期以来形成的图书馆成为干部收容所、人员过渡站和人才配偶安置办的不良局面。

2. 加强对馆员的培训和继续教育

在科学技术高速发展的今天，馆员不仅要适应传统意义上的图书情报工作，还要能够胜任一切基于网络知识信息的服务。因此，图书馆领导要根据工作性质、岗位特点、人员性格、专业和特长等，帮助和指导馆员设计职业发展计划，并积极争取和创造条件，为馆员提供培训、继续教育的机会，通过脱产、进修、函授教育和在职培训等多种形式，帮助馆员不断更新知识和技能，完善知识结构，提高学识水平。这不仅有助于馆员自身的发展，更重要的是关系到图书馆人力资源的优化配置以及工作效率和服务质量的提升。

五、租赁与外包人力资源管理

（一）图书馆人力资源租赁

1. 人力资源租赁

通过人力资源公司提供的服务，企业可以根据实际需求雇佣专业人才，与此同时，这些人才仍由人力公司负责管理。企业仅需为获取这些劳务资源支付一定的费用，而不必承担直接雇佣所涉及的人事管理责任。这种模式在灵活性和成本效益上具有明显优势，适合多样化和分层次的用工需求。

在人力资源租借市场中，涉及的主体有四类：供应方、需求方、中介和管理机构。供应方主要是人力资源公司和人才自身，其中人才既是市场的参与者也是服务的对象，而市场上交换的实质是人的能力。人力资源公司在此扮演服务提供者及中介的角色，并负责相关的管理工作，如培训和薪酬发放。人力资源市场的交易特点在于参与者的角色交叉和主客体的融合性，这与其他市场的租赁模式有所区别。管理机构则包括政府劳动人事部门和负有立法、司法及行政职责的权力机构，如国家立法机关、法院、检察院、工商和税务部门等。

2. 人才租赁的形式与特点

人力资源的灵活配置体现为几种常见的租借方式：短期合作；周末合同；计时雇佣；团队派遣，即将暂时不需要的员工整体或部分地转派至其他单位；项目合作，根据特定任务需求雇用专业人员。

人才租借模式的优势可以概括为三个方面："精确""迅捷"和"经济"。其中，"精确"代表企业能够迅速而精准地挑选合适的人才以满足特定需求；"迅捷"指的是雇佣流程的高效便捷性；而"经济"意味着雇主仅需支付租借费用和员工薪酬，无需额外投资于人才培养，从而降低成本。通过人才租赁机制，企业在用工上实现了灵活性与成本控制，同时也推动了人力资源的优化配置。

（二）图书馆人力资源外包

1. 图书馆人力资源外包

图书馆在进行人力资源管理时，可能会选择将部分或全部人事管理功能转交给外部专业机构。这些职能包括但不限于招聘、薪资结算、工资方案制定、福利保险处理、员工培训等。此举旨在削减成本和提高管理效率。外包的实施能让图书馆的人力资源团队从日常烦琐的任务中解脱出来，专注于图书馆的战略规划、功能优化以及加强人力资源的竞争力。

人力资源外包业务大致可分为两类：人事服务代理和人才外包服务。人事服务代理指的是员工依然与雇主签订劳动合同，但由第三方专业机构负责管理员工的档案、薪资和培训等事宜。人才外包服务则意味着员工与图书馆没有直接的劳动关系，所有工作合同及相关人事管理事宜均由外部服务公司承担。

2. 图书馆人力资源外包方式

图书馆人力资源外包形式多种多样，具体根据组织外包的目的、服务商资质、环境等多方面因素决定选择何种外包方式。

（1）部分外包

它特指在某一管理活动中，将那些组织内部难以胜任或者处理不当的任务划分出来，交由具备专业能力的外部机构来完成。以设计一项绩效考评系统为例，这项任务对于确立员工绩效的标准和激励机制至关重要。当图书馆内部缺乏制定这些指标的专业知识或经验时，可以选择将这一任务的关键部分外包给专门的人力资源服务提供商。这不仅可以利用外部服务商的专业优势来设计一个科学、合理的考核体系，还能确保系统的实施符合图书馆的具体需求和期望。外包合作通常是在明确了外部机构的责任、任务要求和完成时间的前提下进行的。这样的合作模式不仅节省了图书馆的内部资源，避免了因专业不足而带来的风险，同时也提高了管理活动的效率和质量。通过精心挑选合适的外部合作伙伴，并严格监控外包过程和成果，图书馆能够在保障服务质量的同时，专注于其核心服务和发展。

（2）整体外包

整体外包在图书馆人力资源管理中的应用是出于对某项关键性工作的专业需求或成本效益考虑。当图书馆面临需要实施的重要项目，如员工职业生涯规划或全员培训计划，而内部缺乏执行该项目的经验或资源时，整体外包成为必然选择。这种做法涉及将整个项目从策划到实施的各个环节全部委托给外部专业机构。例如，员工职业生涯设计是一项复杂的工作，它要求对员工的个人发展路径有深刻的理解和规划，这不仅涉及个人成长，还关联到图书馆的长远发展。如果图书馆内部无法有效地进行这样的规划，就需要将这项任务整体外包给专业的人力资源咨询公司。另外，当某项人力资源管理工作的内部执行成本过于高昂，或者自行实施难以达到预期效果时，外包也是一种节约成本和提高效率的策略。通过与专业的外部服务提供商合作，图书馆不仅可以利用外部的专业知识和技术，还可以确保项目的成功执行，同时还可以让图书馆将更多的精力集中在其核心业务上。整体外包成功的关键在于正确选择合作伙伴，明确项目目标，以及建立有效的沟通和监督机制，确保外包活动能够顺利进行并达成预期目标。

（3）小包干

在图书馆人力资源管理的实践中，小包干的外包模式允许图书馆将特定的人力资源任务完全委托给外部专业机构，以保障这些任务能以高效和专业的方式完成。这种做法特别适用于那些图书馆希望专注于其核心服务的同时，又不愿投入大量资源去建设和维护相应管理能力的情况。以招聘流程为例，当图书馆选择小包干模式时，它会将整个招聘过程——包括发布职位、筛选简历、组织面试，以及最终的职位录取——全部交由外部专业招聘机构来操作。图书馆的角色转变为设立岗位要求、资格标准，并在最后对候选人进行审查与确认。这种模式的优势在于能够利用外包机构的专业知识和资源网络，提高招聘效率，确保招聘质量，节约成本。同时，这也使得图书馆能够把宝贵的内部资源更多地用于提升服务质量和用户体验。然而，小包干也要求图书馆能够准确传达其对人才的需求，并建立有效的沟通机制和结果评估标准，以确保外包服务提供者的工作成果符合图书馆的期望和标准。通过这种协作方式，图书馆能够在保持灵活性和敏捷性的同时，有效地扩展其人力资源管理能力。

（4）大包干

在图书馆人力资源管理的众多实践中，大包干外包模式是一种彻底的外包形式，适用于那些没有建立自己的人力资源管理部门的组织，或是那些选择将全部管理工作交由外部完成的组织。在这种模式下，图书馆不再直接参与人力资源的任何管理活动，如招聘、培训、考核和薪酬福利管理等，而是将这些功能全权委托给外部的专业人力资源服务机构。这样的做法使组织能够专注于其主要的业务和服务，同时也减少了内部管理的复杂性和成本。

采用大包干模式的图书馆，通常只负责提出人力资源管理的基本要求和标准，以及对外包服务的最终结果进行监督和评估。这要求图书馆与外部服务提供商保持紧密的沟通，明确外包服务的期望目标，以及确立有效的监督机制。这种外包策略在高新技术企业或虚拟组织中尤为常见，它们倾向于将资源和注意力集中在核心竞争力的发展上，而将人力资源管理这一辅助功能外包给更专业的机构。

实施大包干外包时，图书馆必须选择信誉良好、服务质量高的外部机构，以保证人力资源管理活动的质量不会因外包而受损。这种外包模式虽然能够带来管理上的便利和成本效益，但同时也带来了对外部供应商依赖度的增加，因此对外包合作伙伴的选择和管理成为大包干外包成功与否的关键因素。通过这种模式，图书馆能够在确保人力资源管理活动质量的前提下，更好地发挥其专业优势，为读者提供更优质的服务。

（5）综合外包

综合外包在图书馆人力资源管理中是一种灵活的策略，它涉及将不同的管理活动或任务交由多个外部服务提供商来完成。在这种模式下，图书馆可能选择将人员测评任务交给专门的测评公司来负责，以利用其专业工具和经验来评估潜在员工或现有员工的能力和适合度。同时，图书馆也可能将绩效考评体系的设计工作整体外包给咨询公司，利用其在制定绩效标准和考评流程方面的专业知识。综合外包不仅仅是简单地将任务分散开来，更关键的是协调各个外包环节，确保它们能够相互补充，协同工作，从而提高整个人力资源管理的效率和效果。图书馆需要对不同外包合作伙伴的工作进行有效的整合和监督，以确保每一项外包活动都能够按照图书馆的需求和标准进行，同时还能够实现资源的优化配置。通过这种综合的外包方式，图书馆可以更好地利用外部资源，提升人力资源管理的质量，同时保持核心管理团队的精干高效。

第二节　图书馆员职业资格与聘任用

一、图书馆员职业资格

图书馆员职业资格是指图书馆员在组织、提供与利用信息资源的活动中应具有的能力和知识。具体来说，图书馆员职业资格是指图书馆员在信息资源组织、信息资源获取、信息技术利用、信息服务活动等领域中有效完成工作任务所必须具备的基础知识、理解能力和基本技能。它是选拔、录用图书馆员的主要依据,也是图书馆员职业发展的必要条件。

一些欧美国家规定,要成为图书馆专业人员,必须在经图书馆协会认可的图书馆学院或图书馆情报学院修满一定的学分,然后才能获得图书馆员专业资格。在美国,获得这一资格的基本条件是具有图书馆学或情报学硕士学位。可以说,在这些国家里,图书馆员是从事社会知识服务的专业人员。尤其是在美国和英国,图书馆员之所以普遍受到社会的尊重,有较高的社会地位,正是因为他们以一流的信息服务为国家的政治、经济、科技、文化等各个领域的发展做出了贡献,以高效优质的服务赢得了社会的广泛认同和赞誉。

此外,一些专业组织也对图书馆员的职业资格做了进一步研究与认定。例如,美国专业图书馆协会认为,专业图书馆员(美国图书馆界工作人员分为专业馆员、支持馆员、学生助理,不同级别馆员的收入差距较大)特有的专业资格是:对专题范围内的印刷版和电子版信息资源有深入的了解,能根据服务对象的战略性信息需求来设计并管理信息服务。

二、馆员的甄选与聘任

图书馆员的选拔和聘用是图书馆人力资源开发和管理的一项基本任务和重要环节,它决定了图书馆人力资源的结构成分以及具有的能力水平。图书馆员甄选是指对从事图书馆工作的人员进行公开选拔和测试,其目的是挑选符合需要的图书馆工作人员,提高工作效率,降低图书馆员职业培训的成本。图书馆员聘用是指在甄选的基础上,对具有专业技术资格和技术能力的竞聘人员进行录用和聘任,其目的是对录用的工作人员明确岗位职责并授予一定的岗位权力,以充分发挥所聘人员的才能和作用,它是图书馆人力资源管理的主要过程。

(一)图书馆员甄选任用的原则

1. "三公"原则

图书馆要获得高质量的馆员,提高自己的管理水平,就应在甄选和任用未来馆员的过程中坚持公开、公平、公正原则。图书馆应打破传统的自我封闭的形象,把图书馆所需的工作岗位和人员数量以及任职资格、录用时间向社会和图书馆组织内部公布，鼓励社会成员和图书馆职工参加竞选和竞聘。要做到机会均等、一视同仁、任人唯贤，并通过相关的制度来确保选拔和聘用人员的质量。为此，图书馆应为选拔优秀人才创造良好的政策环境和工作环境，以保证图书馆运用科学的方法吸收和录用最合适的工作人员。

2. 用人之长原则

知人善任、扬长避短，是图书馆员选聘过程中应该注意的重要原则。应采取客观、辩证的态度，将待用人员的长处和短处、主流与非本质等方面做反复仔细的考量，区别对待。人无完人，倘若只看到其短处，看不到长处，就会陷入无人可选的困难境地。在甄选员工的过程中，关键在于如何根据岗位要求，发挥工作人员的长处。对于待用人员来讲，若能在一个最适合其个性特点的工作岗位上发挥长处，就能人尽其才；对于图书馆组织而言，也是得到最合适人才的合理途径。

3. 用人不疑原则

用人不疑原则又称为信任原则，是指对被任用人才要放手使用，发挥其主动性、积极性和创造性，支持员工取得各项工作成绩。一个人如果得不到管理者的信任，处处受到猜疑，就不会全身心地投入到工作中去，智慧和才能就不能充分发挥。只有充分信任，放手支持选拔和录用的工作人员大胆工作，才能使其充分发挥聪明才智，为图书馆创造更大的成就和效益。

4. 注重潜力原则

要注重竞聘人员的潜在发展能力。有些人在担任现职时表现出色，但当被选拔到高一级职位时，就不能胜任工作的需要。因此，在对应聘人员进行考核时，应注重对其工作能力、知识范围、思想品德以及交往能力进行全面考核和评定，同时还应注意其团队精神和协作精神的评定。要正确评价竞聘人的发展潜力，根据其处理复杂问题的能力和是否具备高层次人才所需的基本素质进行甄选和聘用。只有这样，图书馆组织才能够避免"提拔过头"的现象，避免造成人力资源的误用和浪费。

5. 条件适当原则

在选聘过程中，选聘的条件可能很多，候选人过五关斩六将才能够得到想要的岗位。但是，这些条件的设置不能太过脱离组织实际，过于苛刻，必须要根据图书馆组织的目标以及这一目标对人员配置职能的要求等方面来客观设计，应针对待聘职位的性质进行工作分析，并充分考虑这一职位对人员的要求来选拔人才，这样才不至于浪费大量的时间、精力和费用，同时又能够得到图书馆所需要的各类人才。

（二）图书馆员甄选聘用的途径

图书馆进行人员选拔与聘用通常有两种途径：一种是对图书馆内部的员工进行选拔，另一种是对社会成员进行公开招聘。

1. 内部选拔

内部选拔是指从馆内已有的人员中进行选拔提升。这就要求在组织中建立详尽的人员工作表现的调查登记材料，以此为基础建立数据库，以便在职位出现空缺时，能够据此进行分析研究，从而从中选出符合要求的人员。

在图书馆内部选拔人才有以下几个优点：①由于对图书馆内人员比较了解，可以通过充分和可靠的人事管理资料进行分析与比较；②被提升的组织内部成员对图书馆组织运行的状况以及存在的问题比较了解，能够比较快地适应岗位要求；③通过对图书馆内部成员的选拔，可以使广大员工看到工作的希望和前途，增强自信心，鼓舞士气，并使其保持良好的工作热情；④可以使图书馆快速获得员工对业务培训的回报。

但从内部选拔人才也有可能产生一些弊端：①容易造成"近亲繁殖"的后果。由于组织成员已经形成了长期的思维定式，难以产生新的观念和行为，因而此举不利于图书馆组织的发展与创新；②如果图书馆工作岗位所需人员的缺口比较大，而又一味坚持从图书馆内部选拔人才，就有可能导致不适合图书馆岗位要求的工作人员上岗，这样不仅使图书馆失去了获得一流专业人才的机会，也会对图书馆组织的发展形成阻力。

2. 外部招聘

外部招聘是指从图书馆之外的途径来获得人才。外部招聘的渠道很多，如广告、职业中介、学校、图书馆员工的推荐等。要使外部招聘得以有效地实施，就必须将图书馆空缺岗位的相关情况事先告知应聘者，如岗位的性质和要求、工作环境的现状和前景、报酬以及福利待遇等。图书馆外部招聘的优缺点恰好与内部选拔互补。

对外招聘的主要优点有：一是有较广泛的人才来源满足图书馆的需求，并有可能招聘到一流的人才；二是可避免近亲繁殖，为图书馆带来新鲜空气，新的思想和方法可以为图书馆补充新鲜血液；三是由于大部分应聘者都具有一定的理论知识和实践经验，因而可以节省在培训方面所耗费的大量时间和费用。但它也存在不足：一是如果图书馆中有胜任的人未被选用，采取外部招聘的方法可能会使这部分人才感到不公平，可能会产生与应聘者不合作的态度，同时会使其士气和积极性受到打击；二是应聘者对图书馆的历史和现状不了解，需要有一个了解和熟悉的过程；三是由于对应聘者的实际工作能力并不十分了解，因而在招聘过程中不可避免地会过分关注其学历、文凭等。

总而言之，无论是内部选拔还是外部招聘，都各有长处和不足，不是十全十美的甄选聘用方法。但在实际工作中，我们可以遵循一些一般的规律。例如，当图书馆内有适合该空缺岗位要求的人选时，应首先从内部选拔；当空缺的岗位是图书馆内的关键职位，而图书馆内部又无人可胜任时，就应该从外部招聘。这两种方法应该结合使用，从外部招聘进来的人员应该从基本工作做起，然后根据其表现适当提升。

（三）图书馆员甄选聘用的程序与方法

1. 图书馆员甄选与聘用的程序

图书馆员甄选与聘用的程序可根据图书馆的规模和性质以及岗位的要求来进行设计。首先应从岗位的需要出发进行工作分析。确定某项专业工作所需人才的业务水平的目的是确认甄选的标准，是识别最佳人选的前提。例如，选择文献采选人员、编目人员、咨询课题主持人与计算机管理系统设计人员时，对他们的要求是有区别的。外语水平与知识广度是外文采选工作的基本要求，编目人员必须要有系统的图书情报专业知识，而专题咨询与计算机管理系统设计人员则需要具有较深厚的专业理论基础。同时，也要考察工作对候选人的个性特长的要求等，然后针对这些要求设计甄选的方式，如问卷调查或进行面试等。通过对候选人的甄选，决定其是否被录用，以及被任用到何种岗位。设计甄选与聘用活动的程序时，应考虑到实施过程中相关因素的影响，如时间、使用、甄选的难易程度以及实际意义等。

2. 图书馆员甄选聘用的方法

图书馆员甄选聘用的方法主要有笔试和面试。其中笔试可以通过各种测验来对以下内容进行考查分析：一是智力测验。目的是考量候选人的记忆力、观察力等。主要是考察候选人在继续学习上的能力，同时也对候选人有个基本的了解。二是专业测验。目的是测验候选人所具有的专业技能，以及进一步掌握技能的潜力和能力。例如，对参考咨询人员的测验，应考察其在咨询工具操作方面的能力，以及对信息检索分析处理方面的能力等。三是性格测验。目的是衡量候选人在性格上的特征。在图书馆的参考咨询中，十分强调与读者的沟通交流能力，若候选人在个性上不够耐心，沟通上欠缺技巧，就不符合该岗位的要求。四是领导能力测验。目的是衡量候选人在领导能力方面的表现以及潜能。若待聘职位是关联的领导岗位或者是该类岗位的储备人员，就应特别强调候选人在这方面的能力。

面试则是一种要求候选人口头回答主试提问，以便了解候选人的素质和潜能的甄选方法。面谈的优点是直接简便，可以快速淘汰那些明显不合格的候选人，但同时这种方式也很容易受到候选人表象的影响。由于很多图书馆没有实施现代人力资源管理制度，招聘选用人才时没有采取科学的方法，面试往往只是走过场，负责甄选人才的人员不能从中得到有价值的所需要的候选人的相关资料。图书馆在采取面试这种方式甄选人才时，必须警惕形式主义。在美国，高校图书馆的招聘面试工作主要采取多层次系列面试的方法。根据职务的档次高低，招聘单位一般安排在不同的时间邀请3—5名应聘者来学校图书馆参加为时1—3天的面试。申请馆长职务的应聘人，必须经历校长、校务委员会成员、图书馆部主任及图书馆工作人员对其进行的多层次面试，时间为2—3天。申请图书馆部主任职务的应聘人，需接受馆长、图书馆管理委员会以及部门的工作人员对其进行的面试，一般需要1—2天。申请图书馆一般工作人员职务的应聘人，需经历图书馆管理委员会、招聘部门的部主任及有关的工作人员共同参加的面试，一般需要0.5—1天的时间。面试的重点：一是了解候选人的工作能力，可以通过询问其以往的工作经历、经验来判断其是否适合该岗位要求；二是了解候选人的性格特点，观察其应变能力等因素；三是了解候选人的求职动机。另外，有的人将大城市的图书馆当作职业上的跳板，工作态度不端正，应该在面试时充分了解、考查，早做判断。

总之，图书馆员甄选任用的方式并不是孤立的，而是根据实际需要灵活选用。在实际工作中，若是从内部选拔人才，对其个人情况都比较了解，可以根据岗位的要求重点考查其一两个方面的能力，对于从外部招聘的人才则需采用多种方式进行全方位的考察。

第三节　图书馆人力资源的激励

一、图书馆实行激励机制管理的必要性

激励机制是管理者依据法律法规、价值取向和文化环境等，对管理对象的行为从物质、精神等方面进行激发和鼓励，以使其行为继续发展的机制，是通过一套理性化的制度来反映激励主体与激励客体相互作用的方式。激励机制在图书馆管理中的应用可以很好地解决这些问题，它一旦形成就会内在地作用于组织系统本身，影响着组织的生存与发展。

（一）图书馆馆员人性本身的需要

在图书馆管理中，对馆员人性本身需求的认识是实施激励机制的基础。根据马斯洛的需求层次理论，人的需求从低到高分为生理需要、安全需要、社交需要、尊重需要和自我实现需要。图书馆馆员作为专业人员，他们的需求远远超越了简单的薪酬和物质满足，他们渴望得到工作中的精神层面的尊重和认可。这种尊重和认可不仅体现在对他们专业技能的肯定上，更体现在对他们个人价值和贡献的认可上。激励机制的设计要能够响应这些高层次的需求，从而激发馆员的内在动机，引导他们的行为向着组织目标努力。

有效的激励机制能够促使图书馆馆员形成有目的的行为，这些行为不仅是为了实现个人职业目标，也是为了推进图书馆的发展。激励还能减少馆员可能出现的防御性行为，如工作中的消极抵制、回避责任等，而增加建设性行为，如主动承担责任、积极寻求解决问题的方法。这种积极的工作态度和行为模式是提高图书馆工作效率和服务质量的关键。因此，图书馆应当建立一个全方位的激励体系。这个体系不仅包括物质激励，如奖金、晋升机会，更应该包括精神激励，如公开表扬、职业发展规划，以及工作环境和文化的优化，使每一位馆员都能感受到自己的工作被重视和尊重，从而全身心地投入图书馆事业中。

（二）图书馆管理自身发展的需要

图书馆的繁荣与发展依赖于工作人员的积极性和创造性，因为他们是服务质量和改革创新的直接推动者。缺乏动力的员工无法充分发挥自己的潜力，这将严重阻碍图书馆服务的提升和内部管理的优化。因此，构建一个科学和规范

的激励机制对于激发员工活力、提升其主观能动性至关重要。这样的激励机制应当深入洞察图书馆员工的个人职业发展需求，与图书馆长远目标紧密结合，确保人力资源管理的策略与图书馆整体的进步同步。通过这种机制，图书馆管理者可以识别和奖励那些对服务质量、知识传播和创新有显著贡献的行为，从而构建以结果为导向的工作环境。同时，恰当的激励措施还能够优化工作流程，提高工作效率，打造积极向上的组织文化，这在本质上将增强图书馆在知识社会中的核心竞争力，为社区提供更加卓越的阅读与学习环境。

（三）提高图书馆管理效率的需要

在图书馆管理领域，激励机制的引入被认为是提升管理效率的一个重要策略。通过精心设计的激励体系，员工的自我驱动力得到显著提升，这种内在的动力转化为他们的自觉性、主动性和创造性，极大地激发了工作热情。激励机制的效用不仅仅在于提高员工的工作绩效，更在于它能够转变员工的工作态度，使他们从内心出发，积极完成工作任务，而不是被动应对。这种积极性的培养有助于克服图书馆中可能出现的消极怠工和无效工作，因为员工开始将个人职业成长与图书馆的目标紧密联系起来，他们的成就感和责任感得到增强。此外，激励机制通过对员工行为的正面反馈，促进员工在日常工作中的持续自我提升和优化工作流程，这对于图书馆的服务质量和整体运营效率都是一个积极的推动力。在这个过程中，管理者的角色转变为激励者和促进者，他们通过激励来启发员工潜能，而非简单地指挥和控制，从而实现了一种以人为本的管理模式，在本质上提高了图书馆管理的效率和效果。

（四）图书馆组织文化建设的需要

图书馆组织文化建设的必要性源自于其在传播知识、技术、文化和服务社会中的核心作用。作为科学精神的传承者和社会文献信息的集散地，图书馆承载着教育和文化传播的重要使命，这不仅要求其拥有一个与发展特点相适应的学术氛围和文化环境，更要求图书馆工作人员能够深刻理解并积极参与到这一过程中。图书馆工作人员被誉为"人类灵魂的工程师"，他们的职责不限于管理和组织资源，更在于推动知识的传播和思想的启迪。因此，激励这些专业人员，增强他们的工作热情，不仅是对个人价值的肯定，也有助于图书馆服务质量和效果的提升。图书馆精神的提倡和弘扬可以显著地激发工作人员的创造性和积极性，使他们更好地履行教化、启迪与服务的职能，同时也构建了向上向善的图书馆组织文化，对于丰富人民群众的文化生活，提高图书馆的社会影响力具有不可替代的重要性。

二、图书馆实行激励管理过程中应遵循的原则

为了使图书馆管理使用的激励方法更科学、规范，充分发挥其积极作用，防止或减少消极作用，我们必须遵循激励管理的原则。

（一）公平公正原则

每个个体在社会中不仅追求物质报酬的增加，也敏感于其所得与他人所得的相对差距。这种对公平的渴求源于深层的社会性本能，人们自然希望自己的投入与得到的回报成正比，也期待在集体中的地位与贡献相匹配。管理者在实现激励时，必须确保对工作人员的努力和成就给予适当的认可和奖赏，而这种奖赏应当是经过深思熟虑的，既要反映出员工个人的劳动价值，也要维持团队之间的和谐。像孔子所强调的那样，不平等比匮乏更令人忧虑，不安全感比贫穷更引发不满。因此，激励的力度并非仅仅依赖于报酬的数量，更在于个体对于自己在时间长河中的位置与周遭环境中的地位的认同与满意度。如果员工感觉自身的劳动未得到与之相匹配的评价，或者相较于同事显得不合理，那么这种不公平的感受将直接影响其工作的积极性，甚至可能导致整个团队士气的低落。因此，激励策略的制定和执行必须依据公平公正的原则，以确保每一位图书馆员工都能感受到尊重和正义，进而激发他们的潜能，为图书馆的发展贡献力量。

（二）实事求是原则

实事求是原则要求图书馆人力资源激励机制的建立和实施必须基于员工的真实需求和图书馆的实际情况。激励不是空中楼阁，而要切实可行，与员工的工作表现和贡献直接相关。这意味着激励措施应该与个人的努力程度、取得的成绩和为图书馆作出的贡献成正比。为了达到这个目的，激励制度的设计必须细致考虑工作人员工作的性质、复杂程度以及所承担的责任，确保评价和奖励的过程是透明和客观的。同时，制度还应当适应社会环境和图书馆的发展需求，保持动态调整，以适应时代变迁和图书馆发展的新阶段。通过实时跟踪工作绩效和业务成果，激励制度能够有效地激发员工的工作热情和创造力，从而实现个人价值的提升和图书馆服务质量的持续改进。员工看到自己的付出得到了相

应的回报，感受到自己的成长与图书馆的进步同步，这种正向反馈将进一步激励他们为图书馆的繁荣做出更大的贡献。

（三）奖惩相结合原则

图书馆的人力资源管理在激励机制的设计上应当采取综合的奖惩相结合的方法，以此来确保员工行为的正向发展和组织目标的实现。在实践中，当员工展现出色的工作表现时，及时的奖励和表扬能够有效强化其积极性，让优秀的表现成为可持续的动力。这种正强化不仅仅是对个人努力的肯定，同时也传递了一个明确的信号，即图书馆认可并奖赏那些与组织价值观相符合的行为。相对地，如果员工的表现不佳或违反了规定，适当的批评和惩罚则起到必要的警示和矫正作用。这种负强化可以避免不良行为的重复，同时也维护了工作环境的正义和公平。然而，惩罚不应该是激励策略中的主导，因为长期的负面强化可能导致员工的抵触情绪和动力的下降。因此，图书馆应当重视奖励的力量，将其作为主导力量，而将惩罚作为辅助性措施，二者相辅相成，共同构建积极向上的工作氛围。这种双向激励策略有助于激发图书馆员工的内在动机，促进其自我提升，同时，也有助于图书馆服务质量的提高和管理目标的达成。

（四）物质激励与精神激励相结合原则

这一原则认识到，尽管物质奖励能够满足图书馆工作人员的基本生活需求并为他们提供直接的物质满足，但仅仅依赖物质奖励是不足以维系长期的工作热情和忠诚度的。物质激励可能引起工作人员的短期兴奋，但对于激发其深层次的工作动力和创新思维有限。此外，过分强调物质激励可能导致工作人员过于关注个人利益，忽视了图书馆的整体发展和团队合作的重要性。相对地，精神激励则关注于内在满足，如职业成就感、工作认同、个人成长等非物质方面，它们能够在工作人员心中培植深厚的工作热情和对图书馆事业的忠诚。精神激励的效果往往更为持久，能够促使员工在面对困难和挑战时展现更大的韧性和创造力。因此，图书馆管理者应通过合理的薪酬体系、奖金计划等物质激励手段来确保员工的基本物质需求得到满足，同时，通过表彰优秀员工、职业发展机会、工作环境改善等精神激励措施来满足员工的内在需求。只有将物质激励和精神激励有效结合，才能充分调动图书馆工作人员的积极性，促进其全面发展，从而推动图书馆服务质量的整体提升。

三、图书馆施行激励机制的基本方法

随着社会的发展及激励活动的不断实践，不仅激励因素在不断丰富，激励方法手段也在不断变化。在图书馆管理过程中，必须遵循激励机制管理的基本原则，建立一套科学有效的激励机制管理方法，使外部因素的激励和员工内在激励相结合统一，从而不断改善员工的工作积极性，建立和谐、高效、充满活力的图书馆工作新模式。

（一）规范图书馆自身的组织、人事制度

图书馆作为知识与信息的宝库，其管理效率和服务质量往往与人力资源的管理密切相关。规范的组织和人事制度是构建高效图书馆团队的基石，关系到图书馆能否构建一个既充满活力又高效的工作环境。在这样的制度下，馆员能够在清晰的职业发展路径中，认识到个人努力与组织奖赏之间的直接联系。通过建立一种动态的用人机制，优秀的馆员将有机会凭借自己的才华和努力脱颖而出，不仅能够进入图书馆行业，而且在其中上升、发展，甚至在必要时进行适当的岗位调整，以确保最合适的人选处于正确的位置上。图书馆领导的榜样作用对于激发馆员的工作热情至关重要，领导的正直行为和公正管理能够激励馆员自觉遵守规章制度，积极贡献自己的力量。此外，让馆员参与到管理决策中，不仅能够增强他们的归属感和责任感，还能促进馆员之间的相互理解和协作。这样的管理方式能够调动馆员的积极性，激发他们的创造力与热情，进而形成一个内聚力强大的团队，为图书馆注入持续不断的发展动力。

（二）建立科学的人才评价机制

为了在图书馆人本管理中突出馆员个性、激发馆员才智并释放他们的创造力，必须构建一套科学的人才评价机制。这种机制应当以业绩为核心，同时综合评价馆员的品德、科学文化素养、专业能力、身心素质、沟通技能和创新能力。通过对这些多维度指标的全面考察，不仅可以准确地反映馆员的工作表现和职业发展潜力，而且还能促进馆员之间的健康竞争和相互学习。这种评价体系应当具有明确的标准和公正的评价过程，确保每位馆员都能在平等的环境中得到公正的评估与认可。通过这样的评价机制，图书馆将能够为馆员提供一个积极向上、充满活力的成长环境，激励他们不断提升自身的职业技能和综合素质，进而为图书馆的整体发展和阅读服务的创新贡献更大的力量。

（三）科学定岗，建立"责任制"

在图书馆管理中，科学定岗和建立责任制是推动馆员个人成长和图书馆整体发展的重要策略。通过对各个专业技术岗位进行细致的调查分析，图书馆管理者能够在了解每个岗位特点和要求的基础上，为每个职位设计合理的评价标准和绩效指标。这种岗位评价不仅仅是对岗位自身价值的认定，更是对馆员工作质量和效率的一种激励。当馆员明确自己的职责所在，了解自己的工作如何与图书馆的目标和其他同事的工作相互关联时，他们能够更好地定位自己的角色和职责，进而提升自己的工作投入和专业水平。岗位评价使得职责分工明确，不仅提高了工作效率，还优化了人力资源配置，确保了每个员工都能在适合自己的岗位上发挥最大的潜力。通过持续的岗位评价和优化，图书馆能够构建起一个高效、有序的工作环境，激励馆员不断追求卓越，共同促进图书馆服务质量的提升和创新发展。

（四）开展竞争以调动馆员的积极性

图书馆通过引入竞争压力机制营造了一种动态的工作环境，激发了馆员的积极性。这一策略不仅令馆员意识到自己与同事之间的能力差距，还可以鼓励他们以此为契机，积极提升个人职业技能。竞争机制深植于馆员的思维模式中，影响着他们的行为决策，并转化为提高日常工作绩效的内在驱动力。这种内在的动力促使馆员不断追求卓越，以更高的标准来履行自己的岗位职责。在设计竞争机制时，图书馆管理层应特别注意到各部门不同的特点和需求，制定差异化的标准和评价体系，从而确保竞争的公平性，并强调效率的重要性。时间管理、工作效率和服务质量的竞争，不仅促进了馆员个人的成长，还激发了他们的集体热情，使整个图书馆呈现出充满活力和创新精神的状态，从而有效提升了服务质量，优化了用户体验。

第三章

图书馆物力资源管理

第一节　图书馆物力资源

一、图书馆物力资源

(一) 图书馆物力资源分类

与侧重图书馆中"人"的人力资源不同，物力资源侧重的是图书馆中的"物"，包括图书馆中的一切客观存在物，小到图书馆的每一个文字和符号，大到整个图书馆的场馆建筑。根据资源的特点和发挥的作用，可将图书馆的物力资源分为传统资源、现代资源和辅助资源。

1. 传统资源

传统资源构成了图书馆的基础，蕴含着丰富的知识和历史积淀。在这些资源中，我们可以找到从古至今各学科领域的经典著作，这些经典作品既是知识的传承，也是文化的见证。同样重要的是图书馆收藏的各类一般著作和最新的专业书籍，它们满足了不同阅读者的需求，支持学术研究和个人兴趣的深入探索。此外，期刊作为学术交流的平台，记录了各个时期的研究动态和学术进展，而研究成果集刊、学术论文则直接展示了研究者的成果和思考。工具书，如词典和百科全书等提供了查询和参考的便捷性，而年鉴类的文献则以年度为单位，系统地记录了一段时期内的重要事件和资料。所有这些纸质文献在数字化和网络技术普及的今天，依旧保有它们独特的价值和意义。它们不仅仅是阅读材料，更是连接过去和现在，交织着记忆和智慧的桥梁，为读者提供了一个实体的、可触摸的学习和研究环境。在现代图书馆中，这些传统资源得到了妥善的保护和合理的利用，确保了知识传承的连贯性和文化的多样性。

2. 现代资源

图书馆的现代资源是信息时代技术发展的产物，它们以电子图书馆、数字图书馆、虚拟图书馆的形式存在，标志着图书馆服务的数字化和虚拟化。这些现代化图书馆采用先进的计算机技术、多媒体技术和网络技术，实现了对文献信息资源的电子化采集、系统化整理和高效的数字储存，极大地提高了资料检索的速度和准确性，满足了用户随时随地访问信息的需求。这些现代资源以电子文献、数据库、电子书籍、电子期刊、在线学术资源等形式存在，为用户提供了跨越时空的信息获取体验。图书馆还通过网络技术创立了新型的服务平台，如在线咨询服务、远程访问服务和个性化推荐系统，以及支持移动设备访问的应用程序，进一步拓展了服务范围和方式，这些都体现了图书馆对现代资源的有效利用和创新。通过这些现代资源，图书馆不仅改善了信息资源的管理和服务效率，也为用户提供了更为丰富和便捷的学习和研究环境。

3. 辅助资源

图书馆的辅助资源构成了阅读和研究环境的重要组成部分，这些元素虽不直接提供信息内容，但在创造一个有利于学习和交流的氛围中发挥着不可或缺的作用。图书馆建筑的设计与内部布局，如宏伟的大厅、安静的自习室、宽敞的阅览室以及便利的资料室，都以其独特的配置和设计理念，影响着访客的心情和学习效率。空间的合理规划可以激发用户的学习兴趣，而良好的采光、适宜的温度和舒适的座椅等细节都能极大地提升使用者的体验。图书馆内的陈设与摆放，如墙面的字画、展板的宣传内容以及富有象征意义的设计，不仅美化了环境，也传达了图书馆的文化和价值观。这些元素虽隐性，却能给予用户心灵上的触动，营造出一种鼓励探索和学习的情境。它们通过细节传递图书馆的使命和精神，间接但有效地促进了图书馆传统资源和现代资源的利用。因此，辅助资源在图书馆管理中占据着特别的位置，它们的存在和布局可以反映出图书馆对于提供优质阅读服务的持续追求和创新精神。

（二）图书馆物力资源建设

根据现代社会发展要求、用户需求和图书馆的发展状况，图书馆各种物力资源的自身建设主要表现在要发挥传统资源的人文优势、现代资源的知识传播和平台建设功能以及辅助资源的情境强化功能。

1. 发挥传统资源的人文优势

图书馆的传统资源，如纸质书籍、手稿和档案，不仅承载着深厚的人文底蕴，而且在现代科技日益发达的背景下，其独特的文化价值和教育意义愈发凸显。在这个快速变化的时代，科学技术和实用主义的潮流盛行，但图书馆的这些传统宝藏却提供了一种反思和深度思考的空间，它们像是历史的灯塔，引领着人们探索过去，理解现在，并预见未来。传统资源并未因科技的进步而变得过时，反而因其所包含的丰富知识和不朽智慧，成为人文教育的重要基石。图书馆通过精心整理和保存这些资源，确保它们可以被激活和重新创造，从而不断地吸引着新一代读者。纸质书籍的独有魅力在于它们提供了一种物理上的亲密接触和精神上的沉浸式阅读体验，这种体验能够激发读者的想象力，促进深度阅读，同时也有利于读者的精神涵养和人文素质的提升。图书馆通过举办各种阅读推广活动和文化交流活动，进一步促进了传统资源的使用和读者人文素质的培养，这不仅有助于维护文化多样性，也为社会进步和文明传承贡献了力量。

2. 发挥现代资源的知识存储、传播和平台建设功能

图书馆在现代社会扮演着知识存储和传播的关键角色，随着网络技术的飞速发展，面对用户对于便捷学习、科研和生活服务的需求，图书馆应当积极适应这一变革，拓展其服务渠道并优化其信息访问平台。这意味着不仅要提供丰富的数字资源，如电子书籍、在线期刊和数据库，还需要确保用户能够通过高效的技术支持无缝访问这些资料。现代网络技术的融入更为图书馆管理和服务带来了创新，使得图书馆能通过网络信息平台有效地管理文献资源，同时还能为读者打造个性化的数字图书馆体验，推广图书馆的资源，并通过网络平台提供专业的参考咨询服务。图书馆的发展策略中，构建这些管理和服务平台不仅强化了图书馆的功能，也极大地提高了服务效率和用户满意度，确保了图书馆在数字时代的竞争力和影响力。通过这样的转型，图书馆不断地优化其服务模式，满足现代用户的需求，并在知识传播的道路上走得更远。

3. 发挥辅助资源的情境强化功能

图书馆的环境建设是提升用户阅读体验和知识吸收的关键因素。在设计图书馆时，应注重创造一个与读者心理需求和文化寻求相契合的氛围，这样的设计不仅满足了视觉审美，更在无形中激发与增强了读者的知识探索动机。辅助资源，如舒适的阅读区域、合理的空间布局、恰当的照明和温度控制，以及文化意味深长的装饰，共同作用于创设一个促进学习和思考的环境。图书馆的选址和建筑设计需考虑到自然光线的引入和空间的开放感，同时内部的设施和装饰材料选择应反映出图书馆的人文关怀和知识传承的使命。通过这种意义上的环境塑造，图书馆变成了一片文化的沃土，读者能够在这里找到思想上的共鸣和精神上的满足，从而更加积极地投入到阅读与学习之中。这种从外部到内部，从物质到精神的全方位情境构建，不仅提升了图书馆的功能效用，还赋予了它作为知识殿堂的深远意义。

二、图书馆物力资源的管理

图书馆物力资源的管理就是对各种资源进行整合，在这里借用企业资源整合的视角，从整合的过程来看，基于主次之分实现资源的最优配置。通过量的扩张和系统内部组织结构的调整，使系统从一种运行状态到另外一种更有效益的运行状态转变。根据这一思路，图书馆的资源整合应该从整合的总体框架设计和整合的具体模式构建两方面入手。因此，对图书馆的物力资源提出"一主两翼"的嵌入式整合模式。

（一）以用户需求为导向的"一主两翼"模式

图书馆在整合其资源时，采取了以用户为中心的创新模式，该模式通过以数字资源为核心，结合传统文献资源和增值服务资源的双重支撑进行优化配置。此模式构建了图书馆资源整合的整体架构，直接响应了用户对服务的实际需求。在用户的信息检索习惯和服务内容偏好方面，图书馆必须进行深度分析，确保能够提供便捷、高效的知识检索服务，以满足用户在教育、研究和日常生活方面的广泛需求。这一需求的变化推动图书馆以数字化资源作为其发展的核心，并在平台优化、资源更新和技术改进等方面不断进步，以适应用户需求。

尽管数字资源在知识管理和传递方面占据主导地位，但传统资源的文化价值和辅助服务资源的环境营造作用也是图书馆资源构成中不可或缺的部分。它们对于核心资源有着至关重要的补充和支持功能，是图书馆资源建设的两个关键组成部分。如果仅依赖数字资源而忽视这两翼，图书馆就可能偏离其多元化发展目标，陷入仅重视效用和技术的单一发展模式。

（二）物力资源的嵌入式整合

图书馆的三大资源各司其职，又并不是孤立操作的，而是在"一核心两辅"的策略下实现互补整合。这种整合可以通过根据用户习惯将纸本资源数字化，增强传统资源的可访问性，同时将高需求的电子资源实体化，以吸引读者来馆阅读，从而提高他们的文化素养。例如，将书画等文化遗产融入环境设计中，能够提升图书馆的文化气息；将先进技术融合到阅读空间中，可创造出舒适且符合现代需求的阅读环境。

图书馆也可以利用数字终端、查询系统、咨询服务和电子展示屏等，实现资源的交叉利用和整合。例如，通过微博、微信和 QQ 群等社交媒体平台，对图书馆的经典藏品和增值服务进行宣传。同时，使用图书馆指南、手册和展览板进行互动宣传，不仅提高了资源的使用率，还增强了图书馆的文化育人功能、知识共享和环境体验。

通过这种资源的相互促进和提升，图书馆能够达到更加高效的运作水平，进而通过优化用户体验来展现服务质量，实现图书馆资源建设的终极目标。

第二节 现代文献信息资源管理

一、馆藏文献资源的管理

（一）馆藏纸版文献资源的管理

图书馆收藏的纸版文献资源主要有中、外文图书和报纸杂志两大类型。

1. 馆藏中、外文图书的管理

在二十世纪八九十年代以前，图书馆的馆藏文献是这样管理的：图书文献采购（采访）到馆后，先经过查点验收，然后进行分类编目及各种加工处理，然后交给流通服务部门。流通服务部门完成新书的排架、上架工作后，才能流通借阅。在图书的分编加工过程中，要手工印制两套纸质目录卡片。一套供公务使用，称为公务目录，一套供读者查询使用，称为读者目录。公务目录和读者目录可按照书名排列成书名目录，又可按照图书的分类号排列成分类目录。而且要有目录柜、目录室等设施。

进入 20 世纪 90 年代以后，随着计算机技术和网络技术在图书馆的普遍使用，图书馆的馆藏管理有了新的变化。图书文献采购（采访）到馆后，经过查点验收，进行分类编目及录入电脑、打印等加工处理，然后拨交给流通服务部门，进入流通借阅。图书的分编过程中不再需要印制纸质目录卡片，不再需要目录柜、目录室等设施。图书在经过分类编目、录入电脑后，即形成图书馆藏数据，读者使用电脑就可以查询图书馆的馆藏文献，而且可以通过分类号、书名、主题词等不同的途径来查询，十分方便。但是，这种新的现代化管理方式也有不足之处。比如说，一旦出现停电或电脑、网络故障，就不能查询馆藏文献，也不能进行分类编目、录入等业务工作。

随着以人为本的理念越来越深入人心，图书馆的馆藏管理也越来越体现出以人为本的人性化管理。很多图书馆过去是闭架借阅服务，现在改为开架借阅服务；过去只能在馆内阅览室阅览报纸杂志，现在很多图书馆实行图书借阅与馆内阅览一体化服务。读者可以在书库内随意地阅览各种馆藏图书。然而，全开架的管理和借阅服务方式虽然方便了读者，却让管理工作量增加了很多，图书的破损和流失率也比较高。因此，在图书馆馆藏文献资源管理工作中，为了既便于读者借阅和阅览，又有利于管理和保护馆藏文献资源，降低馆藏图书的破损率和流失率，图书馆应该实行有限制的开架管理和借阅服务。比如说，应该规定一个库室内最多同时可以接待多少读者，而不是无限制地像在超市里那样，到处都塞满了人。此外，有些珍贵的文献资料，如珍本、古籍善本图书等，不应该开架借阅和阅览。有些复本量很少的图书也不应该开架借阅和阅览。因为复本量很少的图书，如果开架借阅和阅览，一旦破损或流失，就成了图书馆馆藏文献难以弥补的损失。

2. 馆藏报纸杂志的管理

报纸杂志也是图书馆重要的馆藏文献种类。图书馆的报纸杂志一般是由图书馆的报纸阅览服务部负责订购和管理。所订购的报纸杂志到馆后，首先进行记到处理，然后上架供读者阅览。图书馆的报纸杂志一般都是开架管理，馆内阅览。一年的报纸杂志到齐以后，经过整理和登记造册，要么由图书馆自己装订，要么送到专门的厂家去装订。报纸杂志装订好以后，也要进行分类编目和录入电脑等加工处理，然后收藏在报刊过刊库内。报刊过刊一般可以开架阅览，但是通常不外借。

（二）电子版书刊文献资源的管理

目前图书馆的电子版书刊文献资源很多，通常由图书馆采编部门采购（采访）以后，上传至图书馆的网页，读者只要登录图书馆网站，就可以阅览、利用这些文献资源。图书馆电子版文献资源的管理不需要多少人力和物力，读者只要有上网的条件，即可方便利用。

（三）光盘等各种音像文献资料的管理

图书馆还有光盘、录像带、磁带、幻灯片等各种馆藏文献资源。其中的光盘、磁带等，有些是随书发行，随书订购的；有些是单独发行，单独订购的。图书馆可以在专门的视听室为读者播放这些音像资料。当读者需要借用这些视听音像资料时，应该进行认真的登记；当读者还回这些文献资料时，应该进行认真的查验，以免使这些文献资料受损。

二、现代文献资源建设的原则

文献资源建设是一个长期建设和综合发展的过程，无论从国家整体发展状况来看，还是从单体图书馆的发展情况来看，确立适宜的现代文献资源建设的原则都是做好图书馆工作的关键。

（一）针对性原则

图书馆在管理文献资源时需严格遵循针对性原则，即以满足读者实际需求为导向。在这种理念指引下，图书馆工作不再是单纯追求数量上的丰富，而是更多关注于资源的实用性与效益。图书馆应深入洞察读者的阅读偏好和信息需求，确保所收藏的每一项资源都能得到有效利用，避免无效投资和资源的闲置。在实践中，这意味着图书馆需精准定位目标群体，搭建起与读者需求相匹配的文献资源体系，这不仅提升了资源的使用率，同时也体现了对读者服务的尊重和贴心。

（二）特色化原则

特色化原则在图书馆的文献信息资源管理中扮演着核心角色，它促使图书馆在共建共享的大环境下，明确自身的定位和发展方向。高校图书馆通过特色化建设，不仅在某些学科或领域内形成独特的资源集群，而且构建起反映学校学术重点和研究特色的文献资源体系，这样的体系能更好地服务于教育和研究工作，提升图书馆的核心竞争力。在面对预算限制和资源选择时，特色化原则指导图书馆将有限的资金投入到最能体现图书馆价值和满足用户需求的资源上，这不仅提高了资源的使用效率，还增强了图书馆服务的个性化和专业化。与此同时，对于非重点收藏的文献，图书馆通过构建共享网络，提供线索或实现馆际互借和文献传递，保障了读者访问到所需资料的可能性。这种做法既扩大了图书馆服务的辐射范围，又实现了资源的优化配置。特色化原则的实施是图书馆在现代信息环境下，提高服务质量、满足用户需求、管理文献资源的关键策略。

（三）整体性原则

图书馆作为文献信息的汇聚中心，必须打造一个既全面又协调的文献资源管理体系，确保各种类型的文献资源能够相互补充，形成一个整体的知识网络。在构建这样的系统时，公共图书馆往往采用分布式结构，以满足广泛的社会需求，而高校图书馆则侧重于反映和支持其特定学科的发展，但仍需考虑整体的完备性。通过图书馆联盟的方式，可以有效地实现资源的共享和避免资源的浪费，各高校图书馆在强调自身学科特色文献的同时，通过互相协作采购非特色学科的文献资源，建立起一个既突出重点又广泛覆盖的文献资源体系。这样的策略不仅能满足大多数用户的基本需求，而且能涵盖那些有特殊需求的读者，同时也包括主流与非主流观点的文献，主干与边缘学科的文献，以及丰富的中外文献资源。此外，高校图书馆还应考虑到文献形式的多样性，保持纸质与电子资源的平衡，确保信息获取的多样性和便利性，进而构成一个综合、多层次、互联互通的文献资源网络，更好地服务于教学与研究的需求。这种综合性的资源管理策略，不仅提高了图书馆服务的效率和质量，而且促进了学术交流与知识创新。

（四）发展性原则

在遵循发展性原则的前提下，图书馆管理应当将文献资源建设视为一个动态发展和持续自我完善的过程。这意味着图书馆不应仅仅局限于满足现有的科学发展和读者需求，而应主动适应并预测未来趋势。随着科学技术的不断进步，社会信息化和网络化正在深刻改变知识传播的方式，这就要求图书馆在构建文献资源时，不断地评估和更新其馆藏，确保收藏的文献能够反映当前的科学成就，并有望涵盖未来的科学发展。为达到这一目标，图书馆需要开展全面的市场调查和需求分析，深入了解读者的使用习惯和需求变迁。在此基础上，图书馆还应制定灵活的文献资源采集策略，及时引入新兴的科技文献，同时精心维护和更新现有的文献数据库和索引，确保读者能够迅速访问到最新的科研成果。此外，图书馆应通过建立有效的文献采集动态调整机制，实现对文献资源的持续监测与优化，以保证文献资源及时更新和长期的发展能力，使图书馆真正成为支持社会科学发展的强大后盾。

（五）成本效益原则

图书馆在执行成本效益原则时，必须在预算限制和资源无限性之间找到平衡点。这要求图书馆管理者深入了解并预测读者的需求，这种对需求的精准把握可以通过用户调研、数据分析和利用历史借阅记录来实现。基于这些信息，图书馆应该制定并执行一个经费使用计划，专注于那些能够最大化读者满意度和信息获取的资源。这可能涉及对馆藏的定期评估，以便优先考虑那些最受欢迎或最有可能被频繁利用的资源。同时，图书馆应该避免重复购买和积累低利用率的资源，减少不必要的支出。成本效益分析不仅仅是一种财务评估工具，它还有助于图书馆在持续演变的信息环境中做出明智的决策。通过这种方式，图书馆可以确保资金的有效利用，提升服务质量，同时持续推动馆藏的战略性增长和发展。这种方法还有助于确保图书馆的收藏持续更新，满足学术研究和个人兴趣的变化，同时遵循财务责任和透明度的标准。

（六）最优化配置原则

在图书馆物力资源管理中，最优化配置原则要求图书馆以最高效的方式配置文献资源，确保资源的最大利用价值和读者服务的最佳质量。这涉及在宏观层面与微观层面之间找到平衡，将图书馆自身的采购策略与合作采购机会相结合，以满足不同读者群体的多样化需求。图书馆应精心策划馆藏文献资源，确保它们既能体现图书馆的收藏职能，又能服务于读者的实际需求，同时在现实馆藏与虚拟馆藏之间实现优势互补，逐步构建起一个涵盖实体与数字资源的统一体系。这种配置不仅反映了对各种文献载体优缺点的考量，而且还体现了对文献完整性和连续性的重视。通过网络共享和数字化进程，图书馆扩展了传统馆藏的边界，将网络上的虚拟资源纳入到服务体系中，这不仅增加了资源的可获取性，也为图书馆提供了更大的灵活性。这样的资源配置策略旨在综合考虑读者的个性化需求与图书馆的资源建设目标，从而实现文献资源管理的最优化，加强图书馆的核心竞争力，并推动其服务功能向更高水平发展。

（七）共建共享原则

随着数字化和网络技术的高速发展，图书馆界已经迈入了一个全新的文献资源共建共享时代。文献数字化不再是遥不可及的设想，它正逐步改变图书馆传统的文献收藏模式，为全球范围内的信息资源共享搭建起坚实的桥梁。通过网络平台，高校图书馆之间能够相互连接，分享各自的数字文献资源，实现了资源的优化配置和有效利用。这种跨馆合作不仅减少了图书馆在独立采集资源时可能产生的重复投资，而且还为图书馆提供了转型升级的机会，使其能够将节省下来的资金投入到更为创新的服务之中。此外，远程访问服务的实现突破了地理和时间的限制，使得读者无论身在何处都能够便捷地获取到全球的文献资源。图书馆在构建各自的特色资源的同时，积极寻求与其他图书馆的合作，共同参与到全球的资源共建共享网络中，摒弃了以往孤立自足的局面，有效拓宽了文献资源的服务范围，真正实现了资源共享的理念，为用户提供了更为丰富和便捷的信息服务，极大地增强了图书馆的服务功能和社会价值。

（八）集团购买原则

集团购买原则在图书馆物力资源管理中起着至关重要的作用，特别是在经费有限而需求日益增长的情况下。美国部分大学图书馆的合作组织率先实践了集团购买，充分利用集体谈判的优势来争取更低的价格。中国学术图书馆信息系统（CALIS）在引进外文数据库方面也广泛采取了这种策略，成功地降低了成本。在这种模式下，区域内的图书馆结成联盟，统一进行采购，既节省了资金又减少了重复购买，即使有些轻微的重复也是在保障文献资源体系中难以避免的。当然，对于那些参与大型数据库集团购买的普通成员馆来说，必须更加审慎。它们应该在地区性的合作网络中根据自身的学科特点，选择加入不同的购买集团，按需分摊费用，共同购买必要的全文数据库。通过这种分工合作的方式，各图书馆不仅可以最大化地利用资源，还能在保证服务质量的同时，实现成本的有效控制。集团购买不仅仅是一种策略，更是一种在图书馆界促进合作与共享的文化，它强调的是在有限的资源下实现最大程度的服务优化，确保能够为用户提供更加丰富和高效的信息资源。

（九）扬长避短原则

在遵循扬长避短原则的文献资源建设中，图书馆必须以用户需求为核心，对资源和服务进行精准定位和高效配置。这意味着在不断变化的信息环境中，图书馆需要深入了解并适应读者的阅读习惯和偏好，以及科研人员对于资料的特定需求。随着数字阅读的普及，电子书籍和电子期刊成为图书馆资源建设的重点领域，它们不仅方便了用户的科研与学习，还促进了信息资源的快速传播和共享。然而，不能忽视的是，纸本图书依旧在某些领域和用户群体中占有重要地位，提供着传统的触感阅读体验。因此，图书馆在资源建设过程中应充分考虑各类文献载体的特性，不盲目追求单一的资源类型，应注重实物与数字资源的合理搭配，通过优化资源组合提升服务品质，满足不同用户群体的需求。这种策略不仅能够增加图书馆的使用率，还能在资源有限的情况下，提供更加丰富多样的服务项目，确保图书馆实现最大的效益和影响力。

第三节 图书馆建筑和设施管理

一、图书馆馆舍管理

图书馆馆舍管理主要指图书馆的建筑设计和各部门的布局。

(一)图书馆外部环境

这里所述的图书馆外部环境主要指建筑物造型和地理位置的选择。

1. 图书馆造型设计

图书馆的建筑设计承载着多重意义，它不仅需满足基本的功能性需求，同时也要呼应读者的心理与精神追求。在构思图书馆的外观时，设计师应避免单纯的商业化与奢华追求，而是创造出既端庄又大方的形象，使之兼具美感与时代特征，体现出文化与教育的内涵。图书馆造型的设计应当是一种艺术的表达，它不仅仅是一座建筑的物理形态，还代表着一种思想和个性，能够激发人们对于知识的敬重和追求。当读者步入这样的空间时，精美的外观、和谐的比例给予他们美的体验和心灵的慰藉，这不仅仅是对眼睛的满足，更是对心灵的触动。这样的建筑环境不仅能激发读者的学习热情，提高学习效率，而且能够为图书馆工作人员营造一个充满自信和自豪的工作氛围，从而提升他们的服务质量和专业能力。一个精心设计的图书馆因此成为一个文化的象征、学习的圣地以及心灵的港湾。

2. 图书馆选址

图书馆的选址至关重要，不仅影响到读者的使用体验，而且与图书馆的整体形象和功能发挥密切相关。在选取图书馆的地理位置时，设计者需要综合考量多种因素，以确保图书馆能够高效地服务于公众。一个理想的图书馆选址应该便于读者到达，这意味着交通的便捷性和地理位置的中心性成为重要的参考标准。同时，为了保证读者在阅读时能够享受到宁静舒适的环境，图书馆应坐落在风景怡人且远离喧嚣的地方，这样的环境不仅有利于读者的心神沉静，同时也是对读者精神层面的一种滋养。良好的自然采光和通风对于阅读环境的舒适度也是至关重要的，它们直接影响到读者的阅读体验和图书馆内部的保养状态。除此之外，在图书馆选址时还需考虑未来的扩展需求，选择有足够空间以支持图书馆长远发展的地点。中国国家图书馆以及其他许多现代图书馆的选址，恰恰展示了这样的智慧和远见。它们不仅在自然环境中寻得了一席之地，而且巧妙地融入了绿意盎然的园林之中，为读者提供了一个兼具自然美和学术氛围的理想场所。这样的选址不仅彰显了图书馆与自然和谐共存的理念，也成为城市文化的一道亮丽风景线。

（二）图书馆内部环境

图书馆内在环境主要指阅读环境。阅读环境设计的重点为视觉、听觉的环境设计。环境设计对于读者心理上的影响、各种心理现象的产生、视觉感知起着最基本、最主要、最直接的作用。

1. 视觉设计

在图书馆的环境布局中，照明与色调扮演着至关重要的角色，关系到阅读时的视觉体验。光线的强弱对人的情感和感知有着显著影响，明亮且适度的照明能够激发感官，带来愉悦的心情。自然光源与人工照明是获取光线的两大方式，自然光源涉及建筑的采光设计，而人工照明则是通过灯光来实现。确保图书馆内部各处都能享受到适宜的光线，尤其是对自然光的精准控制，成为设计上的关键挑战。国内的一些图书馆采纳了优秀的设计方案，如采用中庭并面向南北方向的结构，这有利于最大限度地引入自然光与实现通风，满足了现代图书馆的建筑需求。

这样的光环境既能保护视力，又能确保个人安全，同时提振精神状态，提升阅读质量，同时满足人们的生理和心理需求以及安全标准。在设计窗户的采光时，需要考虑建筑标准，确定合适的采光指数，以及窗户的形状、位置、尺寸、材质和结构。窗户的布局和室内空间安排对室内光线有着显著的影响，进而影响整体的光环境。另外，色彩的应用对人的心理作用深远，也是构成环境的关键元素。色彩能引导人的感受与环境产生联系，也能反过来将人引向自我内心的感受。因此，在图书馆的设计中，对环境色彩的运用需要仔细考量。

2. 听觉设计

人类的听觉体验直接受声波强度的影响，声波的大小能够激发不同的情绪反应。和谐悦耳的旋律能令人放松愉悦，激发活力，而刺激的噪音往往会引起不快和紊乱的情绪反应。对于图书馆而言，噪声控制是打造良好听觉环境的核心任务。图书馆外部的噪声可能来源于周围的工业、交通或行人，而内部噪声一般来自读者的活动声和设施运作声。对于外界难以避免的噪声，选择合适的地理位置是一种解决策略。若不得不在嘈杂区域建设图书馆，建筑的空间设计需予以特别考虑。

在图书馆内部，可以通过精心的建筑设计和功能区域的合理规划来消除噪音。使用吸音、隔音材料或设备，以及设计隔墙和隔音门，都是控制噪音的有效手段。通过合理的布局规划，将内部空间分成不同的声学区域，如安静区、半安静区和活跃区，并在这些区域间设置适当的隔离，如将活跃区安排在底层，安静区设在上层，并对特别需要宁静的功能房间进行单独设计。在较大的阅览室内，使用书架和屏风创造隔断，也可以有效降低噪声的扰动。

综上所述，作为文化和知识传播的重要场所，图书馆的设计不仅要具备文化教育特色，还应为读者营造安宁、舒适且清新的阅读氛围，满足他们在心理上对环境的需求。

二、图书馆设备管理

（一）图书馆设备的定义

关于图书馆设备的界定在我国图书馆界尚未达成共识，仅就图书馆设备本身的称呼就有分歧，如"图书馆家具""图书馆设备""图书馆家具和设备"等，以下分别列举并逐一加以分析。

《图书馆学百科全书》对图书馆设备的界定为：图书馆家具和设备指图书馆收藏文献和提供服务所需要的各种传统和现代化的家具和设备。传统的家具主要包括书架、阅览桌椅、目录柜、出纳台、办公家具等；现代化的设备主要是各种自动化和现代化设备，如文献自动化传递装置、文献流通防盗设备、计算机及与之配套的各种设备、复印设备、缩微制品和照相制品的存储、复制和使用设备，联结图书馆自动化系统或网络的各种通风设备等。

《图书馆管理词典》将图书馆设备定义为：图书馆为开展业务工作和读者服务工作而配置的常用设备。一般包括：藏书设备，主要是书架、书桌、书目柜等；目录设备，一是为提供书本或目录陈列和保存的设备；二是同读者共同使用的目录柜；空调设备；防尘防潮设备，主要是吸尘器和吸潮器（除湿器）；运输设备，主要是推车、流动服务车、升降机、电梯、传送带以及室外运输用车等；阅览设备，主要包括阅览桌、阅览椅、报刊架、书柜、陈列柜、出纳台、缩微阅读器等；计算机技术设备；视听、复制设备，主要包括闭路电视系统、电视放映机、投影仪、照相缩微和录像设备、收音机、照相机、卡片复印机等；通信、消防监控设备；办公用品及设备。

（二）图书馆设备管理

图书馆设备类资产管理作为图书馆管理工作的重要环节，在提升服务效能、增强管理效率、防止资产流失，推动图书馆由传统型向现代化转型发展中发挥着基础保障作用。

1. 动态管理资产

资产的固定性只是外在表象，其状态实则在不断流转更新中。原有的物资一旦领用，就会被分配至图书馆的各个角落；随着责任人工作岗位的变化，原有的物资归属也随之调整；即便是之前状况良好的资产，也可能因时间流逝而需维修甚至报废。引进动态的资产管理观念，意在跳出传统的数量监控，实现对资产变更的实时监管，以优化配置资源、提升使用效益、防止资产损耗。动态管理的实施，首先需优化管理规章，确立各责任主体的权责，并强化申请、借用、更改及处置等记录表的作用，改善记录项目。其次，应建立周期性的资产盘点机制，确保账物一致性，预防资产流失。第三，需搭建动态的计算机管理数据库，利用技术手段高效管理资产的多方面动态，包括采购、存储、使用、折旧、报废和租借等，以实现资产管理的科学化和动态化。第四，加强资产维修保养，对受损资产及时维护以保障其使用率。还需完善资产的处置报废流程，对报废资产严格审核其质量状况与使用年限，并结合技术部门的评估，由管理层进行最终审批。最后，实施全面的资产管理，制定全流程管理条例，建立从实物、价值到使用部门三个层面的资产管理制度，并构建联动的管理系统，以达到数据共享的目的。

2. 精准管理资产

图书馆资产管理的提升，意味着放弃仅以总额对账为满足的宽松管理方式，转向更为精细的单个资产跟踪，包括责任人、存放位置和使用状况等具体细节。构建严谨的资产管理网络，实现从宏观到微观的有效覆盖，确保每项资产均在这个复杂网络中得到精确记录和监控。

精准管理涉及资产流转的各个环节。在现有条件下，精准管理的实现依赖于手工和计算机系统的有机结合。首先是严格落实资产的入库、领用、报废等基本管理制度。其次是建立详尽的资产明细账和库存账本，这两种手工账本要与财务总账保持一致，确保分类、顺序和金额对应准确，便于定期与财务部门对账。库存账本对于每月实物资产的清点核验至关重要，确保数据正确登记。在条件允许的情况下，通过内部网络发布库存信息，便于各部门领用和管理层掌控总库存。这些手工账本是计算机管理系统的重要补充。最后是采用计算机条码系统，给每项资产贴上含有条形码的标签，记录资产的编号、名称、型号、获取日期和序列号等信息。鉴于责任人和使用部门可能频繁更换，这两项信息可以不在标签上显示。在盘点时，扫描条形码标签，自动与资产总账进行匹配对比，确保盘点的精确性，并即时发现并解决问题。

3. 无形资产管理

在当代图书馆的运营格局中，资产已经远远超越了传统的物理资源，如图书、家具或建筑物的范畴。软件资源、电子信息和智慧产权等新兴资产类别正逐步在图书馆的资产构成中占据越来越大的份额。例如，用于网络安全的防火墙、图书流转的管理系统以及为公众提供的电子阅读服务等无形资产，它们在图书馆提供高效服务过程中发挥着核心作用。随着图书馆走向现代化的脚步加快，这类资产的增长预期也将持续上升。因此，无形资产的高效管理正成为图书馆资产管理工作的一个关键环节。

在这种背景下，无形资产的管理不仅仅是资产管理员的职责所在，更需要图书馆全体成员的共同努力。从内部管理层面来看，图书馆应当加强对无形资产的会计处理和价值评估，注重这类资产的精确核算。建议图书馆制定无形资产的管理责任体系，由相关部门指定专职或兼职人员负责这部分资产的管理工作。管理人员需深入了解无形资产的性质，并与采购、使用部门建立顺畅的沟通机制，依照财务管理的规定和方法，对无形资产进行规范化管理。

第四章
图书馆财力资源管理

第一节　图书馆财力资源管理概述

图书馆财力资源管理所研究的是资金的筹集、分配、使用、经费支出是否符合预算，以及图书馆事业的发展问题。

一、图书馆财力资源管理的内容

图书馆的财力资源管理涉及多个方面，包括但不限于收入的筹集、资金的支配、预算的编制、各项资产的管控以及经费的整体运用。

图书馆收入涉及图书馆通过合法途径所获得的各类无偿资金，它们可能来源于政府拨款、上级机构资助、服务项目所得、商业活动盈利、下属机构上交的盈余及其他途径。

图书馆支出通常指图书馆在业务运作和各种活动中的资金消耗及损耗，包括日常运营成本、商业活动成本、资本建设自筹费用、对下属机构的财务援助以及向上级机构的财务上缴等。

预算管理则关乎图书馆依据其业务发展规划和年度任务所制定的财务收支方案，它由收入和支出两大板块构成。其中，收入方面分为政府拨款和非政府拨款，涉及诸多项目，包括但不限于政府拨款、上级资助、业务收益、营业盈余、下属机构上交收益、其他类收入以及专项资金等；支出方面则包括业务运营成本、商业活动成本、资本建设投入、对下属机构的经济支持及上级机构的财务上缴等。

图书馆资产指的是图书馆拥有或使用的、可用货币衡量的经济资源，不仅包括有形的物质财产，如图书馆的建筑、设备等固定资产，还包括无形资产、流动资产等多种形态的经济资源。

二、图书馆财力资源管理的原则

财力管理在图书馆运作中居于核心地位，其遵循的基本原则不仅源自于实践经验的积累，而且已经成为评估管理质量的关键尺度。这些原则旨在确保图书馆在处理财务问题时，能够遵守一套既定的规则，以防管理上的自由裁量导致的风险，并指导财务目标的实现。在财力资源管理中要严格遵循的核心准则有：依法理财原则；勤俭节约原则；量入为出原则；效益原则；正确处理国家、图书馆和个人三者之间的利益关系原则；责任性原则。

三、图书馆财力资源管理的任务

图书馆在其财力资源管理上承担一系列关键职能，包括合法筹资和资金的高效配置。这些职能涵盖多个具体领域：一是加强图书馆预算管理，保证各项事业计划和工作任务的完成；二是加强收支管理，提高资金使用效率；三是加强资产管理，防止国有资产流失；四是建立健全财务制度，实现图书馆财务管理的规范化和法制化；五是按规定及时编报决算，如实反映图书馆财务状况；六是加强财务分析与财务监督，保证图书馆各项活动的合理性与合法性。

四、图书馆财力资源管理的目标

目标设定在图书馆经济管理中扮演着指导性角色，它们不仅是衡量经营绩效的关键，也是所有财务活动的核心动力和最终指向。这些目标体现在财务活动的全过程中，从规划到执行，再到评估，都以这些目标为基础。图书馆经费管理追求的是收入的最大化与成本的最优化，力求在预算分配上达到科学合理，严格把控开支，以期资金运用达到最佳效益，使有限的资源发挥最大潜能。

五、图书馆财力资源管理的技术方法

（一）财务分析方法

图书馆财务分析是根据有关信息资料，运用特定方法对图书馆财务活动过程及其结果进行总结和评价的一项工作。通过财务分析，可以掌握图书馆各项财务计划指标的完成情况，评价图书馆财务状况，衡量图书馆工作绩效，研究和掌握图书馆财务活动规律，改善图书馆财务预测、决策、计划和控制，提高图书馆财务管理水平，促进图书馆财务管理目标的实现。图书馆财务分析方法主要有以下两种：

1. 比率分析法

比率分析法是把某些彼此相关联的指标以比率的形式加以分析，据以确定

图书馆经济活动变动程度，揭示图书馆财务状况的一种分析方法。在图书馆财务分析中，常用的比率有以下两类：一是动态比率，即将某项指标不同时期的数值相比而求出的比率。它反映的是同一财务指标在不同时期状态下的对比关系，说明的是图书馆财务活动在时间上的发展和变化。通过动态比率，可分析图书馆财务活动及相关指标的发展方向及增减速度。二是构成比率，也称结构比率。它是某项经济指标各个组成部分与总体的比例相除构成的比率，可通过分析指标构成内容的变化，掌握该项财务活动的特点与变化趋势，考察图书馆经济活动的结构是否合理。例如，通过计算图书馆各项支出在支出总额中所占的比重，可分析图书馆行政性支出与业务支出之间、维持性支出与发展性支出之间、重点支出与一般性支出之间的比例是否恰当，支出结构是否合理。

2. 比较分析法

比较分析法是比较两个相关的财务数据，据以揭示财务数据之间的相互关系，分析图书馆财务活动的一种方法。它通常采用三种方式来进行比较：一是将分析期的实际数据与前期数据进行比较，确定本期与前期之间的差异，据此考核图书馆的发展情况，预测图书馆财务活动的未来发展趋势；二是将分析期的实际数据与同期计划数据进行比较，确定实际与计划之间的差异，据此考核财务指标计划完成情况；三是将分析期的实际数据与同行业的平均指标或先进图书馆指标进行对比，确定本单位与平均或先进水平之间的差异，据此找出原因，改进工作。

（二）财务计划方法

财务计划是在一定时期内以货币形式反映图书馆业务及经营活动所需的资金及其来源、财务收入和支出、结合及其分配的计划。财务计划是图书馆根据本单位的业务工作安排及定额定员等标准，以财务预测提供的信息和财务决策确立的方案为基础编制的，是财务预测和财务决策的具体化，也是控制图书馆财务活动的基本依据。图书馆预算、预算外资金收支计划、经营收支计划等都是图书馆的财务计划。图书馆财务计划编制过程一般包括下面几个环节：一是调整各种指标，编制计划表格。图书馆财务计划的编制过程，实际上就是确定计划指标并对其进行综合平衡的过程。二是根据财务决策的要求，分析主客观条件，全面安排计划指标。三是对需要与可能的情况进行协调，实现综合平衡。

（三）财务决策方法

财务决策是指财务人员在财务目标的总体要求下，从若干个可供选择的财务活动中选择最优方案的过程。当然，在可供选择的财务活动方案只有一个时，决定是否采纳这个方案也属于财务决策。财务决策是财务管理的核心，直接关系到图书馆财务管理的质量。财务决策一般包括以下步骤：一是根据财务预测的信息提出问题；二是根据有关信息制定解决问题的若干备选方案；三是分析、评价、对比各种方案；四是拟订择优标准，选择最优方案。

（四）财务预算方法

财务预算是图书馆财务人员根据历史资料，依据现实条件，运用特定方法，对图书馆未来的财务活动和财务成果所做出的科学预计和预算。财务预测是财务决策的基础，是图书馆编制财务计划的前提，是图书馆日常财务活动的必要条件。图书馆财务预测一般包括下列步骤：一是确定预测对象和目标，制定预测计划；二是收集、整理相关的信息资料；三是选择特定的预测方法进行实际预测；四是对初步的预测结论进行分析评价及修正，得出最终预测结果。图书馆财务管理中常用的预测方法有定性预测法和定量预测法两种类型。定性预测法亦称非数量预测法，一般是在缺乏完备、准确的历史资料的情况下，由图书馆领导、财务主管及其他有关专家根据过去积累的经验，利用直观资料，依据个人的主观判断能力及综合分析能力，对图书馆财务的未来状况和趋势做出预测的一种方法。定量预测法亦称数量预测法，是指运用现代数学方法对历史数据进行科学的加工处理，充分揭示各有关变量之间的规律性联系，建立经济数学模型来进行预测的方法。定量预测法又可分为因果预测法和趋势预测法两种类型。

（五）财务控制方法

财务控制是指在财务管理过程中，利用有关信息和特定手段，对图书馆的财务活动施加影响或进行调节，以便实现计划所规定的财务目标。财务控制一般有以下几种方法：

1. 前馈性控制

这是指通过对图书馆财务系统实际运行的监视，运用科学方法预测可能出现的偏差，并采取一定措施，使差异得以消除的一种控制方法。前馈性控制是一种比较好的控制方法，便于及时发现并解决问题，避免出现大的失误。但是，采用这种方法要求掌握大量信息，并要进行准确的预测，只有这样才能达到控制的目的。

2. 反馈性控制

这是指在认真分析的基础上，发现实际与计划之间的差异，确定差异产生的原因，采取切实有效的措施，调整实际财务活动或财务计划，使差异得以消除或避免今后出现类似差异的一种控制方法。反馈性控制是根据实际偏差来进行调节的，属于事后控制，在平衡与调节过程中，由于时滞的存在，又可能导致新的偏差。但这种控制方法运用起来比较方便，一般不需要太多的信息，因此应用广泛，特别是当干扰不能被预计或发生很频繁时，它是一种典型的财务控制方法。

3. 防护性控制

这是指在图书馆财务活动发生前就制定一系列制度和规定，把可能产生的差异予以排除的一种控制方法。例如，为了合理使用资金，节约各种费用开支，可事先规定各项开支的范围和标准；为了防止图书馆滥用职权，杜绝乱收费现象，可事先对其收费的项目、范围和标准做出规定。在图书馆财务管理中，各项事先制定的标准、制度、规定都可以看作是排除干扰的方法，这是最彻底的控制方法，也是图书馆财务管理中最常用、最重要的控制方法。

第二节　图书馆经费管理

一、图书馆经费

（一）图书馆经费

图书馆作为承担文化教育使命的非营利性机构，其资金主要依赖于政府的全额拨款，辅以自身的部分收入和上级不定期的补助。根据现行的财务体制，图书馆的经费主要由两部分构成：一是固定的包干经费，二是根据具体情况而定的专项经费。其中，员工薪酬和公共运营费用按既定的标准和额度执行，而日常运营费用通常不会获得预算外资金，除非单位能够自行创收。专项经费的分配则取决于可用的财政资源。这些固定经费一旦在年初确定，就不会进行调整或增补。

尽管政府在近年对图书馆的投入日益加大，预算也逐年增加，但图书馆经常面临资金不足的局面，部分支出仍需通过自筹资金来弥补。由于基础经费较低，增长有限，而总支出的增长速度却超过了财政补助的增速，这导致人力成本占据了经费的大头，从而侵蚀了运营成本，这种情况严重制约了图书馆日常服务及发展的能力。因此，资金的短缺已成为图书馆发展的一个紧迫难题，直接影响到其业务的持续开展。

（二）图书馆经费来源

图书馆经费来源通常有以下几种：第一，政府拨款。包括由国家或地方财政预算拨款（用于图书馆创办费、经常费、基建费，是图书馆经费的主要来源）和由政府资助或临时拨款两大类。政府资助图书馆事业的形式有几种：一是经营性资助，对那些社会需求量大，又具有较好经济效益和社会效益的图书馆，由政府提供经营性的财政资助，使其充分地开展活动；二是辅助性资助，对少数民族地区、边远地区、经济科学文化不发达地区，凡图书馆事业不发达者，提供经济援助以促其发展；三是专项资助，对某些社会需求大、成本高、投资大的项目，或一个馆的财力无法承担的，由政府财政进行资助，如新技术研究、联机检索、联合编目、馆际互借、全国总书目等；四是激励性资助，规定一笔金额分别资助给所属图书馆，凡接受这笔金额的地区单位必须从自己的预算中另拨出一定比例的经费补助同级图书馆，否则不予资助。目的在于激励各级政府、企事业单位对图书馆投资的积极性。第二，企业、事业单位和社会团体从本单位预算中为所属图书馆拨款。第三，社会团体和私人捐赠，这是图书馆获得经费的一种重要补充。第四，图书馆自筹资金，主要有商业性出租图书馆和个体所有制图书馆通过自身服务取得经费；开展有偿服务，在免费服务的基础上，在不影响图书馆职能范围内，对某些特殊服务对象和服务项目以及成本昂贵的图书馆专用设备收取一定费用，以补偿图书馆的消耗；在图书馆业务范围外开辟新的经济来源。

我国图书馆行业的经费来源主要有以下五种：

1. 国家财政拨款

由中央或地方财政预算拨款是我国图书馆经费的主要来源。以三大类型图书馆为例，高校系统图书馆的经费来源于国家对教育系统的拨款，公共系统图书馆的经费来源于国家及地方财政对文化事业的拨款，科学院系统图书馆的经费来源于科研事业的拨款。目前，我国各系统图书馆的经费标准不一，存在着系统、地区与行业的差异。

2. 单位集资

由社会团体、企业、集体所有制等单位集资。

3. 社会捐助

接受捐献与赠送经费及设备的图书馆虽不多，但不时仍有海内外名人志士及友好团体、组织机构捐献资金给图书馆。我国有几所大学图书馆曾获得购买图书、建筑馆（舍）、扩充设备的资金。

4. 自筹资金

自筹资金主要有两种方式：一是通过与社会团体、地方政府、厂矿企业和科研机构的挂钩、协作，扩大服务范围筹措经费；二是积极开展有偿服务，在搞好社会公益服务的前提下，利用代译、代查、定题、专题、复印等经营性活动方式筹措资金。

5. 从本单位预算中为所属图书馆拨款

如学校、科研机构、社会团体、企业、医院从本单位每年的预算总额中拨给所属图书馆一定经费。有的按一定比例，有的不按比例，而是根据总经费情况下拨，其金额不固定。

二、图书馆经费管理

图书馆的经费管理是现代图书馆管理的一个重要方面。图书馆经费是创办图书馆、发展图书馆事业、开展图书馆日常活动的资金，也是进行图书馆日常工作的必要条件。所谓图书馆经费管理，就是明确图书馆的经费内容，公开经费来源，通过经费预算、决算等手段控制经费的活动。

图书馆经费分为创办经费和日常活动经费。创办经费是国家对图书馆基本建设的投资，主要有新建图书馆的建筑设置和建馆初始图书的购置费用，也就是建馆初期的一次性投入经费。图书馆日常活动经费则是包括日常人员经费、设备费、房屋修缮费、日常购置图书资料费以及图书馆开展其他日常活动的费用。图书馆的经费管理也可从这两个方面进行。创办经费是一次性的，不会经常发生，经费管理的重点应放在日常活动经费管理上。

图书馆创办经费的管理，应按照国家对图书馆基本建设投资的有关规定办理。

图书馆日常经费的管理，要在严格执行国家有关法律、法规和财务制度的前提下，坚持勤俭办事的原则，处理好事业发展和资金供应的关系，兼顾社会效益和经济效益。

图书馆日常经费管理的主要任务是：核算编制预算，如实反映和依法组织收入，努力节约支出，加强经济核算，提高资金使用效益，加强资产管理，监督和控制各项经济活动。

（一）图书馆收入管理

1. 财政拨款及财政补助收入

财政拨款及财政补助收入是图书馆从财政部门取得的事业经费，财政拨款是主体，是主要收入，财政补助收入是追加部分，是补充。对这部分收入的管理既要及时保证图书馆体制内使用资金的需要，又要防止预算资金积压的浪费。在使用财政拨款及财政补助收入时，应在年度预算基础上，根据不同时期的事业计划或任务，制订季度分月用款计划，按计划控制用款。还要结合图书馆的事业计划完成情况、资金余额情况控制用款进度。坚持专款专用，不得随意改变资金用途。款项用途如需调整，应向财政部门申请，经批准后使用。

2. 上级补助收入

上级补助收入是图书馆从主管部门取得的非财政补助收入。它是由图书馆的上级单位用自身组织、机构的收入拨给图书馆的资金，是主管部门调剂资金余缺的机动财力。

3. 事业收入

事业收入是图书馆开展专业业务活动及其辅助活动所取得的收入。包括经财政部门核准不上缴的预算外资金和财政部门核拨的预算外资金，如技术服务收入、委托代培收入、复印复制收入、无形资产转让收入等。

对于图书馆事业收入的管理要求主要包括以下方面：一是图书馆应当在国家政策允许范围内依法组织事业收入，同时也兼顾经济效益；二是图书馆必须使用财政部门和税务部门统一印制的发票、管理制度，并坚持把社会效益放在首位；三是图书馆必须严格按照国家批准的收费项目和标准收费，自设立收费项目可自定收费标准；四是图书馆的各项事业收入必须全部纳入预算，统一管理。

4. 附属单位上缴收入

附属单位上缴收入是图书馆附属独立核算单位按照有关规定上缴的收入。图书馆对附属独立核算单位的业务活动和上缴款项应实行调拨管理，加强调控和监督，执行企业财务制度。

5. 其他收入

其他收入是指上述规定范围以外的各项收入，包括投资收益、利息收入、捐赠收入以及其他零星杂项收入。图书馆的各项收入应全部纳入预算，统一核算，统一管理。

（二）图书馆支出管理

图书馆支出是指图书馆开展业务及其他活动发生的资金耗费和损失，主要包括事业支出、对附属单位的补助支出等。

1. 事业支出

事业支出是指图书馆开展各项专业业务活动及其辅助活动发生的支出。主要包括：人员经费支出，如基本工资、补助工资、职工福利费、社会保障费等；为完成事业计划，用于公务、业务方面的公用经费支出，如公务费、业务费、设备购置费、修缮费和其他费用。其中，基本工资是指国家规定的职工基本工资，包括图书馆工作人员的固定工资和国家规定的津贴；补助工资是指国家统一规定的岗位津贴、价格补贴、地区性补贴、取暖补贴、交通费补贴等；职工福利费是指拨缴的工会经费按标准提取的工作人员福利费、独生子女费、职工探亲旅费等；社会保障费是指离退休人员的离退休金、缴纳的各项社会保险费及职工住房公积金等；公务费是指办公费、邮电费、水电费、公共取暖费及工作人员差旅费、设备和车辆保养修理费、机动车燃料费、保险费、会议费等；业务费是指图书馆为完成日常活动所需的消耗性费用开支和购置的低值易耗品开支，如专业资料印刷费、考察研究费、差旅费、招待费等；设备购置费是指图书馆按固定资产管理的办公用设备、车辆等购置费、图书购置费等；修缮费是指图书馆的公用房屋、建筑物及附属设备的修缮费、公房租金以及公共设施修缮维护费。

对于事业支出的管理，首先，要严格执行国家规定的各项财政、财务制度，不得违反，各项支出必须按照批准的预算和计划规定的用途和开支范围办理，不得办理无预算、超预算的支出。对于国家规定的各种财务制度和费用开支标准必须严格遵守，不得随意更改。其次，要勤俭节约，提高资金的使用效益。提倡勤俭节约、精打细算，反对浪费。本着勤俭办事业的精神使用每笔事业经费，既要考虑完成事业计划的资金需要，又要反对铺张浪费，合理节约资金。要采取切实措施，加强图书馆经济核算，提高资金使用效益。最后，图书馆的各项事业支出之间应当保持合理的支出结构，特别是人员经费和公用经费之间。适当控制人员经费支出，相对增加公用经费支出，更好地促进事业活动的不断发展。事业支出要按照国家有关规定办理。

2. 对附属单位的补助支出

对附属单位的补助支出是图书馆用财政补助收入之外的收入，对附属单位补助所发生的支出。附属单位在其业务活动以及完成事业计划的过程中，以财政拨入和自身组织的款项不能满足其自身支出的需要，因此就要求在财政补助收入之外再补充一部分款项给附属单位，这部分支出也应单独核算与管理。

高校图书馆与公共图书馆经费支出的主要区别在于：事业支出不包括工资及职工福利部分，不存在对附属单位的补助支出。

（三）图书馆预算管理

图书馆的年度预算是其根据发展规划与具体任务而制定的一年内的财务规划。这一预算分为两大类：收入和支出。图书馆的收入预算主要由政府拨款和非政府拨款组成，涉及的具体项目包括政府的财政拨款、上级机关的补助、服务所得收入、经营性收入、下属机构上交的收益、其他杂项收入以及特定资金投入等。相应地，支出预算则涵盖了业务开展所需费用、经营性支出、基础设施建设花费、对下属机构的补助以及向上级机构上交的费用等。

当前，国家对于文化单位的财务管理采取了一套严格的预算管理体系，即明确收支范围、固定补助额度、超额部分不予补贴、结余可留用的政策。图书馆在此框架下，制定预算时必须遵守一系列原则：坚持以收定支、收支平衡的原则，图书馆预算应力求平衡，不得编制赤字预算；坚持艰苦奋斗、勤俭节约的原则，挖掘内部潜力，努力增收节支，提高资金使用率；坚持严格划清经费渠道的原则，事业经费与基本建设投资不得相互挤占和挪用，并根据有关规定分别编制预算；坚持完整性和统一性原则，图书馆必须将全部财务收支项目在预算中予以反映，并按照国家预算表格和统一的口径、程序及计算依据编制单位预算；坚持实事求是的原则，既要考虑单位的需要，又要考虑国家财力的可能，保证重点同时兼顾一般。

第三节　图书馆资金与资产管理

一、图书馆资金管理

（一）图书馆结余管理

在一定的财务周期内，图书馆的结余是其收入总额减去支出总额之后的剩余资金。结余主要分为事业性结余和经营性结余两种类型。事业性结余是图书馆在扣除事业性支出（如业务运行开销和对下属机构的财政支援）后的财政盈余，涉及的收入来源包括政府的定期拨款、上级机关补助以及图书馆的服务性收入等。经营性结余则是指从图书馆的商业活动所得收入中扣除相应的开销（包括运营成本和税费）后的盈余。

在计算结余时，需要依据既定的规范和程序，对全年的经济活动进行彻底审查与核算，确保当年的各项收入都能够及时记账，而支出也应按照规定的路径报销，确保真实地反映年度财务盈亏状况。同时，保证经营性收益与支出的准确对账，以准确显示经营性财务状况。其他收入项目的总和也需要与相应的支出相匹配进行结算，以真实展现事业性结余，避免将两种结余混为一谈。

至于结余的利用，事业性结余应当依照相关规定进行分配。经营性结余通常需缴纳所得税后，可以与事业性结余一起，按照主管部门和财政部门协定的比例提取作为职工福利基金。结余分配完毕后，剩余的资金应转入事业基金中，作为未来解决财政不平衡的预备金。

（二）专用基金管理

图书馆设立的特定基金是根据相关政策而划拨或建立的，旨在特殊用途上的资金储备。这类基金主要包括员工福利基金和设施更新基金。设施更新基金是依据图书馆业务性和经营性收入的一定百分比来划拨的，专门用于支付维护费用和采购新设备的支出（两者各占 50%），同时还包括依据其他相关规定转入的资金，这些资金用于维护和更新图书馆的固定资产。员工福利基金则是从图书馆的盈余中按照既定比例提取，或根据其他规定进行筹集，这部分资金专用于改善图书馆员工的福利设施和待遇。

专用基金的取得均有专门的规定，其使用也有专门的用途和范围，一般不得占用和挪作他用。专用基金的使用均属一次性消耗，没有循环周转。不能通过专用基金的支出直接得到补偿。专用基金的管理应遵循"先提后用、专设账户、专款专用"的原则。"先提后用"是指专用基金必须依据规定的来源渠道在取得资金以后方能使用。"专设账户"是指各项专用基金均单独设立账户进行管理和核算。"专款专用"是指各项专用基金的使用都应合情、合法，按规定的用途和使用范围安排开支，不得挪作他用。各项开支都不得超出基金规模。

图书馆专用基金的管理可以采用以下方法：

1. 按比例提取专用资金

国家有统一规定的，要按国家统一规定执行；国家没有统一规定的，按照财务管理权限，由财政部门和图书馆主管部门根据相关因素协商确定。修购基金的提取比例要根据图书馆的收入规模和修缮购置的需要确定。职工福利基金的比例要依据收支结余数额、经营自给率以及集体福利的正常开支需要确定。

2. 按规定支出

专用基金规定有专门的用途，在使用中要注意划清专用基金之间的界限。修购基金只能用于图书馆固定资产的修缮和购置，不能用于其他方面。职工福利基金只能用于职工集体福利设施或项目。专用基金发生临时占用情况的，要注意及时归还。

3. 按计划收支

图书馆使用专用基金要编制收支计划。收支计划要合理，要符合实际情况，不能出现赤字。要依据专用基金来源的数额安排各项支出，合理使用。

二、图书馆资产管理

（一）流动资产管理

1. 货币资金管理

货币资金是指企业在生产经营活动中停留在货币形态的那一部分资金，包括现金和各种存款。做好这一管理的具体要求一是要做好现金管理，遵守国家规定的现金管理条例；二是要搞好转账结算，以维护企业自身利益，加速资金周转。搞好货币资金管理还应编制货币资金计划。为此应做好货币资金收支的预测；准确确定货币资金最佳持有量；编好货币资金收支计划，使货币资金收入和支出平衡。

2. 银行存款管理

银行存款是图书馆存入银行和其他金融机构的各种款项，其流动性仅次于现金。图书馆的货币资金除库存限额的少量现金外，其余都必须存入银行。货币资金的收支除按规定用现金办理结算外，其余都必须通过银行办理转账结算。为了防止银行存款被挪用、截留或发生差错，应建立完善的控制制度。

图书馆在银行或其他金融机构开通账户时，必须填写开户申请书和印鉴卡片。印鉴是开户银行和开户单位约定付款的依据。单位开出的支付凭证必须加盖与预留印鉴相同的印章，银行或其他金融机构方可受理。印鉴一般包括单位公章、负责人及财务主管的印章，这些印章应分别由不同人员保管，起到内部相互制约的作用。银行印制的支出结算凭证，单位领取后应由专人保管，使用时按号码顺序签发。如发现填写错误，应加盖"作废"戳记，连同存根一起保留。不得签发空头支票，不许套取银行信用。

3. 存货管理

存货是图书馆在开展业务活动及其他活动中为耗用而储存的资产、办公用品以及不作为固定资产管理的低值易耗品，如工具、仪器、仪表、材料、照明设备等一般用品。图书馆可以根据自身的业务规模不同，采取不同的存货管理方法。对于存货品种多、数量大、价格高的单位应对存货详细划分，分别管理与核算；对于存货品种少、数量小、价格较低的单位，可以对存货划分细类，实行综合管理与核算。同时，还应建立、健全存货的购买、验收、进出库、保管、领用等管理制度，明确责任，保证存货安全。尽可能降低存货的库存量和损耗，提高存货的使用效益。对存货定期或不定期地进行清查盘点，防止流失。

（二）**固定资产管理**

为了保护固定资产的安全与完整，应定期或不定期地对固定资产进行清查、盘点，年终应全面清理盘点一次，包括查明固定资产的实有数和账面结存数是否一致，固定资产的保管、使用、维修等情况是否处于常态。如果发生问题，应及时查明原因，酌情处理。对已经不能再继续使用的固定资产，应当按照规定的程序予以报废。对于闲置或者不再适用的固定资产，应当按照规定的程序予以转让。固定资产的变价收入应当作为修购基金使用。

（三）**无形资产管理**

无形资产在现代社会中的地位和作用日益彰显，现代图书馆需要重视无形资产的管理。

现代图书馆应大力宣传无形资产知识，增强无形资产意识。例如，图书馆馆员要意识到良好的馆誉是图书馆综合发展和历史积累的结果，对提高图书馆的社会地位、推动图书馆事业的健康发展具有重要的作用。现代图书馆还应该建立无形资产管理机构，完善无形资产管理制度。图书馆设立专门的机构负责无形资产管理工作，有利于有规划、有目标、有步骤地实施管理，便于创立和积累无形资产，并制定有效措施，防止图书馆无形资产流失。

现代图书馆还需要充分认识到馆员与读者良好关系的建立这一无形资产的重要性。图书馆的生存离不开读者，馆员与读者良好的关系是图书馆难得的无形资产。图书馆馆员拥有丰富的馆藏知识，掌握现代化的信息技术及信息检索的方法与技巧，这些也是图书馆宝贵的无形资产。图书馆要充分调动馆员的积极性，激发馆员的创造力，使馆员的智力资源得到充分发挥。社会环境的变化使图书馆面临人才流失的困境，在无形资产管理过程中如何以人为本、如何吸引更多的优秀人才，是现代图书馆必须解决好的问题。

第五章
图书馆业务管理

第一节　文献资源建设管理

图书资料的构建涵盖了较为广泛的概念，一方面是特指单个图书馆或文献中心在收集、保存及整合图书文献方面的工作，即传统意义上的图书馆藏建设；另一方面则关乎区域性、国家级甚至国际范围内的图书文献机构在采集、保存以及使用文献资源时的相互配合、策划及资源共享。本章主要探讨单一图书馆的文献资源构建活动。

单一图书馆的文献资源构建活动是指对文献资料进行搜集、加工及管理的过程，包括但不限于采集文献、录入系统、进行分类与主题索引、编目，以及对文献资料的系统化管理和维护等各个环节。

一、文献收集

图书馆为了满足自身发展目标及满足读者需求，会通过购置等多样化途径进行图书与各类文献的收集，此举旨在不断丰富和更新馆内的文献资源。这一过程也被称作图书选订或馆藏增补。

图书馆的文献收集是其核心职能之一，对图书馆提供的服务品质和水平有着直接影响。在进行文献收集时，应该遵循既定的标准，构建既科学又实用，同时具备独特特色的文献体系。为了优化文献收集，首先需要开展广泛的调研工作：一要考察图书馆所在地区的政治、经济、科技等领域的发展现状及其信息需求；二要深入了解用户的具体需求，确立图书馆的收藏政策、范围、重点及选购准则；三要评估现有藏书的状况、流通动态、图书类型及数量、各类藏书的使用频率，并决定哪些资源应当淘汰或补齐；四要掌握出版行业的动态，包括出版社特点、出版物信息以及书店的分销情况。

文献收集的一般性原则有：实用性原则；系统性原则；特色化原则；共建共享原则；发展性原则；经济性原则。

文献收集的方式主要有购入和非购入两大途径。文献购入的方式包括预定、选购、邮购、委托代购、集团采购、复制和网络信息下载等；非购入方式包括接受呈缴、征集、交换和接受捐赠等。在地方文献的采集方面，鉴于许多地方文献是非正式出版物，因此，常常还需要上门访求。

在网络环境下，图书馆所收集的文献除了图书、期刊、报纸、视听资料、电子出版物等，还应包括商业数据库、网上信息及其他图书馆的上网信息所进行的网络链接（作为本馆的虚拟馆藏）。

二、文献登录

在图书馆采集到多种文献资源之后，紧接着要进行的就是对这些文献进行目录录入。目录录入主要分为单件录入和批量录入两种形式。

单件录入通常是针对每本书籍（或每个 CD、视频带单元）单独进行。在这一过程中，每本书籍都会被赋予一个编号，作为其资产登记的唯一识别号。在单件录入中需要将书籍的书名、作者、版本、价格、来源及其唯一的资产编号等详细信息记录在"图书资产目录册"中。此举是追踪每一本书入库历史的关键手段，依据这些记录可以查询到每本书的入库时间、采购来源、购置价格以及它们何时被淘汰及淘汰的原因等信息。

批量录入则是基于每一批次入库书籍的验收证明（例如收据、发票、移交或赠送书籍的清单等）或批准文件，将每批书籍的总数量、总价值以及不同类别书籍的种类和数量记录在"图书馆藏书批量目录册"中。这种批量录入有助于掌握整个图书馆藏书的总量、总价值、来源与流向、实际存量以及不同类别书籍的收藏状况，从而反映出图书馆藏书的整体构成。

虽然单件录入和批量录入在形式上进行了两次记录，但二者的工作内容并不冗余。批量录入提供了图书馆图书的总数和总价值等宏观信息，充当库存总账的角色；单件录入则详细记录了每一本具体书籍的收入和淘汰情况，相当于明细账，也是图书馆藏书清单的一部分。对于 CD、音视频资料等其他类型的媒介，也需要根据它们的特定格式进行相应的批量录入和单件录入。

三、文献整理

经过登录的各种文献，还需要加工整理。文献整理包括文献分类、主题标引、文献著录、文献编目和目录组织。

（一）文献分类

文献分类是根据文献分类法对文献内容的学科知识属性和其他具有检索意义的特征进行分析、归纳，确定所属类目和给出分类号，用以揭示和组织文献及编制分类目录索引的工作。文献分类包括两方面的含义，即类集和归类。对于一个具体图书馆的整体藏书而言，文献分类就是类集，即把学科性质相同的文献聚集在一起，学科性质相近的文献联系在一起，学科性质不同的文献区分开来，并按照各类文献的亲疏远近，把图书馆的藏书组织成一个有条理的逻辑体系。对一本具体的文献而言，文献分类就是归类，即把这本文献归入到文献分类法的体系当中去，给它一个位置和对应的分类号。

（二）主题标引

进行文献主题标注是为了从所研究或论述的核心概念出发来揭示文献信息的过程，这种方法通常被称为主题索引法。这种方法在图书情报工作中用于展现和编排文献信息。与依据学科性质进行的分类索引法不同，主题索引法着眼于文献涉及的核心议题或概念，采用主题词来揭示和组织信息。分类索引依赖于以学科为基准划分的体系，而主题索引法则基于文献讨论的中心议题，使用标准化的语言词汇来表达这些概念，并按照字母顺序进行排列，同时利用参考系统来展现这些概念之间的联系。这些标准化的语汇即为主题词。

主题索引分为四种形式：标题词索引、元数据索引、叙词索引和关键词索引。主题索引的优势在于能够将跨学科的、围绕相同主题的文献集合在一起，提供多维度的检索路径，便于读者根据具体需求检索相关文献。通过主题词检索，可以方便地找到分布于不同学科领域但围绕相同议题的作品和资料。

（三）文献著录

分类和主题是揭示文献内容特征的主要手段，文献著录则是揭示文献形式特征的主要手段。所谓著录，就是在编制文献目录时，对文献的内容和外部形式特征进行分析、选择、描述的过程。要求能够依据该形式特征准确无误地确认该种文献，以提供查找文献的准确线索。

文献著录的主要作用有两点：一是生成和组织书目记录（目录），提供检索入口。每条书目记录（目录）都对应着一份或一组特定的文献。检索入口是用来检索书目记录（目录）的描述事项，如著者姓名、题名、主题词、分类号等。这样的检索入口不仅可以帮助用户较快地检索出已知的具体文献，而且可以集中检索出一个作者的所有作品、一部作品的所有文献，或一份文献的所有版本。二是帮助用户确认和获取文献，即帮助用户确定查出的文献是否满足其需要，内容是否相关，载体是否合适，版本是否正确等。

（四）文献编目

图书馆目录是揭示馆藏文献，从不同角度进行记录，并按照一定的次序编制而成的，用以揭示和报道馆藏文献的工具。通过它可以使图书馆的用户了解馆藏，并检索到所需要的文献；图书馆目录还是宣传文献，指导用户阅读的工具，也是图书馆有效管理的工具。

计算机编目与传统的手工编目有很大的不同。在计算机编目中，文献目录是通过目录数据库中的一条条题录记录（也叫书目数据）来体现的，每一条题录记录反映一种文献。在每一条题录记录中，反映该种文献内外部特征的是记录中的各个字段和子字段，如"题名"字段、"责任者"字段等。按照不同的字段可以组织成"题名"索引、"责任者"索引等。

为使计算机编目的书目数据库中的各个字段的著录质量得到保证，人们对于机读目录的格式制定了标准。机读目录的文献著录格式称作 MARC，在我国译作"马克"。目前，图书馆自动化集成管理系统中的编目子系统一般采用窗口形式向编目人员提供有关著录字段的标识，编目人员将待编文献的信息著录在相关字段的空格中，每一种文献的信息构成书目数据库中的一条书目记录，众多的文献目录记录就构成了图书馆的文献目录数据库。

四、文献组织

文献收集到图书馆，经过登录、分类标引、主题标引和描述著录之后，就要移交给典藏部门。典藏部门要根据本馆书库、各阅览室及其他部门的需要，对文献进行合理的分配、组织和妥善的保管。这就是文献的组织工作，包括文献的划分排列、保护和清点等工作内容。

（一）文献划分

图书馆的文献划分工作是整个馆藏管理的重要组成部分，这项工作涉及到文献资料的有效分类和布局。在实施文献划分时，大型图书馆通常将馆藏按照类型和使用频率等因素，分为图书与期刊、缩微文献与光盘文献、普通图书与古籍善本、常用书与不常用书等不同类别。此举不仅方便了读者根据需求快速找到所需资料，也使得文献的管理和保护更为有序和科学。基本书库作为图书馆的核心资源库存，存放了全馆的主要文献，而辅助书库则根据阅读服务机构的具体需求而建立，以便更精准地服务不同的读者群体。特色藏书库则着眼于出版物的特殊类型或者特定的学术需求，如少数民族语言文献、珍本图书等。此外，为保证藏书的长期完整性和应对紧急需求，部分文献会被选为保存本，并被特别收藏在保存本书库中，通常这些文献仅供馆内查阅，并不对外借阅。而对于中小型图书馆而言，虽然一般不设立普通书籍的保存本，但对于具有独特价值和地方特色的文献，如地方志等，则会考虑建立保存本，以确保这些文献资料能够得到妥善的保存和传承。通过这样细致的文献划分，图书馆能够更有效地管理馆藏资源，同时也能够提高读者的使用效率。

（二）文献排列

图书馆文献都应按照一定的方法，科学、系统、合理地依次排列在书架上，以便于迅速提取和整理。

在长期的实践中，图书馆针对不同成分、不同类型文献的特点，采取了不同的排架方法。一些规模较大的图书馆，依据馆藏数量、特点、流通率、读者需要和图书馆的具体条件，经常同时采用多种方式排列藏书。

藏书排列的方法归纳起来有三种类型：分类排架法、固定排架法和顺序排架法。

（三）文献保护

文献保护在图书馆业务管理中扮演着至关重要的角色，它涵盖了从物理和化学层面对各种馆藏材料的维护与修复，以确保长期的稳定性和可用性。对于纸质资源，这意味着要进行专业的装订工作，及时的修补破损，以及采取多种措施以防止因火灾、湿度、紫外线照射、电磁干扰、生物侵害及其他潜在危害导致的损坏。特别是对于那些更加脆弱、格式多样的非纸质馆藏，如缩微文献、声像资料和光盘文献，需在严格控制的环境中存储，包括温度和湿度的精确控制，以此来避免资料的退化。除了日常的维护，文献保护还包括定期的馆藏清点。这不仅是对文献完好状态的一次全面检查，也是评估保护措施有效性的一个重要途径。这些措施合起来构成了图书馆中对文献保护的全面策略，确保了文献能够跨越时间的限制，为未来的读者服务。

第二节　数据库资源建设与管理

一、图书馆数据库的地位和作用

（一）数据库是社会信息化发展的需要

数据库作为信息化社会的产物，对图书馆的发展起到了至关重要的作用。在这个读者需求多元化、对信息服务质量要求日益提升的时代，图书馆的数据库建设成为了满足这些需求的关键。随着社会对信息资源的重视程度不断加深，数字化图书馆的构建离不开强大的网络和数据库支撑，因为它们是存储和获取信息的最佳途径。发达国家已经认识到，数据库不仅仅是信息存储的工具，更是一个充满活力的信息基础产业。图书馆信息管理系统中广泛应用的计算机和通信技术，极大地便利了文献信息的收集、处理和整理，及其传递和使用。数据库不只是文献信息的直接提供者，也是通过多样的检索条件来实现对信息和知识单元的查询和搜索的手段。它能够促进信息的重组，提升信息资源的利用效率，满足现代社会对于信息服务的高级需求。这些都彰显了数据库在社会信息化发展中的必要性，它是图书馆响应时代变迁、提供高质量信息服务的强有力支撑。

（二）数据库是数字化图书馆的核心

数据库在数字化图书馆的发展中扮演了不可或缺的角色，它不仅仅是管理和传播信息的平台，更是图书馆服务现代化的动力引擎。随着技术的进步，数据库赋予图书馆前所未有的能力，使得文献信息服务变得更加快捷、高效。图书馆通过构建数据库，不仅能保存和整理海量的信息资源，还能对这些资源进行系统化管理，从而使得杂乱无章的数据变得有序，便于用户检索。更重要的是，这些资源能够通过深度挖掘，转化为动态的信息流，极大地丰富了用户的阅读和研究体验。通过数据库，图书馆能够实现文献资料的有效开发与利用，不断创新服务模式，提供更加个性化、有特色的阅读服务，满足用户的多元化需求。这种对数据库的持续建设和优化，不仅是对现有资源的数字化转型，更是图书馆不断推进信息服务现代化、提升服务质量的核心策略。如此，数据库就成了连接用户和信息之间的桥梁，确保了图书馆在数字时代依旧能够保持其文化与知识传播的中心地位。

（三）资源共建共享的基石

在数字时代，图书馆面临的不仅是信息量的爆炸式增长，还有资源获取的多元化挑战。传统的闭门造车式的资源建设已不再适应时代的需求，图书馆必须跳出自身的界限，采取开放的态度和策略，推动和实践资源的共建共享。现代图书馆资源建设的理念是以用户需求为核心，通过跨图书馆、跨地区甚至跨国界的合作，整合各类资源，打破物理和地理的限制，实现资源的优势互补和价值最大化。建设数据库不仅是对单一图书馆资源的数字化整合，更是链接各类图书馆和信息中心资源的桥梁，通过联合目录、共享平台等形式，实现了无缝对接和互联互通。这种共建共享的模式，不仅加强了各图书馆之间的互助合作，也为用户提供了更加丰富和便捷的服务，极大地提高了文献资源的利用率和图书馆服务的效率。因此，构建面向未来的、开放互联的数据库，不仅是适应社会信息化发展的必然选择，更是图书馆实现可持续发展、服务社会公共文化需求的重要途径。

二、现代图书馆数据库建设

（一）数据库建设的原则

图书馆数据库建设应遵循以下几项基本原则，才能取得预期的建设效果。

1. 质量原则

数据库建设在图书馆的信息化管理中扮演着核心角色，其质量好坏直接决定了图书馆服务的效能和水准。面对这一挑战，图书馆必须将高质量标准置于建设全过程的首位。这意味着每一步工作，从数据采集、录入、处理到最终的存储和检索，都要严格遵守标准化和规范化的要求。这种对质量的坚持不仅涉及技术层面，如数据准确性的确保，也包括内容层面，如信息的时效性和相关性。此外，质量原则还强调数据库内容的可靠性和持久性，这就要求图书馆在数据库建设时考虑长远，确保一经建立的数据库能够长期保存，并能适应未来技术的升级换代。

在追求高质量的同时，图书馆还需意识到数据库的建设不是孤立进行的，它需要与国内外的数据库资源形成互联，实现信息的互通有无。这就要求数据库不仅要满足本馆的需求，还要兼顾与其他图书馆数据库的兼容性，以便于资源的共享和服务范围的扩展。综上所述，高质量的数据库建设不单是一项技术活，更是一种战略部署，它要求图书馆从内部管理到对外服务的每一个细节都追求卓越，以确保图书馆在信息社会中保持竞争力和影响力。

2. 读者需求原则

在图书馆数据库资源的构建过程中，紧密围绕读者需求原则展开工作至关重要。这要求图书馆在数据库的规划与实施阶段深入了解并分析读者群体的多样化和层次化需求，包括他们的阅读喜好、信息检索行为和学术研究方向等。了解这些需求后，图书馆应设计出反映读者兴趣和需求的数据库，确保所提供的资源能够精准满足读者的具体要求。这种针对性建设不仅增强了数据库资源的实用性和吸引力，也优化了图书馆的服务质量和效率。

3. 标准化原则

在图书馆数据库建设过程中，遵循规范化和标准化原则是确保其长期有效性和可靠性的关键。这意味着在整个数据生命周期中，从数据收集、著录到检索和使用，都必须严格按照既定的国家和行业标准进行操作。此举确保了数据的一致性和准确性，使数据库成为一个可信赖的知识资源库，不仅能为用户提供高质量的检索服务，还保证了数据间的兼容性和互操作性。标准化还促进了不同图书馆间的资源共享和协作，增强了图书馆网络的整体实力。

为实现这一目标，图书馆必须投入必要的资源来监督和维护其数据库的标准化工作。这包括定期培训员工以确保他们了解并能够应用最新的标准，以及更新技术基础设施以适应标准变化。使用标准化的工具和流程可以减少错误，提高效率，并使得图书馆服务更加透明和可预测。此外，随着技术的发展和用户需求的变化，图书馆应参与到标准制定过程中，确保这些标准反映了最新的知识管理实践和读者的实际需求。

（二）数据库建设的内容

图书馆数据库建设可以从自建数据库、引进数据库和电子文献采集等几个方面入手，开展数据库建设。

1. 自建数据库

（1）建立回溯馆藏书目数据库

建立回溯馆藏书目数据库是图书馆转型的关键步骤，它涉及将传统卡片目录电子化，以便将文献信息存储在数字介质，如计算机硬盘或光盘上。这一转换过程是图书馆现代化和网络化努力中最基础且首要的任务，其复杂性体现在从物理格式向电子格式的精确转变上，确保信息的逐一对应和完整性。工作人员需要仔细地将卡片上的信息录入电子系统，并通过校对和验收环节保障书目数据库的准确性和可靠性。不同类型的馆藏书目数据库，如期刊、中文文献、西文文献数据库等，都需要这样的精心构建和维护。这种系统化和全面性的资源展示不仅提供了高效的检索支持，而且有效提升了图书馆员工的工作效率，大幅减少了科研人员在图书馆内寻找资料的时间，从而加速了科研生产的流程，并为用户提供了更为便捷和高质量的服务。这样的数据库建设是图书馆实现信息服务现代化的重要一环，对于满足不断增长的信息检索需求至关重要。

（2）建立特色数据库

建立特色数据库是图书馆信息服务中一项富有战略意义的工作，它要求图书馆准确把握自身的资源优势和服务对象的需求特点。为此，图书馆需深入分析和整合自己的馆藏特色，如珍贵古籍、地方文献、特定领域的学术成果等，形成独一无二的信息资源体系。通过全面调研，图书馆能够明确所需建设的数据库类型，避免与其他图书馆的资源重叠，确保资源的独特性和实用性。在构建特色数据库时，图书馆不仅要注重资源的深度和广度，还要注重数据库的实用性和易用性，以满足用户的个性化需求。这样的特色数据库不只是信息的储存库，更是知识的交流平台，能够提升图书馆的服务质量和科研支持能力。通过这种方式，图书馆能够为用户提供更为精准和便捷的服务，增强自身的竞争力，实现资源共享，最终达到"人无我有、人有我优、人优我特"的目标。

（3）利用网络信息建立数据库

互联网上资源的多样性和更新速度为图书馆提供了一个宝贵的信息源泉。专业网站和综合网站上汇聚了大量的学术资料，如全文期刊、会议论文和学术报告，它们往往可以免费下载或以较低成本获得，这对于图书馆而言是一个成本效益极高的资源获取方式。图书馆可以通过筛选、整合这些网络资源，构建一个更为全面和更新的数据库。这种做法不仅节省了采购成本，还能够快速响应用户对于最新学术成果的需求。通过这些资源的整合，图书馆可以为用户提供更为丰富的信息服务，并且实现馆藏资源的即时更新和扩展。此外，网络资源的引入也有助于图书馆提高自身的服务能力，满足不同读者群体的个性化信息需求，促进图书馆在信息服务工作中的创新和发展。

2. 引进数据库

对于中文期刊全文数据库的引进，图书馆需要进行全面评估，考虑的因素包括但不限于数据库的内容广度、深度、更新频率、用户界面友好性、检索功能的强弱以及成本效益比等。例如，中国期刊网全文数据库搜罗了众多中文学术期刊，为学者提供了宝贵的研究资源；重庆维普数据库以其在工程技术、社会科学等领域的强大数据库而知名；万方数据则以覆盖面广、数据量大而著称。选择时，图书馆应考虑到各自的资源特色，确保所引进的数据库与既有资源形成互补，能够满足不同读者群体的特定需求。此外，还应关注数据库供应商的服务支持和未来发展趋势，选择稳定可靠，能够持续提供高质量服务的数据库产品。通过慎重选择，图书馆不仅能够为读者提供更丰富、更专业的信息服务，还能在资源整合、知识管理等方面实现更高效的运作，进而提高图书馆的整体服务水平和学术影响力。

3. 电子文献采集

随着信息时代的到来，图书馆的文献资源建设面临着重大的转型。计算机技术和信息技术的飞速发展推动了文献资料数字化的步伐，电子图书和网络文献资源的种类和数量呈现爆炸性增长，用户获取信息的方式也越来越多地趋向于电子化、网络化。这种趋势要求图书馆从传统的以纸质文献为主的收藏模式，转变为更加注重电子文献和多媒体资源的收集和服务。在此过程中，电子文献的采集显得尤为重要。图书馆应该采取积极措施，系统地收集和整理电子书籍、期刊、学术论文、会议记录等各类电子文献资源。通过与电子图书提供商，如超星数字图书馆等合作，可以大规模地引入成本相对较低的电子图书资源，同时，关注和采纳那些提供高质量、专业性强的电子期刊和数据库资源，以此来丰富图书馆的电子文献种类和内容。加强这一方面的资源建设，不仅可以提高馆藏的现代化水平，更重要的是能够满足用户日益增长的电子阅读需求，提升图书馆的服务能力和效率，使馆藏资源更具时代感和前瞻性。通过这种方式，图书馆能够为读者提供一个更为全面、快捷的检索和获取信息的平台，实现知识传播的最大化。

三、图书馆数据库的维护

图书馆自动化集成管理系统在使用的同时，也需要精心地维护，才能确保系统安全运行，有效地发挥作用。

（一）加强图书馆自动化集成系统的管理

在图书馆自动化集成系统管理中，软件的选择、安装与升级及建立一套严格完整的管理制度，是保证系统运行的重要措施，必须予以高度重视。

具体而言：要选择适合本馆使用的软件安装；服务器应选择有双硬盘备份、安全性能可靠、运行稳定的；要定期对服务器和客户端的操作系统、文献管理集成系统下载升级程序或漏洞安全补丁进行必要的升级与加固，以加强操作系统的安全保障；在图书馆自动化集成系统管理中，为各类用户设定账户，明确不同用户的使用权限，通常情况下，系统管理员设为高级用户，可以进入数据库中进行修改和存储等功能的操作，其他馆员为权限低一级的用户，只能在集成系统中修改和存储所录入的记录，无权进入数据库进行操作，从而防止非法用户使用和篡改书目数据，防止图书馆数据的丢失与破坏；可限定对数据库访问的 IP 地址范围等。

（二）数据库更新和维护

在科技快速进步的今天，新的知识和信息源源不断涌现，图书馆必须保持数据库内容的持续更新，以适应信息发展的需要。完成数据库建设的图书馆应密切关注读者的需求，通过有效的沟通渠道，如用户调研、反馈表单或数字平台互动，收集使用者的实际反馈。根据这些反馈，图书馆工作人员应及时进行数据库的内容审核、修改与优化，以确保信息资源的准确性和相关性。同时，对于新采购的图书和资料，图书馆应迅速采取措施，完成其数字化工作并及时将其纳入数据库，这样做不仅扩展了数据库资源，也让读者能够更快地访问到最新的资料。这一过程要求图书馆拥有高效的技术支持团队，以及稳定可靠的系统平台，以支撑数据库的实时更新和维护工作。通过这种持续的更新和维护，图书馆能够为用户提供一个动态更新、信息丰富、操作便捷的数据库环境，有效满足用户的信息需求，促进知识的传播和利用。

（三）备份制度

图书馆管理者必须确立一套全面而稳健的备份制度，以保障数据库及其系统的连续性和数据的完整性。面对可能导致系统崩溃或数据损坏的多种风险，定期的数据备份至关重要。系统管理员应负责制定和执行数据库的备份计划，确保所有重要信息得到复制并安全存储。这不仅包括数据库本身的信息备份，还包括系统运行和交互产生的日志文件。备份策略应包含部署备份服务器，这样即使主服务器出现故障，备份服务器也能够迅速接管，减少服务中断的时间。同时，应定期将备份的数据转移到物理介质，如光盘，以防止意外的硬件损坏或其他形式的数据丢失。此外，日常检查日志文件的备份情况也是确保数据能够完整无缺地恢复到最新状态的重要步骤。管理员需确保这些任务的顺利执行，以及在发生系统故障时，能够利用备份数据迅速恢复系统，保障图书馆信息服务的连续性和可靠性。

（四）数据库安全

数据库安全是图书馆维护信息系统完整性与保护用户隐私的重要组成部分。防火墙作为一种关键的网络安全技术，能有效地对抗外部攻击和内部泄露，通过对进出网络数据包的严格监控和过滤，确保图书馆系统不受恶意软件和未授权访问的威胁。同时，防火墙可以设定精细的访问控制策略，以适应图书馆的具体安全需求。在此基础上，实时病毒监控系统的部署同样不容忽视，它可以对所有文件活动进行持续监测，及时发现并隔离病毒，阻断潜在的安全威胁。图书馆应选择稳定可靠的防病毒软件，并确保其功能全面开启，持续运行。软件更新是防病毒策略的关键一环，它确保防病毒程序能够识别和抵御最新的威胁。因此，图书馆必须建立一个高效的更新机制，保障病毒定义文件随时处于最新状态，这不仅包括服务器端，也涵盖所有客户端设备，形成一个全方位的防御体系。这样的安全措施能够为图书馆的数字资源和用户信息提供坚固的保护屏障，维护图书馆的声誉和读者的信任。

第三节　信息资源的整合与管理

一、图书馆信息资源的组织

（一）图书馆信息资源的构成

图书馆的信息资源构成是多元化的，它涵盖了从实体馆藏到虚拟资料的广泛范围。这些资源包括但不限于 MARC 格式的目录库，它记录并映射出图书馆现有的实体藏书及其他物理媒介资料。除了传统馆藏，图书馆还构建和维护自己的特色数据库，如学位论文和特色收藏资源库，它们为研究者提供了独特的参考价值。同时，图书馆还投资购买或订阅了各类在线数据库和光盘数据库，这些数据库可以是直接联机访问的，也可以是馆内安装的镜像站点，为用户提供了丰富的电子资源。此外，图书馆通过网络获取的电子虚拟藏品也构成了信息资源的一部分，这些资源的获取和使用通常需要专门的登录凭证。这些不同载体和类型的资源，包括一次文献如书籍和期刊，二次文献如索引和摘要，以及三次文献如评论和引用指南，为用户提供了从基础研究到深层次分析的各种工具。图书馆资源的多样性确保了检索方式的多样性，以适应不同用户的需求，同时电子资源的访问管理也因数据库的特点而各不相同，确保了信息安全和访问的便捷性。

（二）图书馆信息资源建设

随着计算机网络技术的不断发展，信息资源已成为图书馆的重要组成部分，信息资源建设成为衡量图书馆实力的重要指标。信息资源建设是图书馆赖以存在的物质基础和保证，信息资源的质量和体系建设的优劣直接影响着图书馆信息服务的水平和效率。现阶段，信息资源建设主要包括纸质文献资源建设、数据库建设和网络信息资源的开发与组织等三个方面。

1. 纸质文献资源建设

纸质文献资源建设在图书馆业务管理中占据了基础而关键的地位，传统的纸质文献以其稳定、准确和权威的特性，构成了图书馆资源的根本。在这个数字化日益盛行的时代，纸质文献的最大化利用仍然显示出其独有的价值。通过馆际合作，图书馆能够根据各自的馆藏特色和用户需求，有策略地选择和采购文献资源，从而避免不必要的资源重复建设，提高资源的有效利用。此外，通过实施馆藏流动合作，可以进一步优化资源利用，确保各个图书馆的馆藏能够得到广泛而有效的共享。为了精准地满足用户群体的多样化需求，图书馆应当整合传统成员的力量，广泛征询学科专家的意见，对用户偏好、学历和学术背景进行深入分析，以此来指导文献采购过程，确保所选资源的质量和相关性。这种综合性的策略不仅提升了资源的针对性，而且增强了图书馆服务的个性化，为用户提供了更为丰富和精准的学术支持。

2. 数字资源建设

数字资源建设是图书馆发展的关键环节，涵盖了书目数据库、数字化的纸质馆藏、音像制品以及各种电子出版物等多样的资源形态。在采购数字出版物时，图书馆需密切关注资源的针对性、可靠性、权威性和兼容性，确保采购行为既高效又有成效，避免重复建设，同时确保数字资源整体的连贯性和完整性。为此，区域图书馆联盟借鉴传统管理体系和国家规范，制订了一套适应本土化需求的数字资源建设方案。这些方案包括对书目分类、纸质文献的数字化过程、数据库构建的规范以及安全管理等方面的标准化要求，确保资源建设的规范性和高效性。通过明确的共享传输协议，实现了区域性数据库的联合建设和资源共享，优化了资源配置。图书馆在构建数字馆藏的过程中，通常会有一个集中采购的步骤，这要求成员馆在资源选配上达成共识，共同商议和证实需求，以合理分配预算，不仅满足各自的特定需求，也促进了资源的整体均衡发展。这种集体协作和资源共享的模式，不仅提升了各馆的服务能力，也为用户群提供了更为丰富和便捷的数字资源。

3. 网络信息资源建设

在构建网络信息资源库时，图书馆必须应对互联网环境中信息的迅猛增长和多样性，挑选出高质量和高可信度的学术资源。这项工作要求图书馆工作者具备辨识和筛选信息的专业技能，能够从海量的网络内容中提炼出对学术研究、教学和学习最有价值的资源。图书馆需要建立一套有效的评估机制，涵盖内容的准确性、来源的权威性、信息的时效性以及资源的相关性等方面，确保被纳入资源库的网络信息满足最高的质量标准。此外，图书馆还应利用现代信息技术手段，如元数据标准和自动化工具，以提高资源整理和分类的效率。图书馆间的合作也极为重要，不同的图书馆可以根据各自的专长和资源情况，分担信息资源的收集、整理和验证工作，以实现资源共享和优势互补。这样，通过协作和专业化的分工，图书馆能够共同构建一个既全面又精准的网络资源库，为用户提供快速准确的信息检索服务，满足不断变化的信息需求，增强图书馆在信息服务方面的核心竞争力。

二、图书馆信息资源整合

整合是整理、汇合、聚合、融合的意思，一般理解为将看似无关、实则有关的东西整理为一个有机整体的过程或结果，形成一个有效的系统。

（一）信息资源整合

信息资源整合旨在创造一个优化的信息系统，通过对各种独立信息单元的数据内容、功能架构及其交互作用的有机融合与重新配置，构建起一个新的、功能更加强大、运行效率更高的信息资源网络。这一过程专注于满足特定需求，将各类数字资源系统（已经过加工处理和排序的）融为一体，而非包含网络上散乱无章的数据。此过程的逻辑严谨、结构完善、目标清晰，能够全面而精确地展现信息资源整合的深层价值，为科学探究和战略决策提供坚实的信息支撑。

（二）图书馆信息资源整合

在图书馆领域，信息资源的综合化处理是一个系统化的整合过程，旨在将线上虚拟资源、实体藏书、自建数据库等多样化的信息载体高效地联结起来。这个过程涉及对资源进行分类、流通、整合，以便在一个统一的平台上，用户能通过一个界面访问和查询不同来源的资料。为了实现资源共享的最大化，首要任务是对现有的图书馆资源进行有效的整合。这意味着基于用户需求，对各类信息进行筛选、归类、排序并构建数据库，打造出一个性能更优的信息系统，从而让用户能够更加高效地获取和利用所需信息。信息资源整合在提升检索效率、统一资源管理、节约采购成本、满足个性化信息需求、避免资源浪费以及提升读者服务方面起着至关重要的作用。

信息资源整合可以分为数据整合和知识整合两个层面。数据整合关注的是信息资源在逻辑或物理层面的汇总，这种整合仅仅体现为数量上的增长，数据间缺乏深层次的联系。知识整合则是基于数据整合，对信息资源进行更深入和优化的处理，也被称作应用层整合。这涉及按照学科知识体系的逻辑重构数字资源，构建成相互关联的网络化知识体系，使不同领域的知识得以系统化和结构化，便于知识的发现和重组，从而建立一个整合度更高、共享性更强的信息资源体系。

随着数字资源成为主导，图书馆的采集策略和服务范围发生了根本变化，知识服务功能的加强成为未来发展的新挑战。要实现异构知识的互联共享，就需要对隐含在信息资源中的知识进行挖掘和重组，包括数据挖掘、文本挖掘等深层次的分析处理。基于知识体系的资源整合是创新的过程，需要对资源进行科学的规划和组织，以确保知识组织目标的高效实现。

三、图书馆信息资源整合的原则与分类

（一）信息资源整合的原则

1. 科学性

信息资源的科学性强调的是对资源进行客观、系统的分析和配置，以确保信息的真实性、准确性和时效性。在实际操作中，这意味着我们需要遵循严谨的研究方法和技术流程，将不同来源和类型的信息资源以科学的方式组织起来。这个过程包括但不限于对文献资料的深入评估，确保所整合的信息资源能够全面反映学科领域的最新进展和历史脉络。同时，信息资源整合还应关注其可持续性，确保所建立的体系不仅适应当前的需求，还能应对未来信息环境的变化。通过科学的整合，图书馆能够提供更为连贯和深入的知识体验，促进用户对信息的理解和应用，进而支持学术研究和社会发展。

2. 标准性

这种标准化不仅为信息资源的管理和使用提供了统一的框架，也保证了信息交流的顺畅和信息服务的互操作性。遵守国家或国际上认可的标准，图书馆能够确保其收藏和服务的质量，同时，这也有助于加强图书馆间的合作与资源共享。标准化的信息资源管理不仅提升了图书馆工作的效率，还有助于降低因信息孤岛造成的资源浪费。在实践中，这意味着从信息资源的采集、处理到检索与传递的每一个环节，图书馆都需要依据标准化原则进行操作。这种做法不仅提升了图书馆服务的质量，更是对信息资源潜在价值的一种深度挖掘，能够极大地促进知识流通，加速技术创新，最终推动社会生产力的提升。标准化的

推行，是图书馆实现其知识服务功能，满足广大用户需求的重要手段，也是图书馆可持续发展的关键所在。

3. 发展性

发展是一个动态的、连续的过程，它涉及知识的不断创新和积累。图书馆的信息资源整合工作，旨在构建起一个既有深度又有广度的知识结构，这个结构应该能够反映出各个学科随时间演进的脉络。为此，图书馆需要在信息资源的采集、整理和服务过程中，不断调整和优化资源组合，使之能够紧跟学科前沿，满足学术研究和教学的最新需求。同时，这一整合过程还要考虑到学科间的交叉融合，促进不同领域知识的相互启发和创新。通过这种以发展性为导向的信息资源整合，图书馆不仅能为用户提供历史与现实相结合的全面信息，也能够为学术研究和教育教学的深入发展提供坚实的支撑。因此，发展性原则是图书馆信息资源整合的重要策略之一，它要求图书馆工作人员具备前瞻性思维，不断更新资源库，确保知识资源的活力与时代同步。

4. 实用性

实用性是实现信息资源整合的重要目的。图书馆应深入分析和预判本地区的发展趋势，确保所整合的信息资源能够满足用户当前的知识需求和未来的发展需求。这意味着，图书馆不仅要为专业研究者提供深度资料，而且要为广大公众提供涉及日常生活、工作学习的实用信息。因此，信息资源的选择和采集必须具备高度的针对性和覆盖面，同时还需关注信息的易用性，确保各类用户能够快速有效地检索和利用这些资源。实用性原则还要求图书馆在服务模式上创新，如开发个性化推荐系统、优化移动端服务等，以提高信息资源的利用率和用户的满意度。此外，图书馆还需通过定期的培训和指导帮助用户提升信息素养，使他们能够更好地筛选和利用信息资源，从而实现知识的最大化应用。通过这样的实践，图书馆能够更好地服务于社会发展，成为连接知识与社会实践的桥梁。

（二）信息资源整合的分类

1. 按照图书馆信息资源整合的区域位置划分

（1）国家范围内图书馆界信息资源整合

这种整合类型也可称为宏观意义上的图书馆信息资源整合，涉及全国范围内各个地区图书馆界广泛意义的协作，信息资源从采购到利用各个环节统一协调、统一标准，实现国内图书馆界的互通有无、资源共享。

（2）地区范围内图书馆信息资源整合

在信息内容和信息服务方面，由于缺乏统一的领导和协调，造成很多地区出现了在同一区域内各个图书馆网络系统间资源开发分散、重复现象严重，处于互不相同、相互独立的局面。

（3）单个图书馆范围内的信息资源整合

指的是图书馆作为独立个体进行的信息资源整合，这种整合具体表现为跨库检索、学科导航、学科馆员制等。

2. 按图书馆信息资源整合深度划分

（1）浅度信息资源整合

指的是多个馆藏的简单相加，没有进行深度融合。

（2）中度信息资源整合

即对相关数据库内的数据对象去除重复信息的整合，提供用户的不单是统一的查询界面，而且是不重复和高质量的信息。

（3）深度信息资源整合

这是图书馆基于知识管理理念的深层次用户服务。打破各个数据库数据资源的分割局面，按照知识单元组织信息提供给用户。信息资源整合程度越深，用户吸收和利用信息的效率越高。

3. 按资源涵盖范围划分

（1）学科综合性信息资源整合

包括自然科学信息资源整合、社会科学信息资源整合、人文科学信息资源整合、工程技术信息资源整合等。

（2）学科分散性信息资源整合

包括几个专业信息资源的整合。

（3）学科专业性信息资源整合

仅包括一个学科专业的信息资源整合。

4. 按文献加工程度划分

（1）全文型信息资源整合

即一次文献的整合。

（2）检索工具型信息资源整合

即二次文献的整合、三次文献的整合。

（3）混合型信息资源整合

包括一次文献、二次文献、三次文献的混合整合。

5. 按资源类型划分

（1）图书资源的整合

（2）期刊资源的整合

（3）报纸资源的整合

（4）会议论文的整合

（5）各种资源混合型整合

四、图书馆信息资源整合的模式

（一）跨库检索技术模式

跨库检索技术模式，作为图书馆信息资源整合的一种重要方式，通过建立统一的检索界面对多个分布式异构数据库进行整合，极大地方便了用户。该技术允许用户在单一界面上提交检索请求，然后系统将这些请求转化为各个数字资源系统可以理解的方法和检索语言。用户无需分别登录每个数据库，重复输入检索条件，就能够同时搜索多个数据库，大幅提升检索效率。返回的结果将按照统一的格式和标准进行排序和整合，使用户可以更方便地浏览和选择信息资源。然而，跨库检索技术也存在局限性，它依赖于各个源数据库间的"共同"检索模式，这意味着一些具有特色的检索功能可能无法得到充分利用。此外，该技术目前不支持复杂的高级检索功能，可能影响检索的准确性和完整性。尽管存在这些挑战，全球范围内对跨库检索系统的开发和优化工作仍在积极进行中，旨在提升用户体验，增强检索系统的功能性，并最终实现更为精确和全面的信息检索。

（二）OPAC 技术模式

OPAC（Online Public Access Catalog）技术模式是当前图书馆领域广泛采用的一种数字化检索系统，它利用电子目录集中展示图书馆及其联盟机构的藏书和文献资源。用户通过这个系统，可以在单一的界面上检索到不同图书馆的目录数据，极大地提高了查找效率和用户体验。这一模式的实现往往依赖于

Z39.50 协议，一个图书馆界面的国际标准，它允许不同图书馆系统之间的互操作性和资源共享。资源链接通过 MARC 记录的 856 字段实现，这使得从物理藏书到数字资源的无缝对接成为可能，用户可以轻松访问到广泛的图书馆资源。尽管 OPAC 系统为用户提供了极大的方便，但在处理不同图书馆数据结构差异和通信协议不一致时仍面临挑战，同时，版权、资源配备和维护成本等问题也是必须考虑的因素。随着技术的发展，多媒体资源的整合也已成为趋势，国际上的图书馆已经开始尝试更为先进的整合方式。在中国，国家图书馆的在线公共目录查询系统就是基于 OPAC 技术开发的。它整合了丰富的中文和外文资料库，用户可以通过这个平台快速找到所需的信息资源，这不仅提升了服务质量，也标志着中国在图书馆资源整合方面取得了显著成就。

（三）资源导航技术模式

资源导航技术模式是图书馆服务创新的重要组成部分，它依托于信息技术的发展，通过专业人员的精准操作，实现了对互联网开放资源的高效筛选与整合。在这一模式下，专业人员运用各种网络工具对海量的在线资料进行深度梳理，实现了资源的精准分类和重构，以便更好地服务于特定学科的研究与学习需求。这些信息项经过严格挑选和分类后，根据学科特点从开放数据库中提取，并通过进一步的筛选与加工，最终形成结构化的网络学术资源导向库。这样的库不仅为用户提供了直观的分类检索体验，还通过一站式服务平台简化了信息获取过程，使得即使是难以直接检索的灰色文献资源也能得以发掘和应用。以中国高等教育文献保障系统（CALIS）为例，其建立的学科资源导航门户，集成了众多学科的重要网络资源，不仅覆盖了多个学术领域，还连接了国内外主要的研究机构和教育机构的文献资源，体现了资源导航技术模式在提升图书馆资源服务效率和质量方面的显著效益。

（四）动态信息链接技术模式

信息链接是通过特定技术，如超链接，将不同信息单元及其基础属性相互关联，形成一个协调一致的资源网络。这种基于互联的资源聚合利用超链接机制，将分散在不同的异构资源系统中的信息单元及其基本属性有序地链接在一起，打造一个连贯的信息生态系统。链接技术分为静态链接和动态链接两种形式，其中动态链接能够根据链接上下文的变化进行自适应调整，有效避免了无效链接的问题，因此在当下吸引了众多研究与应用的兴趣。

（五）学科信息门户应用模式

学科信息门户作为网络信息组织的工具，是图书馆集成和提供学术资源的关键手段。在网络资源迅猛扩张的背景下，这种门户将一项或多项特定学科的资源、工具与服务进行整合，旨在向用户提供更便捷、高效的查询和服务平台。

目前，众多学术机构和图书馆在全球范围内纷纷搭建了属于自己的学科信息门户。根据 T.Koch 的理论，这些门户的显著特征包括：以特定学科的信息作为核心服务内容，快速集成更新的信息服务体系，目标明确地为用户提供学科信息资源解决方案的服务模式，以及作为服务亮点的智能化特性。在中国，代表性的实践是中国科学院国家科学图书馆依据学科特点及国际标准分类构建的"图书情报学科信息门户"在内的五大学科门户。

（六）合作数字参考咨询应用模式（CDRS）

合作数字参考咨询应用模式是一种以用户需求为核心的服务，它立足于多媒体和网络技术的迅猛发展，通过网络基础架构实现。这项服务由多家图书馆及情报机构共同合作，优化整合各自的资源与服务，克服了传统限制，如时间、地点、语言和系统差异，通过一个分布式的网络参考咨询平台，向用户提供虚拟参考咨询服务。这种整合不仅丰富了后端学术资源，还实现了馆际间的资源互补，大幅提升了信息资源的使用效率，实现了资源、智力及服务的共享。用户可实时与专家互动，实现快速、精准的咨询回应，提升了服务的及时性和针对性。然而，这种服务平台也存在一些不足，如界面简易、响应缓慢、人员素质参差不齐、缺乏足够的宣传等，这些因素可能会给用户带来使用上的不便。

五、图书馆信息资源共享平台建设

（一）馆藏信息资源数字化平台建设

图书馆馆藏信息资源数字化平台建设是实现现代图书馆服务转型的关键一环。在这一过程中，图书馆以其现有的书目数据库为基础，推进纸本信息资源的系统性数字化。这不仅涉及图书、期刊等传统馆藏的电子化，也包括科研成果、多媒体资料、数字档案、教师作品及学位论文等特色资源的数字化转换。这样的转型让用户即便不踏入图书馆的实体空间，也能轻松访问到所需的文献资料。为了实现这一目标，图书馆投入使用了专业的数字化处理软件和大容量存储设备，并运用元数据索引技术来增强信息资源的整合利用。这不仅提升了信息加工的标准化、规范化，还确保了数字化过程的高效率和高品质。通过这些措施，图书馆能够构筑一个既高标准又高质量的数字信息资源加工和服务基地，为用户提供优质、便捷的信息获取体验。

（二）数字信息资源服务平台建设

在构建数字信息资源服务平台方面，图书馆需以用户需求为核心，整合各类信息资源，创建统一的检索系统，简化用户检索流程，提供一站式服务。图书馆应开发易于导航的分类系统和跨库检索功能，减少用户在不同数据库之间切换的不便，从而节省宝贵时间。个性化服务平台的建设是关键，它能够提供专业的定制服务，如专业学科的最新动态、会议信息等，帮助用户构建个人数字图书馆并保持对专业领域的最新认知。此外，利用移动云计算技术，图书馆可实现移动服务平台的开发，保持与传统数字图书馆的一致性和连贯性，使用户能够通过移动设备随时随地访问全文资源。该移动平台也能够提供个人空间服务，与图书馆的在线公共访问目录（OPAC）系统集成，实现自助服务，如查询、续借、预约等，并通过个性化的信息交流功能，如咨询问答、新闻发布等增强用户体验，从而推动图书馆服务向更加便捷、高效的方向转变。

（三）数字信息资源共享平台建设

数字信息资源共享平台的构建是现代图书馆服务创新的关键环节，旨在打破物理空间的限制，让用户无论身处何地都能够访问到丰富的数字资源。这样的平台依托高效的网络技术，实现了图书馆资源的广泛连接和深入整合，允许用户通过远程登录获取所需的各类文献和资料。实时咨询系统使得读者能够即时与图书馆工作人员或专家进行交流，解决研究过程中遇到的问题。同时，代办代查服务为那些缺乏检索技能或时间不足的用户提供了极大的便利，图书馆专业人员可以代表用户进行专业的信息检索和获取。此外，文献传递和馆际互借服务进一步拓宽了用户获取信息的渠道，使得即便某一图书馆不拥有特定资源，用户也能够通过网络借助其他图书馆的收藏来满足需求。这种服务模式不仅极大地提高了资源的利用效率，也促进了知识的传播和学术交流，为用户带来了前所未有的便捷和高效的信息服务体验。通过这样的共享平台，图书馆不仅仅是信息的储存者和管理者，更成了知识流通和智慧共享的推动者。

第六章
图书馆信息化服务创新

第一节　图书馆的信息服务体系

图书馆信息服务是指在网络环境下图书馆利用计算机、通信和网络等现代技术从事信息采集、处理、存贮、传递和提供利用等的一系列活动，其目的是给用户提供所需的分布式异构化数字信息产品和服务，满足信息用户解决现实问题的信息需求。更确切地说，图书馆信息服务是对有高度价值的图像、文本、语音、音响、影像、影视、软件和科学数据等数字化多媒体信息进行收集、规范性加工、高质量保存和管理，实施知识增值，并提供在广域网上跨库链接的数字信息存取服务。同时，它还包括知识产权存取权限、数据安全管理等。"体系"一词在辞海中的含义是"若干有关事物相互联系、相互制约而构成的一个整体"。由此可见，图书馆信息服务体系是指有关利用图书馆信息资源为用户提供信息线索、信息内容、信息服务的组织、制度、方法之整体。

一、信息资源建设

（一）信息资源建设的定义

目前，学术界对信息资源建设概念的理解还不完全一致，主要有以下两种：

1. 情报学界对信息资源建设概念的理解

情报学界在图书馆界提出文献资源和文献资源建设概念之前，就已经对信息资源、信息资源建设的一些问题展开了讨论。随着 20 世纪 80 年代中期国外信息资源管理理论进入国内及我国正式与国际互联网接轨，信息资源建设就成为情报学理论界的研究内容及信息机构的工作内容。

2. 图书馆界对信息资源建设概念的理解

图书馆界认为，信息资源是经过人类采集、开发并组织的各种媒介信息的有机集合。也就是说信息资源既包括纸品型的文献信息资源，又包括非纸品的数字信息资源。所谓信息资源建设是指图书馆根据其性质、任务和用户要求，有计划且系统地规划、选择、收集、组织各种信息资源，建设具有特定功能的信息资源体系的整个过程和全部活动。

目前，信息资源建设已经成为图书馆界、情报界和其他信息工作领域普遍接受并广泛使用的概念。与文献资源建设相比较，其内涵与外延更为广泛。因此，应将情报学界与图书馆界关于信息资源的不同理解加以整合，信息资源建设应该包括（传统型）文献信息资源建设和数字信息资源建设这两部分。因为只有将（传统型）文献信息资源建设和数字信息资源建设都包含进去，才能形成一个完整的信息资源建设概念，才是对信息资源建设含义的完整而准确的理解。

（二）信息资源建设的主要内容

信息资源建设是人们对处于无序状态的各种类型的信息进行搜集、选择、加工、组织和开发利用等活动，使各种信息资源形成可利用的资源体系的全过程。其主要研究内容包括以下几个方面：

1. 信息资源的体系规划

信息资源体系的规划是一个全面的过程，涉及信息各要素的综合整合，确保它们能够在一个特定功能的有机系统中相互作用。图书馆在设计其信息资源体系时，需根据自身属性、使命以及读者需求，明确建设策略，包括确定资源的种类、收集范围、优先级及获取标准。这些策略应能够指导图书馆构建一个既具有内部逻辑性又能突出特色的多样化信息资源结构。同时，在更广泛的宏观层面，图书馆应与区域或体系内的其他文献信息构建势力协同，通过合作与协调，实现信息资源的集中收集、有序组织、安全贮存以及有效传递，共同打造出一个互补、紧密相连的综合化信息资源网络，以满足区域或系统内广泛的信息需求，并促进知识的共享和传播。

2. 信息资源的选择与采集

根据已经确定的信息资源体系的基本模式，通过各种途径，选择与采集信息资源，建立并充实馆藏。信息资源的选择与采集是信息资源建设的基础工作。信息资源的选择与采集工作包括以下几个方面：

（1）印刷型文献的选择与采集

在图书馆信息资源建设的过程中，印刷型文献的选择与采集占据了基础且关键的地位。图书馆需预先制定选择的原则和采集策略，包括但不限于文献的相关性、时效性、权威性以及与图书馆现有资源的互补性。选择范围要广泛，同时需聚焦于特定的学科领域或主题，确保所采集的资源能满足用户的多样化需求。复本标准和书刊比例的设定则保证了资源的合理分布和有效利用。通过与出版社、书商的合作，参加图书交易会，利用网络资源等多种途径进行文献的搜集和获取，图书馆逐步构建起一座全面、丰富的实体文献宝库。这样的馆藏不仅满足了阅读者的基本需求，同时也为学术研究和知识传承提供了坚实的物理基础。

（2）电子出版物的选择与采集

电子出版物的选择与采集是图书馆信息资源数字化战略的重要组成部分，它涉及对以数字形式存在的书籍、期刊、报告等文献资源的筛选与获取。在进行电子出版物的选择时，图书馆必须综合考虑读者的实际需求，确保所选材料能够满足用户的学习、研究和娱乐需求。电子出版物的质量是另一个关键考量因素，包括内容的准确性、格式的可用性以及更新的频率。此外，电子出版物应与图书馆现有的纸质文献和其他格式的资源形成互补，提供一个多元化的知识框架。成本效益分析同样不容忽视，图书馆需要评估电子出版物的长期价值，包括购买成本、许可费用、维护开支以及潜在的使用率。采集过程中，图书馆可能会直接从出版商购买资源，或通过第三方提供商订阅服务，也可能采取收集免费电子资源的方式，如开放获取出版物，以此来构建一个全面、高效、可持续的电子出版物资源库。

（3）网络信息资源的选择与采集

网络信息资源的选择与采集是图书馆信息服务中至关重要的一环，旨在为用户提供广泛而深入的在线学术资源。图书馆在此过程中需评估并订购各种数据库，这些数据库可能由专业的数据库生产商或服务集成商提供，并能够支持远程访问，从而满足不同用户群体的研究和学习需求。在选择网络信息资源时，图书馆必须考虑资源的覆盖面、数据的更新频率、用户界面的友好性、搜索功能的强大以及长期订阅的可持续性。同时，免费的网页信息资源也构成了丰富的信息源，图书馆应通过有效的策略，如使用元数据和高级搜索技术，整合这些资源，提高其发现性和可访问性。通过精心挑选和管理这些付费和免费的网络资源，图书馆能够为用户提供一个全面、及时和高效的电子资源访问平台，支持学术研究和终身学习的各个方面。

3. 馆藏资源数字化与数据库建设

馆藏资源数字化对于实现图书馆信息资源的现代化和网络化至关重要，它涉及将有独特价值的印刷型文献通过先进的计算机技术、大容量存储技术、全文扫描技术和多媒体技术转换为数字格式，从而促使文献资源的网络共享和传播。在此基础上，图书馆进行数据库建设，核心重点在于书目数据库与特色数据库的构建。书目数据库构成了图书馆信息资源开发的根基，并且是实现图书馆服务自动化的关键。另外，特色数据库反映了图书馆的独特资源，通过精心挑选符合本地区社会需求和图书馆自身条件的主题，系统地将馆藏中的特色文献转变成具有鲜明特色的数据库，这些资源不仅强化了图书馆的个性化服务，还显著提升了其在信息服务行业的竞争力和社会影响力。通过这一系列工作，图书馆能够确保其馆藏资源在互联网时代的活跃性和可接近性，满足用户多样化的信息检索需求。

4. 网络信息资源的开发利用

图书馆的网络信息资源开发利用过程涉及细致的策略，旨在将全球网络中的信息资源整合为图书馆的虚拟馆藏。这一过程从用户需求出发，对互联网上的信息资源进行筛选与收集，涵盖了搜索、选择与深度挖掘等环节。图书馆需要将这些资源下载并整合到本地网络系统，通过专业的分类、标引和组织工作，使之系统化并容易被检索。此外，图书馆通过建立链接或直接集成到自己的网站，为用户提供便捷的访问路径，如创建信息资源导航库，使得读者能够快速定位到感兴趣的内容。这样的虚拟馆藏不仅极大丰富了图书馆的信息储备，也极大提高了信息服务的可达性和效率，对于满足用户日益增长的信息需求和适应数字时代图书馆服务的发展，具有不可替代的作用。

5. 信息资源的组织管理

图书馆在组织和管理已入藏的实体信息资源时，进行多维度的加工和布局，确保这些资源易于检索和使用。这包括对文献进行分类、编目、整理和保养，确保它们的可持续利用与保护。对于数字化信息资源，图书馆采取整合策略，把购入的数据库内容与馆内自主构建的数据库相结合，实现资源的协同增效。此举不仅促进了内容的广泛揭示，还实现了不同数据库之间的跨库检索，为用户提供了便捷的"一站式"搜索体验。这种整合使得数字资源的检索与利用变得与传统纸质文献一样直观和友好，极大地提升了信息的发现性和用户的使用满意度。通过这样的组织管理，图书馆确保所有类型的信息资源都得到了有效的维护和充分的利用，以满足用户日益增长的信息需求。

6. 信息资源共建与共享

信息资源共建与共享不仅是图书馆追求的理想，也是实现知识传播与文化繁荣的重要手段。在当前信息爆炸与图书馆资源有限的背景下，信息资源共建成为缓解资源紧张状况、提升服务效率的关键策略。各类图书馆根据自身特点和区域需求，协同规划、优化资源配置，不仅能够有效整合分散的信息资源，还能通过构建统一的书目查询系统、实施联机编目合作、提高馆际互借效率和协调采购机制，极大地提升文献资源的可获取性和利用率。这种共建共享模式的实施依托于先进的网络技术，不仅解决了地理和物理限制，还促进了知识的无界流通，为用户提供了更全面、便捷的知识服务体验，从而推动了图书馆服务功能的转型升级和社会文化发展。

7. 信息资源建设的基本理论与方法研究

信息资源建设的基本理论与方法研究是确保图书馆信息服务体系有效性的根本。这一研究领域涵盖了对信息及其资源化过程的深刻理解，包括各类信息资源的生成、属性和发展趋势。它要求我们掌握构建信息资源的原则和策略，并在实践中应用这些理论。此外，该领域还涉及信息资源的筛选和鉴定以及对数字和网络信息资源建设的技术途径的探索。这不仅包括对现有技术的应用，还包括对新技术、新观念和新方法的持续研究，以促进信息资源的组织管理和业务流程的优化。此外，信息资源共建与共享的理论框架、结构模式、运行机制和保障措施也是该研究领域的重点，确保信息资源的广泛可接入性和有效利用。通过不断的理论与方法更新，图书馆能够在信息化时代中保持其服务的前瞻性和适应性。

二、图书馆信息服务

（一）图书馆信息服务的特点

图书馆信息服务是一种高效的网络化、数字化信息服务，是现代信息服务的高级形式，在服务内容、载体形式、服务模式、服务策略与方式等诸多方面都具有区别于传统信息服务的特点。具体表现如下：

1. 服务资源的数字化、虚拟化

图书馆信息服务的数字化和虚拟化是适应现代科技发展和用户需求的必然趋势。在这一转型过程中，传统的实体信息资源逐渐被电子文献、数据库、多媒体等数字形式取代，这些资源可以通过计算机系统进行高效的存储、检索与传输。数字化不仅极大地丰富了图书馆的信息储备，而且优化了信息的检索路径，提高了信息服务的时效性与互动性。同时，信息资源的虚拟化意味着用户无需占有实体资源，即可通过网络平台访问和利用这些资源，实现了信息共享的最大化。这种非占有性的虚拟资源，打破了地域和时间的限制，让用户在任何时间和地点都能够方便地接触到所需的信息。因此，图书馆通过构建数字化和虚拟化的信息服务体系，能够不断拓展服务边界，提供更加灵活多样和高质量的信息服务，满足用户的多元化需求。

2. 服务内容的知识性、精品化、多样化

图书馆信息服务在知识性、精品化和多样化方面的创新体现了对现代信息消费者需求的深刻理解。在知识化方面，图书馆不再局限于提供单一的信息检索或文献传递，而是着力于将信息转化为用户解决问题的知识，这种转变使得服务更加具有实际应用价值。精品化则是对信息服务质量的追求，随着电子信息量的激增，用户更加注重获取的信息是否精准、可靠，因此，图书馆致力于提供高质量的信息，满足用户深层次的需求。多样化则表现在图书馆服务内容的广泛性上，不仅覆盖多种类型的信息资源，还包括各个领域的深度知识，以满足不同用户群体的特定需求。这种全方位的服务内容丰富了用户的选择，提高了信息服务的个性化和满意度。这三个方面的综合发展，共同推动了图书馆信息服务向更加高效、专业和用户导向的方向演进。

3. 服务方式多元化、多层次化

图书馆作为信息服务的核心，已经超越了传统的实体借阅功能，转变为一个多元化、多层次的开放式资源平台。用户通过多种终端设备可随时随地接入图书馆的网络资源，检索和获取所需信息。图书馆不断加强文献信息的数字化处理和在线开发，使得资源存储更加系统化，检索方式更加智能化。在满足用户基本查询需求的同时，图书馆采取更为积极的策略，如通过数据分析预测用户需求，主动推送相关资源，提供个性化推荐，以及开展线上线下结合的阅读指导和学术交流活动。此外，图书馆根据不同用户群体的特点，设计差异化的服务项目，如针对儿童、学生、研究人员等提供专门的阅读计划和研究支持服务。这些创新举措不仅极大丰富了服务的形式和内容，也提升了信息服务的互动性和参与感，使得图书馆能够更好地满足时代发展的需求，为用户提供更为全面和深入的知识支持。

4. 信息存取网络化、自由化

信息存取的网络化是图书馆服务创新的关键环节，通过互联网实现信息资源的快速传递，极大改进了传统的信息获取模式。此种方式使得原本散布在不同地点的资源以数字化形式存储，且通过网络进行连接，使得用户能够实时访问所需信息，达到信息共享的目的。在这种服务体系下，数字化信息资源的整合不再受限于时空，用户能在开放的网络环境中自由顺畅地检索和使用信息。这种自由化的信息存取模式保证了用户能够根据个人需求，随时获取量身定制的图书馆信息资源，从而提高信息的可访问性和使用效率，促进了知识的广泛传播和智慧的集体积累。

5. 服务手段网络化

服务手段的网络化为图书馆信息服务注入了新的活力，通过将多个信息服务机构整合成一个互联的网络，实现了服务的互通有无和资源的优化配置。这种模式下，各类专业数据库得以上线，为用户提供了丰富多元的网络信息资源。在这个基础上，图书馆的信息服务从原本的手工操作转变为网络化服务，使得服务人员能够更高效地利用网络资源来满足用户的多样化需求，并且鼓励用户参与到信息的搜集和研究过程中来。此外，资源的共享化使得图书馆间不再是资源的孤岛，而是通过网络技术实现了资源的共享与合作，使得即便是地理位置相隔较远的图书馆也能够共享数字化信息资源，极大地减少了资源的重复建设，提高了信息资源的利用效率，加强了整个社会对信息的获取和利用能力。这种服务手段的网络化和资源共享化，正是图书馆信息化服务创新的一个重要方向。

6. 资源利用共享化

数字化资源和网络技术的结合为图书馆之间的资源共享提供了前所未有的可能性。这种共享不仅仅是资源互通的简单行为，而是一种深层次的合作和智力的集成。在这个框架下，各个图书馆的界限变得模糊，它们通过网络相互连接，形成一个大型的信息共享体系。不同的图书馆之间可以无缝地交换数字化资料，这样用户就能够访问更为广泛和深入的知识库。这种资源共享的实践不仅优化了信息资源的配置，降低了重复投资的浪费，而且还极大地提升了公众获取信息的便捷性和效率，从而为社会整体的知识增长和智慧发展做出了贡献。通过这种方式，图书馆服务的边界被扩展，用户的知识获取不再受到物理位置的限制，信息的力量得以在全球范围内得到释放和共享。

7. 服务环境开放化

随着计算机网络的发展，图书馆的服务环境经历了一场革命性的变革。过去，图书馆的物理建筑是信息服务活动的边界，但现在，这种界限已经被打破。数字化技术的引入和网络的普及使得图书馆蜕变为一个开放式的数字空间，这个空间摆脱了实体的限制，为用户提供了一种全新的信息获取和知识交流平台。在这个开放的数字环境中，图书馆服务不再仅仅局限于馆内访问，而是变得无处不在，用户可以随时随地访问丰富多元的数字资源。这种服务环境的开放化不仅极大地增强了图书馆的可达性和交互性，同时也推动了图书馆在资源共享、知识传播和文化交流等方面的共同发展，标志着图书馆服务进入了一个新的发展阶段，这一阶段更强调普遍参与、共享与协作。

8. 服务范围市场化、社会化

图书馆信息服务正逐步融入市场与社会的宽广脉络，不断适应和引领着市场经济和网络化社会的发展需求。在这个趋势之下，读者与图书馆的互动不再仅仅停留在获取书目信息或文献原文的层面；相反，他们开始享受到从开始到结束的连续性服务，包括全面的知识信息供应。网络技术的进步打开了信息服务的大门，使得个体的信息需求更加自由和开放，从而促进了信息需求的社会化。在这样的背景下，信息产品不仅仅是图书馆服务的输出，更是它们在信息社会中立足的象征。面对这样的转变，图书馆必须拥抱社会化的信息服务路径，这不仅是为了其自身的生存和发展，更是为了满足广泛用户群体的需求，确保图书馆服务在新时代的价值和相关性。通过这种转型，图书馆得以在为信息用户提供服务的同时，巩固其在日益市场化和社会化世界中的地位。

9. 信息检索智能化

图书馆信息检索的智能化体现在其采用先进的人工智能技术，实现了对用户查询意图的深度理解和精准响应。这种检索技术突破了传统以关键词匹配为核心的检索模式，转而利用机器学习和自然语言处理技术，允许用户以接近日常语言的方式提出查询请求。智能检索系统能够解析复杂的查询语句，甚至是模糊的查询意图，并通过算法优化，动态调整搜索结果，提高信息检索的相关性和准确性。随着用户与系统的互动，系统能学习并适应用户的信息需求，细化搜索策略，从而更有效地引导用户找到目标文献。这不仅提升了用户体验，而且极大地提高了信息获取的效率，推动了图书馆服务向更加个性化和智慧化的方向发展。

（二）图书馆信息服务的方式

1. 公共目录查询服务

公共目录查询服务作为图书馆数字服务体系的核心，为读者提供了实时、便捷的信息检索通道，允许他们从任何有网络连接的地点，随时访问图书馆的详尽馆藏数据库。通过这项服务，读者可以迅速检索到图书馆的丰富资源，包括书籍、期刊、论文和其他多媒体资料。这种服务通常基于网络的联机目录系统或者更为用户友好的 WEB 界面，极大地提高了访问的易用性和检索的效率。除了书目信息，读者还可以查询到个人的借阅历史、预约状态和借阅期限等个性化信息，从而更好地规划和管理个人的学习和研究活动。图书馆通过这种服务模式不仅扩大了自身服务的时空范围，也加深了与用户的互动，推动了图书馆服务向更加开放和用户中心的方向发展。

2. 建立图书馆门户或网站

图书馆门户或网站的建立是信息时代图书馆服务创新的重要里程碑，它不仅展示了图书馆的数字面貌，还成了连接读者与图书馆资源的关键纽带。这些网站通常集成了搜索引擎、数据库链接、数字图书馆和个人化服务等多种功能，为读者提供一站式的信息检索和资源访问体验。图书馆网站的设计注重用户体验，力求使访问者能够轻松地导航并找到所需信息。它们提供的服务包括但不限于在线目录访问、电子资源检索、远程参考咨询、借阅状态监控、预约与续借服务，以及各类教育和培训资源。通过这些网站，读者可以无论时间地点，随时获得图书馆的服务与支持，大大提高了信息的可获取性和服务的便捷性。此外，图书馆网站也成了图书馆推广活动、展示新闻公告和进行读者交流的平台，极大地增强了图书馆的社会互动功能和服务的透明度。

3. 一般性读者服务

一般性读者服务主要是通过网站提供以下服务内容：

（1）图书馆要闻

将图书馆的最新消息，如新引进的数据库、新提供的服务等信息发布在网页的醒目位置，帮助读者跟踪最新的服务动态。

（2）图书馆概况

一般包括图书馆简介、馆藏状况、机构设置等内容。

（3）读者指南

主要是在网站主页上放置读者帮助信息，包括开馆时间、馆藏布局、服务项目介绍以及常用软件工具下载、检索指南等辅助性内容。

（4）读者意见及反馈

主要通过电子邮件、留言簿、电子公告板（BBS）等方式实现。

4. 数字文献检索服务

此项服务是图书馆信息服务的核心内容和基础性服务模式，主要通过可供网上查询的各类数据库来实现。根据数据库的文献信息类型、载体形式使用方式，可概括为以下几种主要服务方式：

（1）光盘数据库网上检索服务

主要通过光盘镜像发布软件、WEB 检索接口软件等，实现光盘数据库资源的网上检索利用。

（2）网络数据库镜像服务

通过建立网络数据库本地镜像的方式，极大地提高图书馆数字文献的网络检索服务质量。

（3）在线数据库授权检索服务

通过购买数据库网络使用权，开展网络虚拟资源检索服务，已成为网络环境下文献信息服务的重要组成部分。

（4）自建特色数据库服务

近年来，许多大中型图书馆都建立了特色文献数据库，提供网上查询服务。

5. 数字化参考咨询服务

数字化参考咨询服务是图书馆信息服务中应对数字化挑战的创新做法，它将传统的参考咨询服务搬到了虚拟空间，允许用户通过多种在线渠道获取个性化的信息支持。这种服务模式依托于现代信息技术，打破了地理和时间的限制，使得读者无论身处何地，都能够方便地接触到图书馆专业人员提供的咨询。自助式咨询模式让读者能够通过在线 FAQs 或知识库自行解决问题，而电子邮件咨询模式则支持他们通过邮件发送咨询请求并在一定时间内获得回复。信息咨询网页为用户提供了一个可以直接提交问题的平台，而实时咨询式服务则通过即时通信软件或视频聊天工具提供类似面对面咨询的体验。网络信息专家咨询系统和网络合作咨询模式则是通过专业信息专家团队的集体智慧，为用户提供更深入和定制化的问题解决方案。这些服务的共同目标是为用户提供准确、及时、高效的信息咨询服务，增强图书馆在数字环境中的服务能力。

6. 资源导航服务

资源导航服务是图书馆信息化服务的一个重要组成部分，它依托于图书馆的专业知识和技术手段，将众多分散的信息资源进行有效整合。图书馆通过分类浏览服务让用户能够便捷地按照主题或类别浏览信息资源，而新书导读服务则及时向用户推荐最新的图书资料。学科指南和数据库指南为特定学科领域的研究提供了专业的信息检索路径和工具，从而提升了用户的研究效率。此外，图书馆会对重要的数据库地址和信息资源进行预筛选和汇编，建立起专业导航库，辅以强大的搜索引擎和其他检索工具，帮助用户精准地定位所需信息。通过这些服务，用户能够在海量的网络信息中快速找到高质量、相关性强的资料，有效提升信息检索的精确度和便捷性。

7. 特色化服务

特色化服务主要包括：

（1）电子文献传递、馆际互借服务

利用文献传递系统，与国内外的同行和有关部门建立同盟，达成文献传递的协作关系，向各自的服务对象提供电子文献传递服务，并通过电子邮件、传真、复印等方式传递给用户。

（2）中间代理服务

如为用户提供科技查新、代查代检等服务。

（3）学科导航

（4）新书评介、导读服务

（5）期刊目次通告服务

（6）多媒体信息服务等

（7）个性化服务

利用信息过滤、信息报送和数据挖掘等智能技术，针对不同用户采取不同的服务策略，提供主动服务，使用户通过尽可能小的努力获得尽可能好的服务。

（8）多媒体信息点播

（9）基于学科馆员的知识服务

8. 网络教育

网络教育是一种全新的教育方式，采用远程教学，利用多媒体技术，将课程教育、专题教育、普及教育等方式结合，满足用户教育的需求。

（三）图书馆信息服务模式

随着图书馆逐步发展和成熟，数字信息资源、信息服务系统和用户信息环境的发展与变化，其信息服务模式经历了一个由"馆员中心""资源/产品中心"到"用户中心"的发展变化过程。

1. 馆员中心服务模式

馆员中心服务模式是图书馆早期信息服务的典型代表，其核心理念是将图书馆的服务人员置于服务过程的中央位置，强调服务人员的主导作用。在这种模式下，图书馆工作人员承担着信息的筛选、整理和提供的任务，而用户则通常扮演着被动的接受者角色。在这种服务模式下，用户的个性化需求往往未能得到充分的考虑和满足，因为所有服务都是基于服务人员的判断和能力，而非用户的实际需求。用户在获取信息的过程中缺乏主动性与选择权，往往只能接受图书馆已有的信息服务产品。随着用户需求的多样化和个性化，这种服务模式显现出明显的局限性，不利于发挥用户的主动性，也不足以满足用户日益增长的信息需求。因此，在信息服务的现代化进程中，馆员中心服务模式逐渐被以用户为中心的服务模式所替代，以更好地适应信息时代的发展趋势。

2. 资源/产品中心服务模式

资源产品中心服务模式是图书馆在数字化浪潮前的传统信息服务典型，该模式以信息资源本身及其加工后的服务产品为核心，强调通过服务人员的专业加工与增值来满足用户的信息需求。在这一模式下，图书馆的信息服务产品是基于信息资源经过筛选、整理、分类和包装等一系列处理过程后形成的，旨在为用户提供精准、高效的信息检索与获取体验。但此模式并未充分发挥用户主体性，忽略了用户个性化和动态变化的需求。用户在服务过程中往往只能被动接受图书馆提供的标准化产品，而无法参与到信息服务的生产和定制中。随着信息技术的不断进步和用户需求的日益复杂化，这种以资源为核心的服务模式已逐渐显示出其局限性，不再能有效地适应现代图书馆信息服务的需求，亟需转型升级以提高服务的灵活性和个性化水平。

3. 用户中心服务模式

用户中心服务模式在图书馆信息服务中占据核心地位，它以用户的需求和问题解决为驱动力，打破了传统服务模式的局限。在这一模式下，图书馆不再是简单的信息储存和提供者，而是成了信息需求满足和问题解决的平台。图书馆工作人员深入了解用户的需求，动态调整服务策略，设计和生产满足特定需要的信息产品。这种模式激发用户的主动参与，将他们的反馈和建议作为服务改进的重要资源，确保信息服务活动的个性化和有效性。信息服务成为一个互动和协作的过程，其中用户的需求直接影响服务的设计和实施，保证了服务的连续性和适应性。用户中心服务模式通过这样的动态循环，实现了信息服务质量的持续提升，成为数字图书馆发展的有力支撑。

（四）图书馆信息服务原则

信息社会对图书馆信息服务提出了更高的要求，文献的服务方式、服务内容、服务手段、服务范围、服务意识、服务模式等都有较大的调整和转变。因此，我们应该遵循以下文献服务工作的原则。

1. 服务方式多样化

随着 21 世纪的到来，图书馆面临着由现代信息技术飞速发展带来的深刻变革。数字图书馆的兴起扩展了传统的馆藏概念，要求图书馆从单一的物理文献提供者转变为多元化的信息服务平台。图书馆的服务方式不再局限于直接的人际互动，而是涵盖了电子文献的远程访问、数据库检索、网络咨询等多种交互形式，实现信息服务的多向性和交互性。评估一个图书馆的价值，现在更多地看重它提供服务的多样性、便捷性和质量，而不仅仅是馆藏规模或阅览座位数量。图书馆必须适应信息社会的发展，采用创新的服务方式，以满足用户的需求和提高服务效率。

2. 服务内容个性化

在信息社会中，图书馆所面临的用户需求变得多元而个性化，迫切需要从传统的以馆藏资源为核心的服务模式转型，更多地强调资源的利用和读者服务。这种转变意味着图书馆应更注重为每位用户和每项查询任务量身定制信息解决方案，实现信息资源的最大化利用。网络环境孕育了个性化信息服务的新模式，如利用词表导航辅助用户精准检索、通过推送服务主动传递用户感兴趣的信息，以及利用信息传播服务满足用户的特定信息需求。图书馆工作人员需紧跟技术发展的步伐，不断学习和适应新兴技术，以确保能够提供与时俱进的个性化服务，满足用户追求个性化价值的需求，并通过这种服务模式，促进信息的有效流通和利用。

3. 服务手段网络化

在信息社会的浪潮中，图书馆信息服务经历了从传统化到网络化的深刻转变。网络化不仅极大地丰富了服务手段，也提升了服务的便捷性和效率。过去，读者获取信息的途径相对狭窄，仅限于亲自访问图书馆、口头咨询或翻阅索引和文摘。而今，各种数据库、电子出版物为读者打开了一个全新的信息寻求世界。电子邮件、在线聊天工具等现代通信方式，使得信息咨询和交流可以跨越空间和时间的限制，实现了远程即时互动。图书馆的网络资源不仅拓展了检索的边界，更为读者提供了从全球范围内获取信息的可能，满足了他们对于快速、全面信息访问的需求。网络查询服务已成为图书馆中心窗口，它不仅仅是一种服务手段的改进，更是图书馆服务理念和空间的一次重大飞跃。

4. 服务范围远程化

服务范围远程化重塑了图书馆的传统边界，解决了地理限制对信息获取的束缚。在数字化时代，图书馆的信息资源不再受限于实体藏书的数量和种类，也不再局限于为特定地域的读者服务。网络技术的应用，让图书馆成为全球信息网络中的一个互联节点，读者得以访问来自不同地区、不同文化背景的丰富资源。这种服务的远程化拓展了图书馆的功能，使其由一个单一的物理空间转变为一个无所不在的信息访问平台。读者可以随时随地通过电子设备接入网络，跨越地理和时间的限制，获得所需的资料和信息。图书馆因此能够服务于更广泛的用户群体，推动信息的自由流通与知识的平等传播，实现信息服务的最大化利用和社会价值的最大化体现。

5. 服务意识超前化

在信息社会和知识经济时代的背景下，图书馆必须抛弃传统的以藏书量为荣的观念，转而注重藏书质量和信息的有效传播。这种服务意识的超前化要求图书馆从根本上更新服务理念，秉持竞争和创新的精神，主动适应社会的变革，避免被边缘化。图书馆需要从封闭的、被动的服务模式转变为开放的、主动的服务模式，更加注重用户体验，将服务策略调整为以读者需求为核心。这意味着在制定规章制度、图书采购、分类编目等各个环节，都应充分考虑读者的利益，确保图书馆在信息服务上的高效率和高质量，以此推动图书馆的整体发展，使其成为信息时代下知识传递和文化交流的重要平台。

6. 服务模式集成化

集成化服务模式是图书馆在信息社会中的重要创新方向，它旨在通过将文献资源的各个组成部分（包括功能、信息和技术等要素）有效整合，形成一个协同工作的整体，以满足特定领域或用户群体的文献需求。这种服务模式的核心在于打破传统的信息孤岛，通过高度的资源整合实现信息服务的最大化。它不仅仅关注单一文献的传递，而是关注如何将分散的信息资源链接起来，构建起一个以用户为中心，便捷高效的文献检索和获取系统。通过集成化服务，用户可以在一个统一的平台上获取到全面而深入的信息支持，这大大提升了图书馆的服务效率和用户的研究能力，为用户提供了更高层次的知识服务体验。

三、图书馆信息服务体系的构成

（一）信息服务原则

信息服务原则是制定信息服务规则、构造信息服务流程的基本理念，它在整个信息服务体系中起着主导作用。

1. 个性化服务原则

个性化服务原则强调在图书馆信息服务中实现对每位读者需求的精准识别和满足。这种服务原则的核心在于将用户置于服务的中心位置，深度挖掘和理解他们的独特需求，以此来设计和提供高度定制化的服务。图书馆通过这种方式，能够与读者建立起更为紧密的互动关系，进而增强读者的归属感和认同感。在实施个性化服务时，图书馆可以依据读者的年龄、职业、研究领域、兴趣爱好等多样化的标准对服务对象进行细致的分类，然后根据各分类群体的具体特征，制定并执行最恰当的服务策略和内容。例如，为学生提供专门的研究资料推荐，为教师提供教学资源整合服务，或者为业余爱好者打造主题性的阅读推广活动。通过这样的精细化管理，个性化服务原则有助于图书馆实现更高水平的用户满意度和服务效果。

2. 易用性原则

易用性原则在图书馆信息化服务中扮演着核心角色，它确保了服务设计的直观性与访问的便捷性。这一原则认为，优化用户体验是提升服务利用率的关键。在构建信息服务体系时，图书馆需要确保业务流程的简洁性，这不仅仅是减少步骤数，更是让每一步都变得直观易懂，确保用户能够无需额外指导即可进行操作。同时，系统功能的强化意味着服务不断更新，满足用户日新月异的需求，同时保持操作的简单性。为了进一步提升易用性，图书馆应提供全面的培训和帮助指南，这包括但不限于在线教程、帮助文档或现场工作坊，让用户能够快速掌握信息资源的检索和使用。此外，识别并消除可能的使用障碍，如复杂的登录程序或烦琐的搜索过滤器，也是确保高利用率的重要措施。通过这些细致周到的设计和服务，图书馆能够为用户提供无缝的信息检索和利用体验，从而显著提升信息服务的整体价值。

3. 协作服务原则

协作服务原则是图书馆信息化服务创新的关键组成部分，它强调通过现代信息技术手段推动体系内外的协同合作。该原则通过鼓励图书馆之间的资源共享和服务合作，使得单个图书馆能超越自身的物理限制，实现知识资源的最大化利用。这种协作不仅仅局限于图书馆之间的合作，还包括与其他教育机构、研究中心和文化组织的联动，从而形成一个强大的、互联的知识服务网络。在这个网络中，用户可以获取到更为丰富、多元的信息资源和服务支持，无论是数字化的书籍、期刊，还是各类数据库和学习工具，都能通过这一网络实现快速传递和高效访问。此外，协作服务原则也促进了知识的跨界流动，加快了学术交流和创新的步伐，提高了图书馆服务的整体效能和社会价值。通过这样的协作，图书馆能够共同应对日益复杂的信息需求，为用户打造一个全方位、多层次、高效能的服务环境。

4. 合法性原则

合法性原则在图书馆信息服务中占据了极其重要的地位，确保信息服务活动不仅遵循法律框架，而且维护信息获取的自由和公正。在这一原则的指导下，图书馆必须严格遵守知识产权法、隐私保护法和公共信息服务相关的规章制度，确保在提供服务时不侵犯版权或个人隐私。同时，图书馆在整合、发布信息资源时，必须从源头确保信息的可靠性和准确性，对信息内容的完整性和系统性进行严格把关，避免误导用户。此外，图书馆应当不断更新自身的服务策略，积极响应法律法规的变化，及时调整服务内容，以保障信息服务的合法性，并确保其活动能为社会带来正面影响。通过这种全面而审慎的管理，图书馆的信息服务工作不仅赢得了公众的信任，也为促进知识的合理流通和社会文化发展做出了贡献。

（二）信息服务相关制度

1. 组织与经费保障制度

图书馆信息服务体系的效能依赖于其组织结构和经费的合理保障，这要求有一套完备的配套制度来确保其稳定性和持续性。为此，核心在于建立地区性协作中心，这些中心负责制定统一的操作规范和标准，以便在不同图书馆之间实现无缝的信息流通和资源共享。组织架构必须明确，划分清晰的职责与工作流程，确保人员能够高效协作，而资源的分配则需要通过科学的经费管理制度来维护，确保各项服务的顺利实施。这些制度不仅要保障信息服务的质量和效率，还要为图书馆之间的合作提供法律和财务上的支持，使得馆际协作不仅在纸面上可行，而且在实际操作中可持续，从而为用户提供连续稳定的高质量信息服务。通过这样的组织与经费保障制度，图书馆信息服务体系能够适应快速变化的信息环境，满足用户日益增长的信息需求。

2. 业务规范

业务规范是图书馆联合协作的基石，确保了各项服务在不同机构间能够无缝对接和高效运行。这些规范涵盖了联合数据的标准化，如编目规则、元数据格式，以及如何进行数据共享和更新，保证了信息资源的一致性和可检索性。通用接口协议则是技术层面的约定，它允许不同系统间的互操作性，使得独立的图书馆管理系统能够集成并协同工作。文献传递流程的规范化则简化了跨馆借阅和文献交换的程序，减少了用户等待时间并提高了服务质量。联合咨询的轮值制度和馆际互借的经费支付办法等规定，不仅确立了工作职责和服务期限，还解决了服务成本分摊的问题，确保了服务的可持续性。这些业务规范的制定和实施，使得图书馆能够在维护各自独立性的同时，实现资源共享，提升了整个图书馆网络的服务效率和质量，更好地满足了用户的信息需求。

（三）信息服务系统

信息服务系统是图书馆进行信息服务的实体，包含以下几方面的内容：

1. 资源

在图书馆信息服务体系中，资源是核心要素，它包括丰富的馆藏文献、多样的数据库和广泛的网络虚拟资源。获取这些一次文献资源的途径多种多样，图书馆可以直接购买书籍、期刊和数据库订阅，或者通过网络信息挖掘技术，如 SPIDER，以及传统的手工搜索方法搜集。为了经济高效地扩展资源库，图书馆常通过地区性协作组织进行联合采购，这种方法不仅节约成本，也促进了图书馆间的资源共享。除了直接可用的一次文献资源外，图书馆还需致力于二次文献资源的建设，包括专题文摘、索引等，它们为读者提供了经过筛选和整理的高价值信息。通过这种方式，图书馆能够为用户提供更为精准和深入的信息服务，同时也增强了自身的信息整合和加工能力。这些资源的累积和优化，最终形成了一个全面、多元和高效的图书馆信息服务体系，满足了不同用户群体的信息需求。

2. 组织结构

图书馆的组织结构在信息服务方面扮演着至关重要的角色，尤其是在处理复杂多变的用户需求时。传统的直线制结构，以馆长、部主任、信息服务人员的层级划分，以及以参考咨询部门为中心的工作模式，逐渐显示出其局限性。例如，在馆际互借服务中必须有一个顺畅的业务流程，这个过程涉及多个部门，如信息咨询部、技术部、读者服务部及文献资源建设部，他们各自负责处理互借请求、平台维护、文献提供和联合目录编制等任务。一旦这些部门中的任何一个出现瓶颈，就可能导致服务中断或延迟。因此，现代图书馆信息服务系统的设计需转向灵活多维的组织结构，这种结构能够跨部门协调合作，确保各类服务与功能在一个协同的框架内有效运作。这样的结构不仅提高了内部运行的效率，也增强了图书馆对外服务的能力，从而更好地满足广泛的信息需求，推动图书馆服务向更高层次发展。

3. 信息处理平台

（1）信息整合

信息整合是图书馆信息化服务创新的关键环节，它是对来自不同检索平台、多语种背景以及拥有各种访问权限的海量信息资源进行高效管理。在实际操作中，这些信息资源往往表现出内容交叉重复；检索平台的异构性带来的重复检索和低效使用问题，以及因操作疏漏导致信息资源共享的不彻底。解决这一问题的策略在于采用开放语言描述，通过定制集成结构或流程，实现资源的动态搜索、调用和解析。这种做法不仅优化了检索路径，还通过开放链接技术实现了数据对象间的无缝传递，极大地提升了信息资源的可访问性和互操作性。在此基础上，构建的知识元库能够确保信息资源的解析度、复用性、扩展性和可伸缩性，进而通过开放式协议，实现对分布式信息资源的有效整合。这种整合不仅促进了信息资源的全面利用，而且增强了图书馆信息服务的整体效能，使得图书馆能够在信息服务体系中为用户提供更为精准、快捷的检索体验。

（2）信息分析评审

在图书馆信息化服务中，信息分析评审环节至关重要，因为它直接关系到信息资源的质量和可用性。当信息从分布式资源集成到知识元库中之后，这些数据需要进一步的处理才能为用户所用。利用自动化技术，如数据聚类、内容摘要和关键信息的提取，计算机系统可以高效地对大量信息进行初步筛选和概要呈现。然而，信息的内在价值和实用性往往需要更深层次的分析。在这一过程中，自动化系统可进一步对数据进行分析，如通过算法识别数据模式、评估相关性和可信度，以及预测信息对特定用户群体的使用价值。这不仅提高了信息检索的精确度，也为最终用户节省了时间，确保他们能够接触到高质量且相关的资料。此外，对于某些复杂或模糊的信息资源，专家的介入尤为重要。这些资料经过专家的手动分析和评审，可以进一步确认其准确性、时效性和独特性。专家评审不仅增加了信息的权威性，还可通过反馈指导信息整合和分析过程的优化。最终，这一流程确保了图书馆用户能够接触到经过精心筛选和认证的高质量信息，大大提升了图书馆的信息服务质量和用户的满意度。

4. 服务平台

图书馆服务平台的核心在于其功能的整合性和对用户友好的接口设计，以满足不同读者群体对信息服务的多样化需求。在这一框架下，服务平台通过将终端用户检索软件、在线咨询交流系统、个性化服务和快速物流传递等模块化组件融合于统一的用户界面之中，极大地提升了服务的效率和互动性。这样的设计允许读者在同一环境下无缝访问图书馆的丰富资源，包括馆藏书目、光盘数据库、网络数据库等，并能实施续借和预约，享受全文电子书的在线阅读与部分论文的下载服务。中国人民大学图书馆的数字图书馆个性化信息服务系统，便是这样一个典型案例，它不仅提供了综合的资源检索，还结合了个性化推荐机制和在线交互式咨询，能够根据用户指定的研究兴趣推荐相关资源，并综合用户反馈进行智能化的协同推荐，进一步增强了服务的个性化和参与感。这种服务平台的实施无疑推动了图书馆信息服务向更加高效、便捷和用户定制化的方向发展。

第二节　图书馆信息化服务策略

目前在信息化服务中，图书馆采用较多的仍然是传统服务策略，存在将传统服务过度迁移到信息化服务中的不足，这一服务模式很难满足用户需求。因此，图书馆在推进信息化服务的过程中，应从整体上把握策略走向，对策略进行归类和选型是一种重要方法，它可以从宏观上把握策略的特点，加深对策略共性的认识，促进图书馆服务的可持续和创新发展。

一、新技术的应用特点

社会学家 William F. Ogburn 在 20 世纪 50 年代提出了"文化滞后"说，这一概念是指当技术发生改变时，其向社会结构的融合与同化会相对滞后。在一项技术取得突破后，由于人们对这一技术究竟能发挥何种作用以及如何使用等的理解还不是很透彻，所以人们习惯用旧方法使用新技术，即传统应用。例如，在电影技术产生之初，人们主要用它来录制和播放剧院中的演出，而不是拍摄专门的影视作品。随着人们对新技术理解的加深，新技术逐渐脱离了传统应用，发展出特有的应用方式，即创新应用。因此，新技术的应用可以划分为两类：传统应用与创新应用。前者指以旧技术的方式实现对新技术的应用，后者指以最能体现新技术特点的方式对新技术进行应用。在两种应用类型之间还有一种中间形态，即优化应用，这一应用既有传统应用的特点，也能体现新技术的某些特性，是一种适应性、过渡性应用，是传统应用在新技术条件下的改进。从发展来看，在新技术产生之初，三种应用都会出现，随着时间的推移，传统应用逐渐减少，优化应用向创新应用发展，但这并不意味着传统应用完全消失，某些传统应用与优化应用会伴随新技术的整个生命周期，成为新技术应用的一部分，而创新应用也会被打上传统应用的烙印。因此，图书馆的信息化服务必然会有传统服务的影子，并且相互配合。

二、图书馆形态变迁

图书馆自产生至今经历了两种基本形态：传统图书馆与数字图书馆。纸质文献是传统图书馆的主要馆藏，数字图书馆的馆藏属于数字资源。早期数字图书馆的用户必须利用电脑才能浏览图书馆的数字资源，但移动技术使人们获得了一种新的阅读媒介，数字图书馆也由此从基于桌面电脑的形态发展到基于移动技术的形态，因此传统图书馆、桌面数字图书馆和移动数字图书馆是图书馆的三种基本形态。

（一）不同形态图书馆的相似性

从传统图书馆到移动数字图书馆，在本质上都属于图书馆，三者具有共同的性质、服务理念和学术规范。吴慰慈将图书馆的属性界定为"中介性"，无论数字图书馆以桌面形态还是以移动形态向读者提供服务，其中介性都没有改变，它既不可能取代出版社和内容商，也不可能成为书商和数据商。在服务理念上，不论形态如何，图书馆都应坚持免费为读者提供尽可能丰富和能满足读者需要的资源和服务。在业务上，各种形态的图书馆都要对资源进行采集、加工、保存和传递，都要为读者提供借阅服务，并可以互相借鉴。桌面数字图书馆和移动数字图书馆提供的都是数字资源，其内容和服务方式等方面都有许多相似点，如资源存储服务器相同，技术架构相同。移动数字图书馆同样也会具有传统图书馆类似的特点，如纸质文献与移动电子书都可以用于移动阅读，移动阅读所采用的电子墨水技术具有能够同纸张相媲美的显示效果。传统文献可以实现一定程度上基于位置的服务，如读者携带一本与参观地有关的图书；而移动数字图书馆借助 GPS、电子地图等技术，可以为用户提供更为丰富的情景服务。

（二）不同形态图书馆的差异性

尽管从本质上讲，数字图书馆与传统图书馆属于同一事物，但两者存在重要区别，这一点在国内外研究中已有大量论述。第一，内容差异。传统图书馆一般都是以纸质文献为主的实体馆藏；数字图书馆一般都是以数字资源为主的虚拟馆藏。第二，获取方式差异。由于实体文献位于具体地点，读者要到图书馆中才能借阅，而数字资源的虚拟用户可以凭借互联网远程获取。第三，文献加工、服务粒度差异。传统图书馆以文献整体为加工和服务单元，虽然早在 20 世纪 30 年代阮冈纳赞就提出了与今天知识服务类似的服务建议，但由于技术限制，这一服务在传统图书馆中很难实现。在数字图书馆中，由于服务的内容不再不可逾越，读者利用检索技术，可以直接检索文献中的图表、段落甚至字词。例如，在古籍研究中，得益于数字图书馆的细粒度检索服务，研究人员只需要几分钟就能统计出某一字、某一词在古代文献中的使用情况和变化规律，而在古籍数字化之前，这一功能是很难实现的。

与桌面数字图书馆不同，移动数字图书馆最大的特点是获取和阅读上的移动性。移动数字图书馆的优势在于通过无线网络为用户服务，用户可以在选定的时间和地点获取内容。正是由于这一特点，在获取新闻和即时消息等方面，移动阅读的时效性是图书馆三种形态中最强的。在阅读方面，载体的便携性使用户可以随时随地阅读数字图书馆的内容。不过，移动数字图书馆的格式问题比较突出，大量、多元的格式和硬软件之间的兼容是移动数字图书馆建设者不得不面对的问题。在认证方式上，移动数字图书馆也有其独特的认证机制。例如，如果用户使用的是手机，系统可以通过手机号码实现认证。

三、图书馆信息化服务趋势

不难看出，在新媒体环境下，国内图书馆信息化服务正在向开放式、深层次、技术型发展，实现了跨库无缝检索和链接，并在多平台下开展了多种服务实践。同时伴随着图书馆信息化服务建设理念的不断更新、技术的发展进步、服务模式的成熟应用，未来图书馆信息化服务将呈现如下发展趋势：综合性服务——打破阅读、咨询、研究和工作的界限，为读者提供一站式服务；个性化服务——为不同的个体、群体提供多样化多平台可定制的服务和功能。

快速、高效和灵活的服务特点能够满足用户多元化的需求，适应移动互联网时代的挑战。随着时代的发展和新媒体技术的进步，未来的图书馆将充分发挥其优势特征，为用户提供更丰富、更便捷和更新颖的服务。图书馆信息化服务的趋势主要体现在以下几个方面：

（一）实时性信息化服务

实时性信息化服务，是指图书馆的用户能够在第一时间收到图书馆发出的实时性信息，包括各种提醒类的通知等。图书馆的实时性服务是基于时间维度的信息化服务，它可以让用户通过短信、客户端、微信等方式及时收到图书馆的各种实时信息，如图书到期提醒（或称图书催还提醒）、图书续借提醒、预约书到馆提醒、罚金提醒、新闻通知、讲座通知、开闭馆通知、新书通告等内容。用户也可以随时定制和获取需要的信息内容，如订阅感兴趣的图书和期刊资源，定时接收图书馆发来的最新资讯。实时信息化服务还包括移动检索等服务，用户可以及时获得移动检索结果。图书馆允许用户随时访问图书馆的移动馆藏资源，今后还将根据不同用户的需求提供动态的、实时性的移动信息推荐服务。未来的图书馆将为不同的用户提供更加专业和满意的服务。

此外，图书馆还可以实现各种图书罚金或其他款项的实时支付功能，如果需要支付的金额不大，用户不必到馆就可以在移动设备上完成相关业务的支付，这样不仅方便了用户，也满足了用户的移动支付需求。尽管图书馆的实时性移动支付服务比较便捷，但是这项服务也存在一定的风险性，需要采取严格的措施加以防范。随着移动技术和移动设备的不断发展，实时性信息化服务会成为未来移动图书馆的一种服务趋势。

（二）定位式信息化服务

定位式信息化服务，是一种基于位置信息的移动定位服务，能为图书馆用户提供馆藏资源定位和图书馆导航等方面的服务，是图书馆信息化服务的一个发展方向。对于图书馆的新用户而言，在众多的书架中找到需要的图书是一件比较困难的事情，因为新用户通常对馆藏分布并不熟悉。如何准确找到目标资源？图书馆的移动定位服务能充分发挥作用，用户可以根据移动设备上所显示的图书定位导航，顺利地找到所需的图书。例如，用户首先进行馆藏检索，查询所需资源在图书馆的位置，然后通过手机等移动设备拍摄对应的二维码标识，移动定位服务会自动指引用户找到资源所在具体位置。目前，国外已有少数图书馆开展了馆内移动定位服务，但这种服务还不够普及，未来的图书馆将不断拓展这项服务，为更多的用户提供服务。

图书馆能够根据用户所处的位置，告诉用户所需的资源在最近的哪家图书馆。这种基于位置的移动定位服务，可以大大节省用户的时间，利用图书馆的定位服务，用户可以通过手机等移动设备查询邻近的图书馆是否有所需图书，如果附近图书馆有需要的资源，即可马上前往借阅，这项服务充分体现了信息化服务的便捷性。图书馆的定位服务将移动馆藏资源与移动导航技术相结合，具有较强的实用性和应用性。

（三）交互性信息化服务

交互性信息化服务，是图书馆利用移动设备实现的一种互动服务方式。

在移动互联网时代，移动通信技术与 web2.0 应用相结合，可以为用户提供良好的交互性信息化服务，例如，移动微博、微信、移动网络社区、移动百科全书等正表现出强大的生命力，尽管目前的图书馆信息化服务内容比较丰富，但还是缺乏一定的互动性。用户可以利用移动设备随时浏览电子书，查看其他用户对该书的评论和感想，还可以与其他用户进行实时互动。同时，用户也可以查看与其他用户进行分享和交流的相关书籍在微博、微信中的信息。这不仅有助于促进用户之间的沟通，而且也有助于扩大图书馆的用户群，增强图书馆用户的移动体验。

随着移动社交网络的发展，用户可以在图书馆的移动平台上对书籍进行评价，分享相关知识，参加学术讨论，加入兴趣群组。图书馆用户可以通过移动馆藏目录检索到需要的图书，同时也会看到其他用户对本书的评论，进而判断是否需要借阅这本书。用户还可以通过其他用户的推荐找到相关的一些书籍。此外，用户还可以看到与该类图书相关的一些咨询问题，如果有该类图书的兴趣小组，用户还能浏览兴趣小组的讨论内容并加入其中讨论。利用移动图书馆的交互性，用户还可以向移动咨询系统提问感兴趣的问题，也可以像咨询馆员一样对熟悉领域的问题进行回答和评价。基于交互性的图书馆信息化服务，为用户的学习和生活带来了很多方便，将成为图书馆未来的发展趋势。

（四）个性化信息化服务

这是指移动互联网技术与个性化服务的有机结合，为不同用户提供不同的移动资源服务。首先需要收集用户的偏好特征，不断地了解用户的特点和需求，在此基础上为用户提供不同的信息提醒、书籍推荐和最新资讯等个性化信息。图书馆的个性化信息化服务具有移动性、及时性和主动性等特点，而传统的个性化服务没有与移动通信技术相结合，不能及时、主动地为用户提供相关信息。

图书馆能根据用户的需求对信息进行收集、整理和分类，让用户随时能获得所需要的信息，例如，图书馆可以根据用户感兴趣的内容，将最新到馆的书刊和用户需要的信息通过短信、客户端、微信等方式及时推荐给用户，或提醒用户登录图书馆网站进行查询和阅读；图书馆还能结合 RSS（Really Simple Syndication，简易信息聚合）技术为用户提供聚合移动信息服务，可以按照不同学科、主题和类型对信息资源进行分类整合，形成支持移动阅读的文档，为用户提供个性化的信息推送服务，如"我的图书馆"中的查询服务，用户可以随时了解个人的借阅信息等情况。对于现有的服务，应该在发扬其优势的基础上进一步拓展服务内容，提高服务质量，为用户提供定制、推荐、咨询和学习等多种个性化服务。

随着移动技术的发展，移动设备的个性化特点决定了未来图书馆的一个重要信息化服务将是个性化信息化服务。根据用户的背景资料、兴趣偏好构建用户模型，主动为用户提供各种包括文字、图像、音频和视频等多媒体资源的个性化信息。

（五）多元化服务趋势

实时性信息化服务、定位性信息化服务、交互性信息化服务和个性化信息化服务的有机结合，灵活运用，为用户提供多元化的信息化服务是未来图书馆发展的趋势。

在移动互联网时代，新媒体技术为图书馆信息化服务的发展带来了新的契机。移动终端的移动性和即时性是移动互联网的一个重要特征。以手机为代表的移动设备能够为用户提供身份识别、位置搜索等功能，其移动终端的便捷化特征为图书馆信息化服务创造了很多发展空间，未来的图书馆信息化服务将以多元化服务为趋势。移动互联网时代，图书馆信息化服务应该始终以用户为中心，将实时性服务、定位性服务、交互性服务和个性化服务有效地结合起来，为用户提供全方位的多元化服务。同时，图书馆信息化服务应不断创新图书馆信息化服务模式以适应新技术和新环境的变化。

四、图书馆信息化服务实现的制约因素

在现阶段，图书馆信息化服务的实现还受到一些制约因素的影响，面临着不少困难和挑战，具体如下：

（一）移动设备因素

移动设备本身的问题限制了图书馆的服务能力和服务效果。

根据相关报告显示，影响信息化服务发展的制约因素与手机等移动设备的局限性密切相关。移动设备的上网速度、移动费用及屏幕局限等问题，直接影响图书馆的用户体验。在各种影响因素中，一些用户认为阻碍信息化服务发展的首要因素是移动网速问题，其次则是移动费用问题，可见用户最关心的还是移动设备的上网速度和上网费用，还有一些用户认为手机等移动设备的屏幕较小、比较受局限，不符合他们的阅读习惯，可见移动设备的屏幕尺寸也是主要影响因素之一，此外手机等移动设备操作系统的兼容性较差，由于当前手机等移动设备有各种操作系统（如 Android 系统、iOS 系统、Windows 系统和 Symbian 系统等），但缺乏统一的标准与相关协议，所以系统兼容性较差，同时，在目录检索、交互界面等方面可能存在着在不同移动设备上无法实现的困难，因此如何实现数据兼容与优化系统界面，将是未来图书馆信息化服务亟待解决的问题。

（二）技术因素

图书馆信息化服务的实现受到开发技术的制约，从某种程度上讲，技术发展决定了系统功能的实现程度。例如，馆藏文献的定位服务、图书馆地图导航服务，以及用户位置信息感知服务等，这类服务取决于技术中的物理感知技术和传感器技术的发展程度，同时，个性化的检索和推荐服务也与技术密切相关，但目前为止，将技术与图书馆信息化服务相结合的研究较少，技术并未在图书馆信息化服务领域发挥出应有的作用，因此，未来的研究应加强技术与图书馆信息化服务结合的研究。

目前图书馆信息化服务系统的开发技术还不够成熟，由于移动设备具有不同的操作系统，因此需要开发不同的应用程序，这些程序的开发需要掌握不同的开发语言，并且需要对用户的移动需求具有清晰的了解，以建立统一的开发标准，避免不必要的重复开发和资源浪费。整体而言，系统的开发技术还不够

完善，不少移动图书馆网站仍是传统图书馆网站的简单移动版，缺乏针对移动用户开发的专项功能，也缺乏相应的开发标准和测试经验，所以图书馆信息化服务的实现还需要技术上的不断积累。

（三）资源因素

移动数字资源异构问题使得移动终端对数字资源的访问受到影响，也为用户利用手机等小屏幕设备进行移动检索和移动阅读带来了不少困难。现有图书馆的移动数字资源，由于大量的电子书、电子期刊和网络数据库平台都不一样，没有通用的移动访问接口，不同资源的存储格式不同，文献加工标准和数字版权保护办法也不一样，这为移动资源的整合带来了很多麻烦，因此资源系统和数据格式的统一和标准化是系统服务功能得以实现的关键所在。

目前可供用户浏览和下载的移动资源较少，在一定程度上存在资源不足的问题。由于图书馆最大的价值在于提供内容而非外在的表现形式，因此，移动资源的内容能否满足用户需求才是其服务价值的体现。

（四）人员因素

目前图书馆服务面临着很多挑战，但一些图书馆员工并没有积极地转变服务理念，不仅不重视图书馆信息化服务发展建设，更缺乏主动创新的服务意识。如今，信息技术的发展日新月异，信息资源极度丰富，图书馆正面临着被边缘化的危险，这就要求图书馆员工必须积极转变服务理念、增强危机意识和创新服务意识。

尽管不少图书馆都开展了图书馆信息化服务，但由于缺乏宣传和推广力度，导致很多用户对移动图书馆缺乏认识和了解。调查了解到，我国目前使用过移动图书馆的用户不多，许多用户表示对移动图书馆不了解。

五、图书馆信息化服务实现的应对策略

（一）构建灵活系统

搭建一站式信息化服务平台。为实现图书馆信息化服务，首先要解决的是由于移动设备所导致的用户体验问题，而构建灵活多样的设计系统就显得十分必要。移动设备在保持轻便的同时还要方便移动用户阅读。未来的移动设备的系统界面应进行针对性的设计，注重用户需求，符合用户的日常操作习惯，实现一站式检索。随着智能手机和 WiFi 无线网络的普及，通过手机等移动设备

上网已经成为一种普遍趋势，随着移动通信技术的发展，移动设备的上网速度将越来越快，移动上网资费也会逐渐下调，进入移动互联网时代后，年轻用户群体将更多地使用移动设备来访问图书馆。因此，开发各种操作系统程序将成为未来图书馆信息化服务建设的重点。从当前的发展趋势来看，图书馆应研究用户的移动设备，满足多数用户的需求，并在此基础上不断进行调整。

（二）加强技术研究

致力于开拓数字化服务的新范式。图书馆不仅要维持现有的数字服务，还需要不断寻找创新的服务方式。例如，微信平台的广泛用户基础和成熟技术平台非常适合大学图书馆的服务升级，通过利用微信平台的多项功能，如语音识别、条形码和二维码扫描、地理定位以及微信支付等，可以推出包括语音搜索图书、扫码借阅续期、二维码进出控制、图书馆内部引导以及收费增值服务等多样化的智能服务项目。推进图书馆数字服务的实现，必须深入探究技术与图书馆服务的结合。提供具有创新性和个性化的服务，同时运用 RFID、移动二维码等先进技术，为用户提供更加精确的资源查找和便捷的移动查询服务。鉴于系统技术的潜力巨大，未来图书馆的研究应更多地融合技术创新，致力于提供更方便快捷的数字服务。

图书馆还应深化系统开发技术的探究。在具体的设计与开发阶段之前，应全面分析和研究所涉及设备的系统架构以及编程语言的核心功能和特性，力求采纳当下最普遍接受的设计和开发规范。同时，借鉴数字服务实践中的成功案例，开发过程中需为不同操作系统和网络浏览器量身定制多样的界面展示模板，并进行容错性编程。通过使用系统监测工具，自动侦测用户设备状况，智能匹配最佳的显示模板和内容。开发完成后，还必须执行多轮的系统测试，包括利用专业软件进行代码和界面测试，也要对不同的移动设备进行仿真测试和用户体验评估。在这些工作的基础上，图书馆将逐步提升其数字服务的开发水平和用户满意度。

（三）重视资源建设

图书馆的藏书资源应涵盖纸本与数字化资料，并恰当平衡两者的比重，尤其要注重发展电子资源。鉴于电子资源的多样性以及平台的差异性，图书馆不仅要提升读者的电子资源使用技能，而且要优化资源集成，确保用户能够轻松迅速地检索电子资料。

针对移动图书馆资源构成的多样性问题，强化移动资源的构建和整合显得尤为重要。整合不同来源和格式的资源是一项挑战性任务，需要将众多的资料类型、格式、检索途径以及用户界面巧妙融合成一个统一化的信息流。目前，实现资源系统和数据格式的标准化对于图书馆数字服务的效果至关重要。张成昱、方玮等学者提出，采用开放性协议、元数据互用和元合成技术的结合将有助于克服资源多样性的难题。元合成技术针对小规模的资源整合系统，通过通用的信息解析手段（如页面分析）提取并重构不同的信息，随后统一发布。这种资源整合策略在一定程度上可以缓解资源多样化的挑战，但仍需持续探究与实践以进一步提升效果。

确保图书馆用户能获得充足的信息资源对于维持图书馆数字服务的连续性至关重要。图书馆应积极扩充移动端的藏书资源，通过购置或自主构建数据库，为用户提供较为丰富的移动端资源。同时，针对图书馆数字服务的特点进行有目的的资源建设，而非简单地将所有资源转移至移动端。因为图书馆数字服务以移动性和便捷性为特征，适宜提供碎片化阅读和快速阅读服务，而不太适合深度阅读。深度阅读更适宜在大屏幕的计算机上进行。因此，在移动资源的构建过程中，应对资源进行精心筛选和鉴别，旨在提供更高效的移动资源服务。

（四）转变服务理念

在新的移动互联网时代，传统的图书馆服务已经不能充分适应时代的发展，由此图书馆员工应及时转变服务理念，在提供传统服务的基础上，充分利用移动技术带来的科技优势为用户提供新颖、便捷的图书馆信息化服务。例如，在移动图书馆服务中提供深层次、高质量的手机报服务，为用户提供基于时间或地点的情境感知移动图书馆服务等，此外，图书馆员工还可以通过多种形式来扩大图书馆的影响力和服务范围，如学科馆员可以通过学术微博、微信等互动工具来深化学科服务。微博、微信的出现充分发挥了智能手机作为阅读终端的互动性和及时性特征，图书馆员工通过转变服务理念，增强主动服务以及创新服务意识，能够更好地促进图书馆信息化服务的发展。

图书馆用户的专业知识、学历层次高低不同，因此图书馆员必须具备丰富的专业知识和娴熟的技术服务手段，才能为其提供在线参考咨询、文献检索、文献传递与馆际互借、定题服务、科技查新等信息化服务。高校图书馆应加强学科馆员建设，深入院系了解用户需求，以便更好地开展信息化服务。

与此同时，图书馆员工还应积极做好图书馆信息化服务的宣传和推广工作。目前，广大用户对图书馆信息化服务了解较少，针对这种情况，图书馆应综合利用多种平台主动开展宣传和推广。如今，国外很多图书馆都成立了服务营销部门，专门对已有的服务和即将推出的服务进行宣传，而我国图书馆在宣传和营销理念方面，与国外相比还有一定差距。对此，图书馆可以成立信息化服务宣传推广小组，充分利用图书馆主页、宣传海报、宣传彩页、电子显示屏和流动图书车等方式进行宣传，还可以通过用户比较活跃的网络论坛、社交网站、读者QQ群、手机短信、邮件、微博、微信等多种方式进行宣传推广。此外，还可以通过报纸、电视等新闻媒体进行宣传，引起公众的兴趣和关注。图书馆服务人员应转变服务理念，重视宣传工作，提高公众对图书馆信息化服务的认知程度，使图书馆在人们的学习生活中发挥愈来愈重要的作用。

图书馆的服务职能涉及文献借阅、推广阅读、阅读指导、查询服务、文献检索、网络导航、科研更新、专利查询以及定制信息服务等。这些功能可拓展至图书馆的数字化服务领域，并可基于移动技术的特点制订新的服务方案。数字化服务相较传统服务，更加注重实时性、主动性、信息处理、协作性、个性化、互动性以及服务的统一性。

实时服务是移动服务的一大亮点，它不仅体现在信息内容更新的速度上，也体现在服务响应的及时性上。移动通信和互联网技术为图书馆提供了实现实时服务的技术基础，使得图书馆能够依据用户需求，随时随地提供所需的信息和服务。

图书馆的主动服务指的是依据用户需求，自发提供或推送移动信息服务。加工服务则考虑用户的移动环境和使用的移动设备特性，对信息进行搜集、整理、处理和优化，以便用户快速获取和使用，如提供导航、一站式检索、摘要和知识管理等服务。

协同服务意味着图书馆的移动信息服务系统与传统文献服务系统以及数字图书馆系统之间的协作，共同为用户提供服务。个性化服务则是针对移动用户的个别需求提供定制化的信息服务，包括个性化门户、检索、收藏、订阅等。

互动服务是将用户的实时互动融入移动服务中，结合用户所在的时间和空间，如通过社交媒体平台提供服务。统一服务指的是图书馆内部资源的整合，通过移动端门户为用户一体化提供服务，图书馆联盟成员间可以共同实施移动信息服务。

1. 主动服务

图书馆的积极服务模式指的是未等用户明确提出需求，图书馆便自发提供信息服务。这样的服务既可以是人工执行的，也可以借助智能技术来实现。该服务模式鼓励图书馆突破被动等待读者前来的传统模式，更主动地融入用户的日常生活和工作。随着信息技术的发展，图书馆有了新的平台和途径来实现这种服务理念，确保服务能够及时覆盖用户所处的任何位置。

（1）主动了解用户需求

图书馆的服务宗旨和推动力来自满足用户的需求，而在移动技术普及的今天，这些需求展现出新的变化。为了提供更加贴合用户需求的数字服务，图书馆必须采取主动态度，对用户需求进行深入调研。国家图书馆、北京大学图书馆、清华大学图书馆等主要图书馆均实施过这样的调查工作，旨在掌握用户对于数字化服务的接受程度与需求期望，以此作为推进或优化移动信息服务的重要参考。

（2）主动推送图书馆服务

一方面，图书馆可以通过数据挖掘、智能分析等技术手段对信息资源进行深度加工，再通过短信、多媒体消息、电子邮件或者个性化频道等形式，向用户主动发送他们需要的信息。另一方面，图书馆也可以将其移动服务整合进用户常用的移动操作系统、网络浏览器、大众信息平台或者应用平台。例如，国家图书馆将研发的应用程序上传至苹果公司的应用商店（App Store），使得用户能够在自己的 iPhone 或 iPad 等设备上下载并使用，由此将图书馆的服务无缝融入用户的移动信息生态中。

（3）主动宣传推广图书馆服务

通过内部公示、在线平台推广、专题讲座、咨询服务、大学新生入学教育及图书馆的其他宣传活动，积极提升移动信息服务的知名度。此外，采取举办讲座、开展培训班和提供即时咨询服务等手段对用户进行教育和指导，以此吸引更多用户认识并利用数字化服务。

（4）主动开展延伸服务

图书馆不仅将其服务扩展至移动信息平台，以接触用户，更可依托其在信息整理及管理方面的专长，针对用户的需求收集、处理并融合开放网络资源，为用户提供所需信息。图书馆应当主动寻求与社会各类信息服务提供者的合作，以为读者提供更丰富的信息服务。通过这种积极的服务延伸，图书馆将信息服务的边界拓展到更加广阔的信息领域。

（5）主动向全社会开放服务

图书馆为了提升其在社会信息服务领域的影响力和竞争力，应当向社会全面开放，并致力于吸引更广泛的公众用户。数字化服务的特点在于其打破了传统的时间与空间限制，这为图书馆的社会化开放创造了有利条件。在确保满足内部读者需求的同时，图书馆可以积极发挥其丰富的信息资源库和数字服务平台的优势，向公众提供移动检索、在线咨询、电子阅读和移动社区等多样化的服务。这不仅能够增加图书馆资源的使用效率，也有助于增强图书馆在社会中的影响力和知名度。

2. 协同服务

在当代，图书馆体系由纸本资料服务与数字化资源共同构成一个多元系统。提供移动端服务的信息化服务，同时也需与传统纸本资源和数字图书馆资源相互融合，以满足用户的多样化需求。这种服务依托于移动互联网和数字图书馆的基础架构，通过移动网络与传统有线网络的协作，实现服务系统之间的无缝对接，进而提供流畅的用户体验。

鉴于移动环境和网络的特定条件，信息化服务通常专注于提供即时、关键和概要性质的信息。对于需要深入了解的内容，用户可能需要结合文献服务和数字图书馆系统。例如，用户可以在移动设备上初步检索和浏览信息摘要，之后再将完整文档通过电子邮件发送至个人邮箱，或实地借阅相关实体书籍。用户还能够将网络上借阅的电子书同步至智能手机或电子阅读器中，如上海图书馆的移动电子书服务便提供了此类便利，使得用户能够在移动设备上享受电子书籍。另外，关于关键信息的在线备忘服务也是一个创新之举，如清华大学图书馆推出的"自助短信推送服务"。用户在查找到所需书籍后，通过点击书目旁的"发送短信"链接，输入自己的手机号码，即可接收书籍的详细信息，便捷地在图书馆中定位和获取所需图书。

3. 个性化服务

个性化信息服务是指图书馆根据读者的阅读行为、偏好、习惯及特性，提供符合他们个别需求的服务。这类服务在数字化信息时代背景下，主要依赖互联网和信息技术，通过分析用户个人的阅读习惯、背景和需求，为其量身打造满足特定信息需求的服务。此服务可细分为三大核心部分：服务内容针对用户需求进行定制、服务的时间和地点灵活多变以适应用户期望，以及服务形式根据用户喜好和特性定制。

"My Library"是实施这种个性化服务的典型系统之一，以图书馆资源为核心，提供"常用数据库""个人搜索引擎""定制天气""最新图书推介""参考论文""个人书架""收藏夹"和"爱好链接"等多样的定制服务。它旨在通过用户设置、系统推荐及信息推送，提供与用户需求相符的个性化信息服务。

图书馆信息化个性化服务考虑到用户移动设备的私密性和身份识别能力，通过移动服务系统追踪用户的阅读行为和偏好，构建信息需求与行为模型，满足用户个性化的信息需求。相比数字图书馆服务，移动设备由于其与用户的一对一绑定关系和能进行身份及位置追踪的能力，更适宜提供个性化服务。然而，移动设备显示和处理能力的限制以及操作不便等问题也给个性化服务带来了挑战。

图书馆信息化个性化服务内容涵盖个性化移动入口、个性化搜索、个性化订阅和收藏等。无论通过 WAP、WEB，还是移动应用和微信，构建一个能智能处理用户需求的服务入口至关重要。北京书生公司推出的"移动图书馆解决方案"，使用户能够一站式搜索图书馆资源并进行全文阅读。

书生移动图书馆解决方案支持包括智能手机、具备 Wi-Fi 功能的 MP4、电子阅读器等多种设备，并提供了"个人搜索历史"等个性化服务。用户可方便地重复搜索、标记新增内容，并将重要文献保存或发送至个人邮箱。通过移动云计算，用户的个性化数据，如搜索历史、收藏夹等不受设备变更的影响。

国内外许多图书馆正在积极探索"我的图书馆"这一个性化服务，如韩国西江大学图书馆、上海图书馆等，提供的服务涵盖个人资料管理、借阅状态、图书到期提醒、预约信息、服务订阅、留言建议、友情链接以及借书证挂失等功能。

4. 互动性服务

图书馆 2.0 服务强调加强图书馆与用户、用户与用户之间的互动，用户由被动接受图书馆服务到主动参与到图书馆建设中，实现了图书馆与用户的双向交流与参与。包括博客、维基、信息聚合、社会性网络服务等应用在内的图书馆 2.0 服务，既是一种新的服务技术和内容，也是一种新的服务策略。图书馆 2.0 是一种新的图书馆服务理念和服务运作方式，是当前国内外图书馆服务的新趋势，很多图书馆都在推进图书馆 2.0 服务。手机等移动终端在互动交流方面具有天然的优势，图书馆应该在保持传统服务优势的基础上，搭建移动图书馆 2.0 服务平台（论坛、博客、微博、微信、即时通信、RSS、SNS 等），加强图书馆与用户的互动，为图书馆用户与图书馆员之间、图书馆用户之间即时交流、学习、娱乐提供支持，提高用户对图书馆服务的满意度。而且，图书馆信息化服务能更有针对性地开展互动性服务，如一名导师检索到某一文献，可以通过短信群发给自己的学生并添加按语，提示他们此文有价值、需精读等，也可以以实名或匿名方式推荐给更多人，帮助更多读者充分利用自己的"碎片"时间。国内目前图书馆大多开通了微博、微信，湖南理工学院图书馆在 WAP 服务上开通了"南湖论坛"和"南湖社区"；广东省立中山图书馆开通了基于 WAP 的"文献资源专题订阅"服务；金陵图书馆、北京航空航天大学图书馆开通了基于 WAP 的"读者荐购"服务；华东理工大学图书馆开通了基于 WAP 的"建议"服务。这些基于图书馆信息化服务平台的互动性服务深化了图书馆原有的服务，促进了图书馆服务的不断创新，使图书馆服务更贴近用户、更加便捷。

5. 统一服务

（1）图书馆集成服务

信息融合服务着重于将机构或系统中的信息资源进行高效融合，并依据用户的实际需求，利用当代先进的信息服务技术手段，提供以用户为中心的、综合性的图书馆服务，目的在于提供连贯的、时空同步的、以主题为导向的动态信息服务。集成服务涉及资源整合、服务整合、技术整合以及机构整合四大领域。以资源整合为根基，图书馆的信息服务融合旨在通过一个统一的综合服务平台，提供包括用户认证、一体化检索、导航指引、咨询服务、个性化信息配置和交流互动等在内的全方位门户服务。

鉴于智能手机的浏览界面和输入效率存在局限性，移动端用户倾向于通过一个集成化的入口访问各类信息内容。这促使图书馆需要加大对其资源和服务的整合力度，根据用户需求将传统资源与数字资源进行优化配置，打造一体化的信息服务平台。此外，图书馆需与系统或数据库供应商协作，将移动信息服务系统进行整合，构建起一站式的用户服务接口。为了提升用户体验，系统的界面设计要简洁明了，操作流程要便捷直观，互动交流要迅速有效，确保用户能够轻松获取所需信息。

（2）多馆联合服务

在这个信息化快速发展的时代，依赖单体图书馆的收藏已无法完全满足用户对知识的渴求。信息资源的共享成为新的时代命题，而各图书馆之间的互助合作则是实现这一目标的关键方式。跨馆服务体现了不同区域、类型或专业的众多图书馆基于自愿合作原则，进行相互协作的服务模式。这种跨馆服务模式打通了资源存储、网络远程传输、智能化查询、跨库连接以及超越时间和空间限制的信息服务，它不仅可以向用户提供全面、多级别、高品质的信息服务，而且还促进了各图书馆用户之间的交流与互动。

随着信息服务的不断深入，更多图书馆开始实施信息化服务。通过搭建信息化服务平台，同一地区或行业的图书馆可以共同投入资源。这不仅减少了单独建设的成本，而且通过集成各馆的移动信息服务，进一步拓展了图书馆间的合作范围，提高了服务质量和效率。

第七章

图书馆阅读服务的认知

第一节　图书馆阅读服务的内涵

一、阅读与阅读行为分析

（一）阅读的特征与功能

阅读是指读者主动从媒介所提供的符号信息中获取意义的一种实践活动、社会行为和心理过程。

1. 阅读的特征表现

（1）阅读是视觉感知的活动

读者首先由视觉感知文字信息，其次由传导神经将文字信息输入大脑，最后大脑的中枢神经从中提取所需的信息。人们通过默读和朗读，把无声的文字转变为有声的语言，同时听觉器官感知并监听口读。感知文字符号信息只是阅读的手段，阅读的主要对象是书面语言（文本、数字、图像等），通过视觉的扫描从书面语言中获取意义。感知只能了解读物的个别属性和外部特征，从而获得感性认识。人们的一切认识都是从感知开始的，感知是阅读的开端，从这个意义上讲，感知能力是十分重要的。

（2）阅读是一种复杂的语言技能活动

阅读是由一系列阅读行为和阅读技巧组成的语言实践活动。阅读技能又可以细分为许多微技能，如字词的识别、语义的分析、提取有关知识、思考推理、归纳等。这些过程在人脑中是同时进行的，只有学会释词断句、撷取重点、归纳中心、查阅工具书等技能，才能把书本上的语言变成自己的语言，把文章所要表达的中心思想通过思考转化成自己的思想。

（3）阅读是个人思维活动和理解的过程

在阅读的过程中，人们通过感官感知文字信息后还必须经过思考、想象、判断、推理等一系列思维活动，才能将文字信号转换成各种概念和思想。无论是从生理角度还是从心理学角度，理解文章都是一个复杂的过程，这种过程被一定的规律所支配，由人的大脑思维非常独特的特性所决定。理解是人们逐步认识事物的联系，直至认识其本质、规律的一种思维活动，阅读理解的实质就在于以原来掌握的固有知识与读物中的新知识建立必要的联系。理解的过程是对文献进行再加工的过程。在这种过程中，人们通过对文献内容的逻辑分析和综合判断等一系列思维活动，将文献中的语言进行总结、提炼，变为自己的思想，从而获得阅读的乐趣，从中获取知识。

2. 阅读的主要功能

阅读对人们的价值观、道德观、人生观和审美观等方面有着深刻的影响。阅读不能延伸人生的长度，却可以改变人生的深度和厚度。阅读的功能主要体现在以下几点：

（1）求知功能

阅读是获取信息和占有知识的重要手段，是一种不受时空限制的受到人们普遍接受的行为方式。人们获取知识的主要途径除自身实践外，还要靠阅读。阅读实际上就是挖掘知识的过程。阅读的材料越多，获取的信息、占有的知识也就越丰富。人们掌握了丰富的知识，方能达到认识世界和改造世界的目的。

阅读是人们的终身活动，不论对儿童、少年、青年、中年还是老年人，都具有增加知识的效果。"学会求知"在某种意义上就是学会阅读。通过阅读，既能接受前人探索自然、观察社会的成果，从中汲取经验和教训，也能通过报刊、书籍和网络搜集需求的最新信息。阅读是读者认识客观世界的向导、桥梁。

（2）审美功能

人类追求的最高价值是"真、善、美"，其中，"真"属认识的价值，"善"属道德的价值，"美"属艺术的价值。阅读的审美价值即指读物和阅读活动本身对读者产生的美感陶冶作用。阅读可以增强读者的审美意识，培养读者的审美能力，激发读者的审美创造精神。阅读的审美价值来自读物内容方面的思想、哲理、品质、情操、意境美与读物形式方面的语声、结构、形象、节奏美。阅读是复杂的心智技能，阅读审美价值的实现依赖于读者对读物内容和形式美的体验、鉴赏和评价。读者在阅读活动中能陶冶高尚的审美情感，能熏染健康的审美趣味，从而完善读者的审美心理结构。

（3）开发智力、锻炼思维功能

智力指人认识、理解客观事物并运用知识、经验等解决问题的能力，包括记忆、观察、想象、思考、判断等。这个能力主要包括：理解、计划、解决问题，抽象思维，表达意念以及语言和学习的能力。其中思维能力是最主要的智力因素，处于核心地位。阅读过程从本质上说也是思维过程，当阅读者聚精会神地阅读时，即是在不断地思索、想象、判断、推理和评价。

广泛的阅读能不断促进知识的积累和技能的增长。一个人的知识越丰富，对事物的观察就越敏锐、深刻，而在诸多能力中起决定作用的思维活动就能在广阔的领域中进行，就能对事物的判断和推理更准确、更富有想象力和创造力。

（4）培养品德、陶冶情操功能

培养品德、陶冶情操，除了依赖于社会实践外，善于阅读也是重要的途径之一。阅读有助于人们深刻地了解人与人、人与社会之间的关系实质，而这正是科学地对待人生、树立高尚道德情操的必要基础。阅读有价值的读物会使读者的心灵得到净化，性情得到陶冶，甚至影响读者的人生道路和人生观。

总而言之，阅读作为人们精神生活的基本内容和精神交流的重要渠道，其促进社会发展的作用是不可替代的。

（二）阅读行为的研究

阅读涉及人、阅读对象、阅读环境、阅读过程等多个方面，每一方面又包括诸多内容，归纳在一起，阅读行为包括以下三个方面的内容：

1. 阅读行为的主体

阅读行为的主体主要是指与查找、选择、阅读和利用文献有关系的人。它包括两个方面的社会成员：一是对文献信息有着现实需求的读者；二是文献信息的提供者和服务者（包括文献的作者与图书馆工作人员）。

作为阅读主体的读者，广泛存在于社会的各个行业和阶层之中，一切具有阅读能力并从事具体阅读活动的人都属于读者的范畴。一个人成为阅读主体应该具有三个条件：第一，有阅读欲望；第二，具备一定阅读能力；第三，从事阅读活动。三者兼备，才是真正意义上的阅读主体。

2. 阅读行为的客体

阅读行为的客体又称阅读的对象，是阅读主体（读者）依据一定的时境，采取一定的手段所指向的对象。阅读客体不仅包括阅读对象（读物），而且包含阅读环境、阅读时间、阅读工具等基本要素。

（1）阅读对象

阅读对象是以文字为主体符号、固定在一定物质载体上并被读者所认识了的精神产品，简言之，即读物，它是阅读客体中的第一要素。根据不同的分类标准，读物有不同的类别。从符号看，可分为文字读物和图画读物；从载体看，可分为无声读物和有声读物；从地域看，可分为中文读物和外文读物；从内容看，可分为人文读物和自然读物；等等。阅读的客体或对象只能是文本（包括超文本，即数字化文本）。对阅读对象的非文本化超越只能是对科学阅读概念的解构。

①文本的含义：第一，文本译自英文的 text，是文学理论中的基本术语之一，是书面语言的表现形式，从文学的角度说，通常是具有完整、系统含义（Message）的一个句子或多个句子的组合。一个文本可以是一个句子（Sentence）、一个段落（Paragraph）或者一个篇章（Discourse）。第二，计算机的一种文档类型。该类文档主要用于记载和储存文字信息，而不是图像、声音和格式化数据。常见的文本文档的扩展名有 txt、doc、docx、wps 等。第三，指任何文字材料。如基本由词汇组成的思维导图、广告材料等，也可以看作是文本。

②文本的特征。根据文本形态来看，从历史上的甲骨、青铜器、莎草纸、羊皮、竹简、木版、缣帛、纸张到今天的胶片、磁带、光盘、电脑网络等都是阅读的文本。总体来看，文本经历了从简策到纸本，从抄本到雕版印刷再到机器印刷，再从印刷型到电子本的发展过程。然而同一发展阶段存在多种文本并存的现象。某一时期文本的选择，受当时文献发展的客观需要、社会生产技术提供的现实性、读者个人的阅读兴趣等多种因素的制约。

（2）阅读环境

阅读环境被称为仅次于阅读对象的第二信息源，有主观和客观之分。主观环境指阅读的精神状态，包括读者的心理状态、学术观点等。客观环境指阅读的物质环境，包括自然环境和社会环境。

（3）阅读时间和阅读工具

阅读时间和阅读工具也是阅读客体中不可缺少的因素。任何阅读活动都是在一定的时间链条上进行的。科学地管理和运筹时间是提高阅读效率的保证。阅读工具是联系阅读主体与阅读客体的中介，是读者在认识把握读物过程中运用的手段。阅读工具包括各类工具书籍、器具以及各种阅读工具学科和工具语言。

任何阅读实践，除阅读主体、阅读客体、阅读环境之外，都离不开阅读时间和阅读工具。

3. 阅读行为的本体

阅读本体属于一种实践活动，通常指读者对某种读物的阅读。对阅读行为进行研究分析就会发现，阅读行为的本质是读者和读物互相作用的过程。在阅读行为中读者与读物会产生精神方面的统一，这不仅是物质与精神的统一，更是个人行为与现实行为的升华。因此，我们可以认为阅读是开放的，通过阅读可以实现我们全方位的提升。也就是说读者、读物与阅读本体是一个相互关联的整体，对读者阅读行为的研究需要结合各个因素综合考虑。

（三）读者的阅读行为分析

顾名思义，读者行为学主要研究的是读者的行为，而读者行为中的阅读行为属于其外在表现。通常情况下读者会根据自身的信息需求去查找相关资料，在资料查找与汲取过程中便会自主设计阅读行为。阅读行为是以信息需求为基础的，不仅反映出了外部的环境，也在一定程度上与心理环境相联系。因此，通过对读者阅读行为的研究与分析，可以了解其需求以及动机；通过阅读行为可以了解阅读者的能力；通过对其一系列的行为能力展现可以对其进行研究总结并发现其中规律。

1. 阅读行为的特性

阅读行为是读者生理行为与心理行为相碰撞的展现。随着阅读过程中能动性的提升，阅读目的逐步完成，阅读效果提升。阅读行为是对信息媒介的感知与接受，不仅包含读者和读物两个要素，还包含阅读时境。在阅读时读者是其主体，阅读行为的产生与否受主体主观意志的影响；而读物则属于阅读行为的对象，阅读对象的作用在于其可以与主体产生精神层面的碰撞。通常情况下读者在阅读过程中会对文本有初步的认识，随后会根据自身侧重点与目的去进行阅读调整。

尽管读者的阅读行为会因为个人的需求、动机、能力、文化阶层等不同而异，但总体而言，读者的阅读行为有其共性。

一是广泛性。当今，在知识主宰人类生产和发展，主导整个经济社会进步的信息化时代，任何有阅读能力的读者都会以各种阅读方式广泛阅读、汲取知识，丰富自身的知识结构，全民阅读已经成为社会发展的必然趋势。

二是目的性。阅读是一种目的性、动机性很强的心理活动过程，阅读目的在整个阅读活动中的意义不言而喻，目的越明确，阅读的效率就越高。阅读行为的目的性是读者阅读行为的显著特点之一，没有目的的阅读行为是毫无意义的。每个读者都是为了获取某一方面的知识而去阅读，这是自觉的、有目的的阅读行为。

三是多样性。人在社会实践中会产生阅读需求，阅读需求既是阅读行为的基础，也是阅读动机的基础。阅读行为是从阅读需求到阅读动机再到阅读实践的过程。阅读行为主要受阅读环境与阅读者的心理两方面的影响，因此阅读行为可以说是阅读者心理反应与环境融合的外在体现。阅读行为具有多样性与复杂性，不同时间、地点的阅读行为也会存在一定的差异。

四是阶层性。不同层次的人员，其阅读的内容不同，所对应的社会问题、经济问题等均存在差异，文化水平的不同形成了不同层次的阅读行为。当然不同层次的阅读不仅体现在阅读内容上，还体现在思想、社会地位等方面。修养不同、兴趣不同等均会影响阅读行为。因此不同阶层人群的阅读需求、阅读内容、阅读深度等均不同。通常情况下处于同一阶层的人员其阅读的兴趣、理解能力等趋于相同。例如，知识分子读者、学生读者、工人读者、干部读者其阅读行为明显带有各自的特点，存在着差异，这体现出读者阅读需求在阅读内容和阅读水平上的层次性。

五是连续性。阅读是一个循序渐进的知识积累过程，更是潜移默化的人格修炼过程。读者的阅读行为表现为一种连续不断的过程，即阅读需求——阅读动机——阅读目的——阅读行为——阅读目的实现——新的阅读需求——新的阅读动机——新的阅读行为，如此循环往复。

六是社会性、环境性。阅读行为总是不能脱离一定的外部环境，包括阅读者个体的社会文化背景及阅读发生环境，阅读者文化背景的差异必然导致他们认知习惯、学习方法和思维方式等方面的差异。就跨文化阅读来说，文化背景差异势必影响到阅读者的解读方式和理解水平。只有历史地、具体地研究读者，把读者放在特定的时代和社会环境中加以考察，才能认清读者的社会性特点。

2. 阅读行为的影响因素

不同读者的阅读行为存在很大差异，在对其影响因素进行研究分析时不仅需要分析其行为规律，还需要考虑不同人群的心理活动，了解其在不同环境下的阅读行为差异。如果需求不能得到很好的满足便会形成阅读需求，以汲取更多的知识。通常情况下个人需求受所处环境的影响，因此周围环境因素对阅读行为的影响非常大。行为的产生是内部立场与情景立场相互作用的结果，情景立场是其主要影响因素，内部立场是其主要决定因素。人的行为是个人与环境相互作用的函数或结果。

阅读行为是社会发展的产物，根据勒温的理论，影响读者阅读的因素不外乎两种，即个人因素和环境因素。因此，读者阅读行为除了受自身知识水平、职业特点、思维方式及个性心理等个体因素影响外，还受到社会政治、经济、文化、科学技术的发展及所处特定环境等社会因素的影响，而读者行为又会随着社会因素与个体因素的变化发展而变化发展，从而处于一种动态过程。

读者的阅读行为不是孤立存在和发展的，都要在一定的环境中进行。环境是阅读行为不可或缺的重要的外在条件，阅读行为是"读者—媒介—环境"三者相互作用的关系，凡是来源于外在的，影响读者阅读需求及行为的均属于环境因素。

来源于读者自身的影响阅读行为及阅读需求的均属于个人因素。主要包括以下 4 个方面：

（1）自然环境因素

社会发展在一定程度上依赖于自然环境，环境必然对读者的阅读需求及行为产生影响。这种影响表现在不同的自然资源状况形成不同的产业结构和就业环境，导致读者对社会产业阅读需求的差异。一个国家或地区的地形、地貌、地理位置等地理条件所决定的社会活动和建设，直接影响读者对知识信息的需求。不同的社区环境形成生活方式、经济结构、文化氛围以及自然资源利用和再生的不同水平，这种差异又造成居民在知识信息需求的广度、深度、形式和途径方面的不同特点。

（2）文化水平因素

读者的接受能力、理解能力，主要受其生活经历、教育程度、知识结构、思想水平等因素的制约。不同文化程度的读者表现出不同的阅读能力和行为，其利用和理解阅读媒介的语种、类型、类别、等级存在较大差别。在知识结构相同的情况下，读者的智力发展状况也严重制约其阅读需求。比如，知识分子（包括教师、科研人员、律师、作家、医生、艺术家等）是具有一定文化科学知识的脑力劳动者，从事的是以知识为工具的精神生产，阅读是他们生活中不可缺少的一部分，因此大都表现出强烈的阅读意识。工人群体属于体力劳动者，从事的是简单的机械劳动，不要求有很高的文化水平，阅读对他们来说不是必需的，因而阅读意识不是很强烈。另外，由于工人群体接触社会实际，阅读上容易受各种社会潮流的影响，容易形成流行性阅读现象。

（3）社会环境因素

阅读是人类社会生活中一种特有的、必不可少的精神活动，是自有文明以来人类接受文字信息的一种社会行为。社会是人类生存的直接环境，阅读产生于社会，又服务于社会。社会成员的阅读活动与社会环境存在着必然的、直接的相互作用、相互影响的关系。每一个社会成员都不可避免地受到各种社会因素的影响。社会因素不仅影响人们的需求和态度，而且左右和约束人们的思想与言行。不同社会发展阶段、不同社会制度，在政治经济、文化教育、科学技术、宗教信仰诸方面的影响下，读者的阅读行为也在发生着变化。对图书馆读者行为的研究，从社会发展总体背景的联系进行分析，能帮助我们对读者丰富多彩的行为表现做出深层次的研究。影响读者阅读的社会环境因素包括以下六个方面：

第一，政治环境。政治环境影响文化环境，进而影响阅读行为。生活中的方方面面均受国家政治经济环境的影响，阅读活动作为生活的一部分，也是如此。不同时代的读者有着不同的思想，均是受到了政治环境因素的影响。阅读者在阅读活动中或多或少地会根据自身需求转变阅读的方向，其阅读的内容也会因为政治环境的不同而发生变化。可以说，政治因素影响着阅读者的阅读需求，影响着其阅读行为。良好的政治环境为健康阅读打下了坚实的基础，促进了阅读活动的持续发展。

第二，经济环境。阅读的持续发展与经济持续发展相辅相成，想要开展良好的阅读活动需要具备一定的物质生活条件。社会主义市场经济的不断发展影响了一代人的思想，形成了大量极具多样性的经济价值观，为我国创造了更多的经济效益，促进我国经济飞速发展。与经济环境相对应，阅读者的需求也有所改变，随着经济环境的变化更多的人开始关注金融信息、管理信息等。

第三，文化环境。文化影响着社会的发展，也影响着阅读者的心理与行为。文化具有多样性、渗透性等特点，因此人们在阅读活动中会潜移默化地受文化的影响。阅读行为在一定程度上带有文化的色彩，处在不同社会环境中的个人，受到不同文化的影响，会表现出不同的文化色彩。长期受某种文化熏陶的个人会表现出明显的文化特质，并区别于受其他文化熏陶的个人，所以人类行为常常是带有某种文化倾向性的行为，同样读者行为也表现出不同的文化倾向性。

第四，教育环境。社会教育是提高生产者文化水平和生产技能的重要途径。教育越发达，社会文化教育普及程度就越高。一个国家的教育水准直接提供该国读者阅读能力的保障，决定着社会的智力结构，而社会文化教育普及程度直接反映在社会具有阅读能力的人的数量上。全民族文化水平的提高，高学历人员比例的增长，为知识传播与交流繁荣提供了可靠的保证。

第五，物理环境。阅读的物理环境指从事阅读的外界客观条件，指阅读的具体处所及其周围的境况，如教室、图书馆、文化馆、宿舍及家庭等。它一般和阅读内容不发生直接的联系，而是多作用于阅读主体的身心情绪，从而影响阅读的效果和质量。

第六，技术环境。现代计算机技术、网络通信技术的飞速发展，给社会生活的各个方面带来了强烈和深远的影响。以多媒体网络技术为标志的信息技术已在各领域得到广泛应用，使传统的阅读方式得到了全新演绎。读者阅读率高低和技术环境的互联网基础设施发达与否有着直接的关联；技术既根植于机器和机械设备，同时又包含了阅读者的知识和技能，从而导致不同层次读者阅读行为的差异。

（4）生理、心理特征因素

心理特征是指读者心理活动特征的综合反映，由于读者的性别、年龄、性格不同，他们表现出来的心理素质和智力状态对阅读的心理和行为产生很大的差异，从事阅读活动的心理倾向或状态也有很大的区别。读者个性的心理倾向包括阅读动机、阅读兴趣、信息意识以及读者的信念、理想等因素。读者行为过程中的态度、所表现出的能力等心理因素对读者行为有着极其重要的影响，个人爱好和个性特点往往引发读者个体特殊的阅读需求，影响其阅读吸收的能力。

人的行为总要受动机、兴趣、理想、世界观等因素的制约和影响，使人以不同的态度和积极性去组织自己的行为，有选择地对客观现实做出反应，读者的阅读动机可影响阅读行为。比如，青年读者世界观刚开始形成，这个时期思想活跃，情绪波动不定，易冲动，易受外界新思想、新观念的影响，阅读兴趣、方向比较广泛；中年读者随着个人经历、年龄的不断增长，气质和个性心理日趋成熟、完善，往往把阅读兴趣和职业特征结合起来，为工作需要而阅读；老年读者随着退休生活的到来，生理和心理都发生了巨大的变化，地位和角色与从前有很大的不同，这些都会影响他们的阅读行为，他们主要是为了生活、健康而阅读，关心一些养生益寿、健康咨询等方面的知识。

二、图书馆阅读服务的特征

阅读不仅仅是指个体、单向的行为，同时也是一种双向互动的社会活动。激发国民阅读兴趣、帮助国民培养阅读习惯、提高国民阅读能力是图书馆提供阅读服务的出发点和目的。图书馆阅读服务是指图书馆利用馆藏资源、空间资源、人力资源等向社会公众提供与阅读相关的服务。信息载体形式多样化带来阅读方式、阅读内容、阅读目的"连锁反应"，信息载体有传统、数字、多媒体等多种形式，阅读方式从传统阅读方式到移动阅读、交互阅读和体验阅读多元阅读方式共存。

公共图书馆阅读服务是图书馆利用自身资源开展与阅读相关的一系列活动的服务，以人为本的服务理念贯穿整个阅读服务。公共图书馆阅读服务有以下特点：

第一，坚持以人为本。图书馆阅读服务的核心宗旨始终强调以读者的需求为中心，这一理念随着社会的发展而逐渐演变和深化。在不同的历史阶段，图书馆的服务方式和内容因应读者需求的变迁而变化，但始终未脱离"以人为本"的根本原则。在早期，图书馆服务主要是提供实体书籍和文献，为读者在寂静的环境中阅读提供便利。随着科技的进步和社会的变迁，人们对于阅读的形式和内容产生了新的期待，图书馆阅读服务因此不断创新，推出移动阅读和数字化资源，以适应数字时代的潮流。

这种服务的转变不仅停留在提供数字化阅读材料上，更体现在图书馆角色的转变上。图书馆已经从提供信息的中心演变为一个创新的社交场所，一个集学习、交流、休闲和娱乐为一体的"第三空间"。图书馆通过举办各种文化活动、阅读促进项目和工作坊，成为社区生活的一部分，满足了读者对于交流和共享的需求。这样的转变不仅吸引了更多的访客，还促进了知识的传播和社区的发展。

在实践中，"以人为本"意味着图书馆必须敏锐地察觉和响应社会变化和读者需求的新趋势。当今的图书馆不再是单纯的书籍收藏机构，而是成了积极参与社会教育、文化传承和技术创新的主体。图书馆通过提供个性化的阅读推荐、信息服务和学习支持，确保每位读者都能获得个性化的服务。图书馆工作人员的专业发展也紧跟着这一理念，不断提升服务质量，以确保阅读服务能够更好地服务于公众。

总之，图书馆阅读服务贴近人心的进步体现在对服务模式的不断创新和对读者需求的深入理解上。它不是一成不变的，而是一个动态发展的过程，旨在通过不断适应社会发展和技术革新，以更多样化、智能化和专业化的服务手段，为读者提供更加丰富、便捷和个性化的阅读体验。这种以人为本的服务理念确保了图书馆在数字时代仍然是知识传播和文化交流的重要场所。

第二，阅读资源多元化。阅读资源多元化是现代图书馆发展的关键趋势，它突破了传统资源的局限性，涵盖了包括纸质图书、电子书籍、在线期刊、数据库、多媒体材料、三维信息模型等在内的丰富资源类型。在这个基础上，图书馆的资源建设不断深化，旨在满足不同读者的需求。纸质资源依然被视为知识传承的宝贵载体，而数字资源则以其即时获取、易于分享和存储的优势，成为现代阅读的重要组成部分。多媒体资源和三维信息资源则为用户提供了沉浸式学习和探索的体验，拓宽了阅读的边界。此外，图书馆通过整合不同形式的资源，不仅丰富了服务内容，也增强了信息检索与获取的便捷性，从而确保了服务质量的持续提升。这种多元化的资源建设策略不断适应和引领着阅读习惯的变化，为图书馆打造了一个全面、多维的知识信息平台，满足了现代社会对于高效、多样化阅读服务的期待。

第三，阅读服务方式多样化。图书馆阅读服务的发展已经不再局限于静态的阅览室，而是呈现出丰富多彩的服务方式，紧密地融入读者的日常生活中。传统的阵地服务提供稳定的物理空间，让读者可以在安静的环境中阅读和学习，现在的图书馆服务已经扩展到流动服务，通过图书车等移动设施将阅读资源送到社区和学校，让阅读无处不在。同时，图书馆正在逐步转变为具有学习、休闲、娱乐、交流和创造功能的"第三空间"，它不仅是信息的储藏室，更是社交和文化活动的舞台，打造具有吸引力的阅读空间，如咖啡书吧或艺术展览区，邀请读者在享受阅读的同时体验社交和文化的乐趣。数字阅读服务也日益强大，通过网络平台和移动应用程序，读者可以随时随地访问电子书籍、音频书和在线数据库。为了加深阅读体验，图书馆还引入了虚拟现实和增强现实技术，使读者能够通过虚拟阅读体验服务沉浸在书籍内容中，获得前所未有的阅读乐趣。图书馆的阅读推广活动也更加多样化，举办讲座、研讨会、作家见面会和阅读俱乐部，旨在激发公众的阅读兴趣并增进文化交流。这些多样化的服务形式展示了图书馆在满足读者需求方面的灵活性和创新精神，使其成为集知识获取、社交互动和文化创造于一体的综合性空间。

第四，服务手段智能化。图书馆在智能化服务手段方面的发展得益于信息技术的持续创新，其中大数据和云计算为个性化推荐和资源共享提供了强大支撑。RFID 技术的应用使得图书馆的图书管理和借阅变得更为高效，同时智能感应技术优化了用户的自助服务体验。智能导航技术则在庞大的图书资源中为读者提供了精确的指路功能，简化了信息检索的过程。增强现实（AR）和虚拟现实（VR）技术的引入，不仅为读者带来了沉浸式阅读体验，而且丰富了教育和研究的途径。人工智能在咨询服务和语音交互中的应用，提升了服务的响应速度和质量。5G 网络的普及则确保了服务的快速连通性，支持了高速数据传输，为移动阅读和在线服务提供了坚实的网络基础。这些技术的综合运用，不断推进图书馆阅读服务向智能化迈进，提升了服务效率，改善了用户体验，同时也开辟了新的服务模式和创新路径，标志着图书馆服务向更高层次的发展。

第五，服务人员专业化。服务人员的专业化是图书馆提供高质量服务的关键。随着时间的推移，图书馆不断强化馆员的知识体系和专业技能，确保服务人员能够适应多样化和高级别的服务需求。专业化的追求不仅反映在对服务深度的探究中，而且体现在每一位馆员对阅读服务核心职责的认识和执行上。深化阅读服务的专业化对提升图书馆的整体服务水平至关重要，因此，提高馆员的专业素养成了一个不断追求的目标。在社会各界对阅读推广的需求日益增长的背景下，图书馆界已经开启了对阅读推广人员的培养和训练项目，突显了对这一角色的重视程度。通过这种培训，图书馆服务人员不仅能够更有效地推广阅读，还能够更深入地理解和满足读者的需求，从而提升阅读服务的整体效果和质量。

第二节　图书馆阅读服务发展演进

阅读，已经成为全球关注的焦点。"世界读书日"为推动更多人阅读而设立，我国的学习型社会、书香社会构建以及倡导全民阅读也是为了让更多人加入阅读行列之中。公共图书馆作为社会文化服务机构，阅读服务是其履行社会职责和实现社会价值的途径之一。信息科技发展与创新、国家政策出台和国民阅读方式改变影响着图书馆阅读服务的发展演进。

一、图书馆阅读服务的发展历程

长期以来，人们是通过纸本等传统文献载体进行阅读。图书馆提供的服务都是传统模式、被动服务。20世纪初，随着人们对图书馆需求的增长和社会发展对图书馆服务的影响，图书馆出现了"开放藏书，启迪民智"的思想转变，图书馆服务理念也从"重藏轻用"转变为"以用为藏"和以人为本。这一时期的阅读服务主要以馆藏图书资源外借、阅览为主。从古代藏书楼"藏"的主要社会职能到"开启民智"的公共文化服务设施，图书馆阅读服务处于传统服务时期。

（一）传统阅读服务时期

图书馆传统阅读服务时期的主要内容是文献外借、阅览服务、参考咨询服务以及传统阅读宣传等。

1. 传统阅读服务的内容

（1）文献外借

文献外借作为图书馆阅读服务的核心功能，在传统阅读服务时期扮演着重要角色。早期图书馆采用闭架服务，读者需通过目录选择文献，之后由图书管理员取书，这种方式虽保护了藏书，但读者探索新知的自由度受限。随着开架借阅服务的引进，图书馆赋予了读者直接接触书架的机会，极大地方便了读者自主选择图书，丰富了阅读体验。这种服务模式不仅节约了读者的时间，还提升了图书馆的流通效率。在服务方式上，除了图书管理员的传统手工借阅记录外，馆际互借系统的建立也拓展了读者获取资源的渠道，使得不同图书馆之间的藏书能够共享，极大地扩展了读者的阅读视野。流动图书馆的出现则进一步打破了地理和移动的限制，将文献资源送至偏远地区和行动不便的读者手中，实现了图书馆服务范围的拓展和阅读公平性的提升。这些多样化的文献外借方式共同构建了一个便捷、高效且包容的传统阅读服务体系。

（2）阅览室开放

传统阅读服务时期的图书馆阅览室开放标志着藏书与接触读者的空间界限的模糊，开架服务的推广使得图书的流通更加直接和自由。图书馆的空间设计开始重视阅读体验，将存储、借阅、阅读、咨询等功能区域相融合，以便为读者提供一站式服务。在这一过程中，阅览室不再仅是静默的书籍堆砌之地，而是转变为动态的知识交流场所，强调舒适与美观并重的阅读环境。优雅的阅览室布局设计旨在营造出一种文化氛围，鼓励读者沉浸于书籍世界，同时也促进了知识的交流与共享。图书馆通过精心的空间规划和细节装饰，使得传统阅读服务的空间不仅满足了阅读的基本需求，更提升了读者的整体体验，营造出一个促进学习和思考的环境。

（3）传统阅读活动

传统阅读活动在图书馆管理和服务方面扮演着重要角色。这些活动通过阅读推荐与指导，将读者引导至丰富的知识海洋，满足不同层次的信息需求。交流会和培训班提供了一个平台，让读者能够分享阅读体验，获取阅读策略，增强信息素养。同时，图书展览不仅增强了图书馆的吸引力，还展示了馆藏的深度与广度，激发了公众的阅读兴趣。这些多维度的阅读活动不仅加深了社会对图书馆的理解和认识，促进了图书馆资源的有效利用，还拓宽了图书馆阅读服务的边界，为读者提供了学习交流和个人成长的机会，增强了图书馆在文化传播和教育推广中的作用。通过这样的服务创新，图书馆不断提升其社会价值，成为推动知识传播和文化进步的重要力量。

2. 传统阅读服务的局限

传统阅读服务受到古代藏书楼"重藏轻用""重管轻用"思想和现实条件

的制约，图书馆服务工作常常受到忽视。这个时期的阅读服务在服务模式、服务观念、服务方式和服务重点等方面具有特定特点。

（1）服务理念被动

在传统的图书馆阅读服务模式中，服务理念往往显得较为被动。这种服务方式以藏书和管理图书为中心，导致服务内容围绕图书馆的物理藏书和馆内活动展开，而非以读者的需求为出发点。图书馆工作人员通常等待读者进馆以后，根据他们的请求提供相应的服务。这种模式下，图书馆的服务往往缺乏主动性，未能充分预见或探询读者的潜在需求，从而未能提前准备或主动提供个性化服务。即使在流动阅读服务上，图书馆也往往只是简单地移动资源，而非根据读者群体的特定需求来设计服务。这导致了图书馆服务的模式化，缺少了对读者需求的深入了解和积极响应，使得服务的被动性较为明显，限制了图书馆作为知识和信息服务中心的潜力。

（2）服务内容单一

在传统的图书馆阅读服务时期，读者所能接触到的服务内容相对单一，主要集中在图书的借阅、现场的阅览，以及基于图书馆藏的书目推荐等方面。服务形式包括传统的阅读指导、读书交流会与各类培训班，以及图书馆为展示藏书而举办的书展。尽管这些服务在当时来说提供了基础的阅读支持，但整体而言过于依赖于物理形式和现场互动，缺乏对个性化和多样化需求的响应与满足。这种服务的形式化导致读者参与度不高，图书馆也很少针对读者的实际体验进行深入的满意度调查和反馈回访，从而忽视了服务质量的持续改进和读者需求变化的有效捕捉。这种情况下，图书馆阅读服务的单一性不仅限制了读者更深层次阅读需求的发掘，也未能充分发挥图书馆在文化传播和教育普及方面的潜在作用。

（3）服务范围局限

传统图书馆阅读服务的局限性在很大程度上限制了读者对于图书馆资源的认识和利用。读者与图书馆之间的空间距离直接关系到他们的访问频率和利用率，因为远离居住或工作地的图书馆往往会减少读者的访问愿望，这种物理上的隔离成为转化读者需求为实际行动的障碍。同时，图书馆的开放时间过去常常仅限于标准的工作时间内，这与大多数人的工作和生活时间冲突，使得读者在平日难以利用图书馆资源。此外，图书馆管理制度的严格性，如借阅规则、阅览条款和检索程序等，往往对读者构成了额外的限制。这些规章制度的复杂性和不透明性，加之一些馆藏的不可外借或特定书库的封闭政策，增强了服务的局限性和图书馆的封闭感，进一步影响了图书馆阅读服务的普及和接受度。

（二）数字阅读服务时期

1. 数字阅读服务的内容

（1）阅读导航

图书馆阅读导航作为数字阅读服务的初始环节，发挥着至关重要的作用。这项服务通过深入细致地组织图书馆的信息资源，以及多维度地展现这些内容，确保读者能够以最直观和方便的方式接触到馆藏。图书馆网站的精心设计是阅读导航的实际体现，它通过直观的界面和逻辑清晰的布局，使得用户能够不费吹灰之力发现和检索到所需的资料。这种用户友好型的导向服务不仅提高了信息的可检索性，也优化了用户的检索路径，从而极大地增强了用户寻找和利用图书馆资源的效率和体验。通过这样的服务设计，图书馆能够确保其数字资源的高可见性和易用性，帮助读者在信息的海洋中顺利航行，快速锁定目标资源。

（2）阅读提供

图书馆阅读服务的发展与创新在提供多样化的阅读渠道方面表现得尤为明显，逐步从传统的纸质文献转向了数字化资源。在数字时代，图书馆通过在线阅读服务，允许用户随时随地访问电子书籍、学术论文和各类数字媒介，从而解决了实体图书可达性的问题。资源下载服务进一步拓宽了阅读的便捷性，用户可以将感兴趣的资料下载到个人设备上，实现离线阅读，满足即使不在图书馆内也能继续学习和探索的需求。此外，数字阅读器的借阅服务为那些不拥有阅读设备的读者提供了便利，确保了每个人都有平等的机会享受数字资源。这些创新服务的实施不仅丰富了图书馆的功能，也极大地提高了用户的阅读体验，促进了知识的普及和传播。

（3）阅读互动

图书馆阅读互动服务通过促进读者与图书馆员以及其他读者之间的交流互动，增强了社区的凝聚力和读者的参与意识。在这种服务模式下，图书馆论坛成了一个重要的平台，为读者提供了一个自由表达读书感受、交流思想、推荐书籍的空间。这样的互动不仅拓宽了读者的视野，也加深了对阅读材料的理解和欣赏。图书馆员在此过程中扮演着关键的角色，他们不仅管理着论坛以保持其秩序和质量，更重要的是，他们通过积极参与讨论和提供专业建议，引导着读者走向更深层次的阅读和思考。同时，图书馆通过组织多样化的互动活动，如读者俱乐部、作者访谈、阅读挑战等，进一步激发了读者的阅读热情，使图书馆成为一个活跃的学习和交流的社区中心。

（4）移动阅读服务

移动阅读服务的崛起为图书馆服务的创新开辟了新路径，这一趋势反映出数字化时代用户需求的转变。图书馆应对此变化，推出了适应移动设备的数字图书馆应用程序和阅读平台。这些服务使读者能够不受时间和地点的限制，随时随地通过智能手机或平板电脑访问图书馆的丰富资源，并获取最新的图书馆资讯。移动阅读不仅便捷，还突破了传统图书馆服务的时间框架，提供了更为灵活的阅读体验。尽管国内数字阅读平台仍面临一些挑战，如资源整合和版权问题，但通过精心设计和元数据的合理利用，这些平台也能够有效满足用户多样化的阅读需求。这些实践为其他图书馆提供了可借鉴的经验，虽不能与国外成熟的电子书平台 OverDrive 直接竞争，但强调本土化服务和资源整合的策略同样能极大地提升用户满意度和阅读服务的覆盖率。

（5）"微"服务

图书馆通过微服务，巧妙地将微博、微信等社交媒体平台转化为图书馆和阅读推广的新阵地。在这些平台上，图书馆不仅能够及时发布最新的图书信息、阅读推荐和文化活动通知，还能够与读者建立起更为直接和个性化的交流互动。读者可以通过这些微平台直接向图书馆提问，获得阅读建议和研究帮助，同时参与到各种线上互动活动中，如主题讨论、阅读挑战和知识问答，从而增加阅读的趣味性和参与度。图书馆利用这些轻量级的服务手段，有效拓宽了阅读服务的边界，提高了图书资源的利用率，并通过互动提升了读者的文化素养和信息素质，为构建学习型社会和书香社会做出了积极贡献。微服务的灵活性和亲和力使得图书馆能够更好地适应数字化时代的发展，满足现代读者多样化的阅读需求和习惯。

（6）数字阅读推广活动

图书馆数字阅读推广活动充分利用了网络平台的便捷与广泛覆盖，极大地拓宽了服务受众，延展了服务时间，创新性地为远程读者提供了图书馆阅读服务的新体验。这些活动不仅覆盖了线上阅读社群，而且通过视频讲座、互动式学习和征文比赛等多种形式，激发了读者的参与热情，增强了图书馆服务的吸引力和影响力。信息检索技能培训等活动进一步赋能读者，提升了他们的信息素养和自主学习能力。通过这些多元化的数字阅读推广活动，图书馆不仅保持了传统阅读的核心价值，同时也适应了数字化时代的发展趋势，实现了阅读服务的创新转型。

2. 数字阅读服务的特点

（1）服务模式主动化

在数字阅读服务时期，图书馆的服务模式经历了根本的变革，由原来的被动接待转变为主动出击。随着阅读习惯的数字化，图书馆不再仅仅依赖于实体藏书吸引读者，而是积极调整资源配置策略，推进体系化和特色化的数字资源建设，确保读者能够随时随地接触到图书馆提供的丰富的阅读材料。这种转变涉及从传统的纸质书籍到电子书籍、音频书籍等多种形式的数字资源，以满足不同读者的需求。图书馆通过网络媒体和新媒体平台，如社交网络、博客、播客和图书馆自己的应用程序等渠道，主动将最新的阅读资讯、推荐书目、在线活动和学习资源推广给读者。这种服务的主动化不仅提高了读者的参与度和满意度，而且拓展了图书馆服务的边界，使得阅读服务不再受限于物理空间，图书馆与读者之间的互动更加即时和便捷。

（2）服务方式多样化

图书馆在数字阅读服务时代展现了服务方式的多样化，这种转变借助了互联网和新媒体的力量。图书馆不再局限于传统的实体借阅，而是通过电子阅读器的外借服务、提供数字阅读 APP 的资源下载、实现扫码阅读以及整合各类阅读平台资源，来满足用户的便捷阅读需求。这些举措有效地将图书馆的服务延伸至读者的个人设备和空间，允许读者在任何时间和地点接触和享受阅读。同时，数字阅读推广活动，如在线讲座、互动研讨等形式也丰富了读者的体验，提升了阅读的趣味性和参与度。应用新技术的同时，图书馆不断优化服务流程，提升了服务效率，保证了阅读服务的水平与质量，进而提高了读者的满意度。这些创新服务方式不仅增强了图书馆的吸引力，也促进了阅读文化的传播，最终达到了提升图书馆社会效益的目的。

（三）智能阅读服务时期

随着智慧城市的建设与发展，智慧图书馆的研究与实践也上到了建设日程，图书馆阅读服务也迎来了新的时期——智能阅读服务时期。大数据、数据挖掘技术、物联网技术、情景化技术、RFID 技术、3D/AR/VR 技术、人工智能等技术的成熟与广泛应用为图书馆带来了新机遇。"图书馆学新五定律"强调新技术应用的目的是提高服务质量和满足用户需求，并非以"技术至上"作为目标。智慧图书馆建设不仅需要人工智能技术的支撑，更需要智慧图书馆员。智慧馆员是智慧服务、智能服务的核心，技术是辅助手段。

1．智能阅读服务的内容

（1）智能机器人

智能机器人作为智慧图书馆的重要组成部分，为阅读服务领域带来了革命性的变化。这些机器人利用先进的交互系统和语音识别技术，与读者进行实时互动，提供个性化的服务。它们能够迅速准确地引导读者到达指定书籍的位置，极大地优化了图书检索和获取的流程。通过智能导航，读者在图书馆中的取书过程变得更加流畅和高效，大大节省了他们的时间。除了基础的定位服务，智能机器人还能提供丰富的互动体验，如朗读报纸、书籍内容，甚至分享其他读者的阅读感悟，这不仅丰富了读者的阅读体验，还为他们提供了互动交流的新平台。这种智能化的服务模式不仅增加了阅读的趣味性，而且提升了图书馆服务的整体效率，标志着阅读服务方式向着更加智慧和便捷的方向发展。

（2）虚拟阅读体验

虚拟现实技术（VR）在图书馆阅读服务中的应用，开辟了一种全新的阅读维度。通过戴上 VR 设备，读者可以进入到一个三维的虚拟世界，其中虚拟阅读空间根据文本内容定制，环境与故事情节紧密结合，使读者仿佛身临其境。不再受限于实体书本和传统的阅览环境，VR 技术带来的虚拟＋阅读、虚拟＋检索、虚拟＋查询等服务，让读者在享受阅读的同时，能够以更加直观和互动的方式进行信息检索和知识探索。此外，增强现实技术（AR）通过智能设备扫描二维码，能即时将文字信息转化为图像或动画，丰富了阅读的维度，增添了互动的趣味性，使得阅读体验更加生动和吸引人。这种技术的融合不仅提高了阅读的趣味性和参与感，而且有效地提升了信息获取的效率和深度，为读者打开了沉浸式学习和探索的全新大门。

（3）品牌阅读活动

在智能阅读服务时期，图书馆阅读推广活动转型为品牌化策略，旨在构建具有强烈识别度和吸引力的阅读促进项目。这些品牌活动通过精心设计的目标人群定位，命名策略，以及标识的创意表现，塑造出独特的活动形象。活动方案的制定涉及详尽的策划，包括主题选择、内容规划、参与方式及互动机制的设计，确保每一项阅读推广活动都能触及读者的兴趣点和需求。宣传手段的多样化运用，如社交媒体互动、线上线下结合的推广方式，以及与其他文化教育机构的合作，共同增强活动的可见度和影响力。通过这种专业化和系统化的品牌活动规划，图书馆不仅能够更精准地服务于不同的阅读群体，也大大扩展了服务的辐射范围，从而提升了图书馆在现代社会中的文化地位和社会价值。

（4）城市公共阅读空间

城市公共阅读空间作为图书馆服务网络的重要延伸，实现了阅读服务的"最后一公里"覆盖，通过自助化和智能化管理体系，极大地方便了市民的阅读体验。用户可自主办理图书馆证件、借阅与归还图书，实现真正的"随取随读"。设计理念注重环保与智能科技的融合，同时融入地方特色文化，使之成为城市文化的一个缩影。在便捷的同时，这些阅读空间也成了地域文化传播的新阵地。绿色植被与艺术装置相结合的空间布局，不仅给市民提供了舒适的阅读环境，而且成了城市的一处文化风景线，让市民在日常生活中无缝接触到阅读与文化，进一步激发了公众参与阅读的热情，提升了图书馆的社会服务能力与文化吸引力。

2. 智能阅读服务的特点

（1）服务场所泛在化

智能阅读服务通过其场所的泛在化，已经突破了传统图书馆的物理边界，将阅读体验无缝融入市民的日常生活中。在这个智能化时代，城市公共阅读空间的创新建设和人工智能技术的广泛应用，使得阅读服务不仅仅局限于图书馆内部，而是扩散到了街角咖啡厅、公园长椅，甚至是地铁站台。24 小时自助图书馆如同不打烊的知识超市，随时满足阅读需求；城市书房以其便利性和舒适性，成为市民休憩与学习的新去处；地铁图书馆则将通勤时间转换为知识获取的宝贵机会。这些多元化的阅读服务形式有效地补充了传统图书馆服务的空间限制，缩短了人们与图书馆资源的距离，并且增加了阅读的可及性和便利性，极大地丰富了公众的阅读体验和生活质量。

（2）服务融入高新科技

图书馆阅读服务在融入高新科技方面表现得尤为突出，技术的飞速发展如同为传统的阅读服务注入了新鲜的血液。3D技术和虚拟现实技术赋予了读者全新的、沉浸式的阅读体验，读者可以在一个几乎真实的三维世界中与内容互动，这不仅改变了阅读的方式，也极大地扩展了阅读的边界。智能定位和物联网的应用促进了图书馆服务的个性化和精确化，使得图书馆能够更好地了解和满足每位读者的需求。人工智能技术的引入则进一步提高了服务的效率和质量，通过智能推荐系统、自动化客服等功能，为读者提供了更为高效和精准的信息服务。这些高新科技的集成和应用对图书馆工作人员提出了更高的专业要求，不仅需要他们对新兴技术有深入的理解和操作能力，还需要他们在此基础上不断学习和适应，以便能够更好地管理和利用这些技术，为读者提供更加高质量的阅读服务。

（3）服务推送智能化

图书馆阅读服务的智能化推送依托于大数据、数据挖掘和用户画像等前沿技术，通过深度分析图书馆借阅系统和读者信息管理系统中积累的大量阅读信息和行为数据，为每位用户打造个性化的"阅读画像"。这种画像综合反映了用户的阅读偏好、借阅历史和互动习惯，使得阅读服务能以更加精准和个性化的方式向用户推荐内容。智能推送的实践不仅局限于图书推荐，还涵盖了馆内活动的实时通知、图书馆藏资源的优化展示以及基于用户在馆位置的即时导航信息服务。这种服务模式增强了读者与图书馆之间的互动，为他们提供了更为丰富且及时的阅读体验和图书馆利用指南，极大地提升了馆内服务的质量和读者的满意度。

（4）阅读推广品牌化

在智能阅读服务时期，图书馆阅读服务的品牌化成为提升服务质量的关键策略，通过构建有识别度的阅读推广品牌来深化用户体验。这种品牌化不仅仅是为了吸引读者眼球，更是为了建立一种持久的阅读文化和参与感。图书馆针对不同的目标人群，策划专门的品牌活动，这样的活动能够更精准地满足不同年龄层和兴趣群体的需求，从而提升图书馆的社会影响力和文化贡献。为了支撑这一服务模式，阅读推广人才的培养显得尤为重要。培养这些人才不仅需注重其文化与市场营销能力，还要强化他们对新兴技术的掌握和应用，使他们能在动态变化的阅读环境中有效地推广阅读，实现图书馆服务的持续创新和社会价值的最大化。

二、影响图书馆阅读服务发展的因素

（一）信息技术不断创新引领阅读服务发展

人工智能、5G 等高新科技逐步融入日常生活，给人们带来更多便利和新体验。图书馆实践领域在信息技术应用方面一直是个先行者，运用高新科技不断提升着自身服务质量。从被动服务模式到主动服务模式到如今的自助化、智能化、人性化模式，均离不开信息技术的不断创新，同时信息技术的创新也为阅读服务带来了创新机遇。由此可见，信息技术创新对图书馆阅读服务发展具有引领作用。信息技术创新发展过程中，图书馆阅读服务从单纯的手工服务方式实现了在线化、自助化、人性化、智能化发展。随着人工智能和 5G 等技术的成熟和普及，图书馆将会不断优化服务、拓展服务、创新服务，为读者打造智能化、人性化的阅读空间和环境。

（三）国民阅读方式改变了阅读服务模式

从国民阅读调查中发现，阅读已经从静止的阅读到行走的阅读、从系统化阅读到碎片化阅读、从深阅读到浅阅读、从心灵领悟到"视、听、说"等全感官阅读方式，国民阅读方式已经不局限于传统阅读，而是多种阅读方式并存。国民阅读方式改变阅读服务模式，在传统阅读服务时期图书馆为读者提供文献服务；随着移动阅读方式的流行，图书馆从传统阅读服务模式转向数字阅读服务和智能阅读服务，服务方式和内容都发生了改变。21 世纪阅读开始趋向生活化和休闲化，图书馆为读者开展阅读活动，打造阅读空间，提供虚拟体验服务。

第三节　图书馆阅读服务的优化策略

一、加强多元化资源建设

图书馆资源建设是图书馆阅读服务的基础，图书馆发展的根本也依赖于馆藏资源建设。随着信息技术的发展，知识的形式不再局限于纸质资源，公共图书馆资源建设必须注重纸质资源、数字资源、特色资源等多元化资源建设才能满足国民阅读需求和保障图书馆事业发展。

（一）资源类型转向传统资源与数字资源并重发展

1．注重传统资源建设规划

（1）传统资源建设经费合理化

在数字出版时代背景下，图书馆数字资源的建设获得了前所未有的重视，这反映在资金投入上的激增，尤其是在高校图书馆中，数字资源的经费已占据了总经费的绝大部分。然而，这种发展趋势并不意味着纸质资源应被边缘化。事实上，适应不同服务定位的图书馆应当采取平衡策略，合理划分资源建设的资金，确保纸质资源与数字资源的协调发展。二者如同双腿行走，缺一不可。在策划采购方案时，图书馆必须细致考量服务的性质和读者的具体需求，以避免过分依赖数字资源所带来的内容同质化和高昂成本，同时也不能忽视纸质资源在种类和复本选择上的策略性考量。展望未来，数据库资源的构建趋势将更加倾向于图书馆间的联盟合作和资源共享，而纸质资源建设则更专注于打造具有特色的馆藏。两者的发展都应基于并行策略，创新合作模式，优化资源配置，以提供更加全面和深入的阅读服务。

（2）注重读者驱动采购模式

图书馆在实施读者驱动采购模式时，应紧密关注和响应读者的阅读需求，将一部分资源经费专门用于支持这种以读者需求为导向的资源构建。这种模式的核心在于激发读者对新书的兴趣，同时提高图书利用率和流通率。当读者参与到图书的选择和采购过程中，他们就从被动的信息接收者转变为主动的资源共建者，这不仅增进了他们对图书馆的归属感，也使得图书馆的藏书更贴近读者的实际需求。通过与书店的合作，如馆中店或店中馆的模式，图书馆能够提供更为灵活便捷的服务，让读者能即选即借，从而提升服务体验。同时，利用线上平台的快速采购和借阅系统，读者可以更加便利地获取所需图书，这种模式已在一些地区得到成功实践。进一步而言，图书馆应将读者驱动采购模式与其他服务活动相融合，如结合信息素养教育、学科专业服务和信息共享空间的建设，使得这一模式不仅仅局限于书籍采购，而是成为提升图书馆整体服务质量和效率的重要手段。通过这样的综合策略，图书馆可以进一步扩大读者驱动采购模式的价值和影响力，有效推动图书馆服务的现代化和个性化发展。

2. 改变数字资源建设方式

随着数字化时代的到来，图书馆数字资源的建设日益重要。在这一趋势下，单一图书馆的资源已难以满足广泛而多样的读者需求，这推动了图书馆之间在数字资源方面的联合建设和资源共享。为了更有效地整合和扩展数字资源，图书馆与教育机构、公共文化单位及社会科学领域的其他组织协同合作，实现了多个重大项目，如中国高等教育文献保障系统和中国国家数字图书馆等。这些合作不仅增加了资源的多样性，也促进了知识的互联互通。然而，在这一进程中也暴露出了一些问题，如数字资源建设标准的不统一和跨系统服务平台的缺乏。为了解决这些问题，需要在共建共享理念的基础上，确立平等的权利与义务关系，并且完善管理机制以保证共建共享项目的顺利进行。此外，建立统一的数字阅读平台标准体系和法律保障机制也是提高资源建设效率和维护数字化服务质量的关键措施。通过这样的综合策略，图书馆能够更好地适应数字化发展的需求，为读者提供更加丰富和便捷的阅读资源。

3. 整合数字阅读平台资源

整合数字阅读平台资源是指将物理上、逻辑上自主的、分布的、异构的数字资源，通过各种集成技术和方法将它们透明地、无缝地联为一体，为用户提供"一站式"的服务平台，包括"统一检索、资源链接、身份认证、个性化服务等，同时通过整合能简化图书馆对馆藏资源的管理"。

图书馆整合数字阅读资源的方式多种多样，具体如下：

（1）通过联机公共检索目录系统，即 OPAC

这是基于传统书目管理的整合方式，根据整合对象的不同进行馆外整合和馆内整合。馆外整合可以实现本馆与不同馆的 OPAC 系统数据库对接，建立统一的接口后便可以实现资源整合目标。此外，该系统还可以进行核心资源整合和相关资源整合。核心资源整合是将 OPAC 系统中书目信息与其电子全文图书、电子全文期刊及视听资料的对应链接，相关资源整合主要指书刊与其评论信息、来源信息的对应链接。

（2）建立链接式数字资源整合

即通过网络超文本链接技术将相关知识点链接在一起，从而形成具有相关性的知识网络，为读者提供数字阅读资源的便捷途径。

（3）通过跨库检索系统整合数字阅读资源

不同的数据库检索界面和检索方式都有所不同，通过整合跨库检索界面可以提高读者检索效率和读者体验度。整合数字阅读资源检索界面是指将检索界面和检索结果反馈界面统一化，通过聚检索技术为读者提供服务。聚检索的服务只是一个代理检索界面，它并没有资源库，通过将读者输入的查询请求转换成相应数字资源系统的检索语言和条件，同时将各个资源系统的检索结果反馈到同一界面，读者点击链接便进入相应数字资源库。

4．开放获取资源建设

开放获取资源建设是图书馆在数字资源建设方面的一种革新策略，它挑战了传统数据库商的资源垄断局面，并为读者提供了一个更为经济且可持续的资源获取渠道。通过开放获取，图书馆能够利用互联网的广泛覆盖和信息传播的便利性，获取到大量的学术和研究资料，这些资料往往是免费的或者成本很低的，大大减少了图书馆在资源采购上的经费压力。更重要的是，开放获取资源的普及和推广，促进了知识的自由流通和学术的公平性，这对于促进全球研究社群的交流与合作有着不可估量的积极影响。图书馆通过建设开放获取资源，不仅为用户带来了直接的经济利益，更是在推动整个学术界向更加开放、共享的方向发展。同时，开放获取资源的引入和利用也要求图书馆在资源整合、版权管理和用户引导等方面进行更多的策略规划和技术投入，以确保资源的合法合规使用，以及实现图书馆服务功能的最大化。因此，开放获取资源建设不仅是图书馆数字资源建设的必要组成部分，也是图书馆服务创新和知识共享理念推广的重要体现。

（二）资源内容兼顾体系化与特色化

资源建设不仅需要考虑资源类型，如数字资源、传统资源、视听资源等多种类型资源建设，同时也应从资源内容体系化和特色化视角进行资源建设规划。

1. 建设地方文献资源

第一，在图书馆的特色资源建设中，紧密结合所处地域的人文环境和地区发展战略至关重要。这种做法不仅有助于明确图书馆馆藏资源建设的方向，而且能够确保所建立的特色资源库或平台具有独特的价值和吸引力。例如，图书馆可以深入挖掘地方文献、地方人文和少数民族文化等方面的资源，通过收集和整理这些特色资源，不仅能够反映和保留地区的历史与文化，还能促进这些宝贵文化遗产的传承和发展。在扩展资源的过程中，图书馆应避免仅仅局限于本地资源的采集，而是应有意识地拓展到更广的地域范围，借此形成一个多元化和立体化的资料来源网络。这样的做法不仅能够使图书馆的馆藏更加丰富和完整，而且能够提升图书馆服务的深度和广度。同时，为了确保这些地方文献资源可以被更多的人所知晓和利用，图书馆还需要进行有效的宣传和推广。通过各种媒体和活动，将这些特色资源介绍给公众，不仅可以提高图书馆的社会影响力，还可以增加资源利用率，最终实现资源建设的最大化价值。通过这种策略，图书馆不仅成为文化传承的重要场所，也成为推动地区文化发展和交流的重要平台。

第二，地方文献资源的建设，远不止于对已有文献的保存与归档，还涉及对文献形态的创新与拓展。这意味着图书馆需要以更加系统和全面的视角审视地方文献资源，不局限于传统的纸质材料，也包括数字化记录、视听材料以及其他可能的现代表现形式。通过这种多元化的资源整合，图书馆能够更好地捕捉和反映地方的历史脉络、文化特色及社会发展。为了使这些资源真正服务于社会，图书馆必须在资源建设与推广间架起桥梁。通过策划和实施有效的宣传计划，利用社交媒体、线上平台、展览、讲座和工作坊等多种方式，让公众了解和接触到这些地方文献资源。这样的宣传不仅增强了公众对地方文化遗产的认识和兴趣，还促进了文献资源的广泛利用和传播，进而提升了地方文献资源建设的社会价值。在这个过程中，图书馆扮演的是激活者和连接者的角色，不仅保护和保存地方的知识财产，更重要的是活化这些资源，使之成为激发创新、教育和研究的活水，为图书馆的长远发展注入新的活力。

2. 建设读者知识资源

王子舟教授在《论"读者资源建设"的几个理论问题》中阐述了读者资源的类型和特点，分析了图书馆对于开发读者资源的重要意义。文章中指出，读者资源有读者的知识资源、人力资源、关系资源、资产资源等类型，其特征具有内隐性、活态性、不稳定性、稀缺性、自组织性等。

读者知识资源建设的意义和价值已经得到验证，图书馆开展的借阅"真人书"活动就是开发利用读者知识资源，虽然国内外真人图书馆活动理念和主旨存在一些差异，但是都体现出注重读者隐性知识挖掘和关注读者需求的理念。读者知识资源不仅具有内容的广泛性、隐性和活性的知识形态，而且具有阅读的互动性，不同于固态的图书馆阅读资源，通过面对面的借阅方式，实现双向的知识流通。图书馆建设读者知识资源需要考虑以下几点：

第一，明确读者知识资源建设的目的和主旨。首先，在明确活动主旨后确定资源建设的主题和选题范围，如以打破成见、直面歧视、挑战偏见等社会问题或者交流心得、共享知识、分享体验等为主旨。其次，在主旨确定后通过选题确定读者知识资源建设来源，如面向社会公众征集，只要有意愿的读者都可以成为知识资料的来源，包括普通民众、特殊工作岗位人员、边缘人士及弱势群体等，也可以根据主旨需求控制来源范围，面向社会精英、在一定领域中具有影响力的人。

第二，组建专门工作成员。由专人负责读者知识资源来源范围、采集方式和借阅方式，同时在"真人书"借阅活动中承担策划、宣传等工作，保障活动顺利进行，负责与提供知识资源的读者沟通相关事宜，达成共识。

第三，规范资源建设流程。资源建设工作的稳定开展需要规范化组织与指导，根据馆情制定有效的管理机制和运行机制，可以通过政府和社会出资赞助保障资源建设经费，同时在法律许可的条件下制定读者知识资源建设的相关工作制度。此外，加强宣传工作，提供读者知识资源建设的知晓度和认可度。资源建设的最终目的是服务读者，因此在建设的过程中加强宣传力度，不但可以使更多读者了解图书馆做的事情，也能让读者参与到活动中。

二、多样化阅读空间打造

(一) 馆内阅读空间功能化

1. 打造主题空间

在图书馆阅读服务的新篇章中，主题空间的打造成为一项创新举措。这不仅仅是为了跨越传统的创客空间、信息共享空间和知识共享空间的边界，更是为了从读者需求、地域文化以及馆藏特色出发，构建具有独特主题特色的阅读空间。在这个过程中，图书馆需要确立清晰的服务理念和目标，制定出一套完整的构建原则和空间设计方案，精心挑选出与读者生活紧密相关的主题，或者围绕特定的读者服务需求，甚至是以地域文化为出发点来确定主题化阅读空间的内容。这些空间在设计上应当深入融合主题文化元素，不仅让读者在身临其境的环境中感受到浓厚的主题文化氛围，还能为其提供展示作品、参与讲座、进行交流的多功能使用体验。图书馆通过提供这样的主题化阅读空间，可以为不同类型的读者群体，如儿童、心理健康关注者、经典文学爱好者等，打造出专属的、功能性的阅读体验区域，满足他们的独特阅读和学习需求，进而丰富图书馆的服务功能，提升其在当代社会中的服务价值和文化意义。

2. 打造三维立体空间

打造三维立体空间是图书馆阅读服务创新的重要方向。通过三维立体阅读体验，图书馆能够为读者提供一种全新的阅读维度，这种方式能够激发读者的全感官体验，将他们带入一个仿佛身临其境的阅读环境中，显著提升阅读的深度和广度。为了实现这一目标，图书馆需与出版社紧密合作，掌握三维信息资源的最新动态，并根据读者的需求和市场的同行情况来调整自身的资源配置。推广三维立体阅读体验不仅需要针对服务内容和目标读者群体进行精心设计，还要通过有效的宣传手段让读者了解并期待这种新型阅读方式。采访体验过三维阅读的读者分享感受和邀请专业人士就相关技术进行讲解，无疑是提高读者兴趣和参与度的有效策略。三维立体阅读空间不仅丰富了图书馆的服务形式，而且也是智能图书馆发展的有机组成部分。它帮助图书馆在智慧化和包容性方面迈出了重要一步，为未来图书馆的发展添砖加瓦。

（二）馆外阅读空间智能化

图书馆阅读空间服务不仅利用馆内空间资源打造多功能的阅读空间，也注重馆外智能化阅读空间打造，致力于打通图书馆阅读"最后一公里"的服务目标，实现图书馆阅读服务价值最大化。

1. 打造自助阅读空间

图书馆在打造自助阅读空间时综合考量选址的适宜性，确保服务覆盖均匀且满足周边人群的阅读偏好。自助服务区域集成了图书自助借还设备、检测与安全监控技术，使得读者能够便捷地借阅图书。图书资源的持续更新和丰富是保障阅读需求的关键，包括及时补充新书和热门图书，同时提供建立数字资源下载站点。这样的空间设计使得对读者行为的数据分析成为可能，进而实现资源的精准配置。自动化技术的融入，如智能机器人和智能语音助手，不仅提升了管理效率，也增添了互动的乐趣。品牌形象的塑造和推广策略采用多渠道方法，结合新闻媒体和新媒体平台传播自助阅读空间的特色和使用便利性，同时组织线下活动亲自向读者展示如何高效使用这些自助服务，确保读者能够充分利用这些新兴技术，享受阅读的乐趣。

2. 打造城市阅读空间

随着"图书馆+"理念的普及，图书馆与社会机构的合作日益紧密，城市阅读空间应运而生，成为一种新型的文化服务平台。这些空间通常位于城市的心脏地带，如热闹的商业街、宁静的社区公园或是日常的交通枢纽，易于公众接触和访问。例如，"In Library"项目就巧妙地将阅读区域融入酒店与咖啡馆中，而北京西城区的阅读空间则更多地选择了街道和公园等公共区域。这样的选址不仅反映了合作双方的特性和服务理念，而且也考虑到了服务人群的多样化需求。在阅读服务内容上，图书馆通过合作可以提供专题服务，如书法、绘画和其他文化艺术体验，满足不同用户群体的特定兴趣。设计上，城市阅读空间强调视觉美感和文化体验的融合，不仅追求时尚与个性，更注重空间的文化内涵，使其成为展示城市文化特色的窗口。通过这种公益与商业相结合的模式，城市阅读空间成为连接人与书、文化与日常生活的重要桥梁，极大地丰富了市民的阅读体验，并有效促进了阅读文化的传播。

（三）虚实融合环境一体化

图书馆在推进阅读服务的现代化过程中，广泛采用虚实融合的策略，以此打造一个无缝连接的信息与服务流通体系。这种一体化的环境不仅将物理空间中的资源数字化，使之可以在线上被访问、检索和利用，而且还通过在线服务平台极大地扩展了服务的时间和地域界限。图书馆的实体空间继续发挥着其传统作用，如阅览、借阅和聚合社区，但现在它们也作为一个触点，链接到了广泛的虚拟服务网络。这一网络涵盖了图书推荐、阅读咨询、活动预告和实时数据统计等多种功能，确保了读者即使在馆外也能享受到图书馆的全面服务。随着技术的发展，如物联网、云计算和虚拟现实的应用，图书馆服务的虚实融合已经趋向成熟，形成了一个多元互动的生态系统。在这个系统中，用户的需求可以得到快速响应，无论是在线借阅、电子资源的访问还是图书的物理递送，都显得更为便捷和个性化。图书馆通过有效融合线上线下资源，不仅提升了服务效率，也为用户创造了更加丰富和深入的阅读体验。

第八章
基于心理学的图书馆个性化阅读创新服务

第一节 图书馆心理学概述

一、图书馆心理学的内涵

要研究图书馆心理学的内涵，首先要阐述心理学和应用心理学的内涵，才能区分它们的不同点，并掌握它们之间的联系。分析读者心理学和图书馆心理学的区别，也是认识和把握图书馆心理学的有效途径。了解图书馆心理学的发展，能够更好地将其运用到图书馆工作中。

（一）心理学和应用心理学的内涵

心理学探索人类及动物的心理现象，研究其发展和行为规律，以人的心理活动为主要研究对象，包含了对感觉、知觉、注意、记忆、思维、想象和言语等心理过程的科学考查。心理学家通过科学方法间接观察和分析这些过程，揭示个体间的差异及其成因，如人格、动机、能力、气质、性格和自我意识等方面，以此发现人类行为的普遍规律，并将这些规律应用于社会实践中，以提高生产效率和生活质量。应用心理学则是该领域的一大分支，它将心理学的基础理论应用于诸如工业、工程、管理、消费、医疗、体育、经济、教育、军事、法律、政治、传媒和环境等多个实际领域。随着社会的不断进步，应用心理学的研究领域和实际应用前景不断拓展，成为心理学中发展最快的部门之一。

（二）图书馆心理学的内涵

图书馆心理学融合了心理学的理论精华与图书馆实践的具体经验，旨在深入探讨图书馆工作中涌现的众多心理现象以及它们的生成机理与演化过程。这一分支学科不仅关注读者在检索、阅读和学习过程中的心理动态，也同样重视图书馆员在服务、管理和沟通中的心态与行为模式。此外，它还包括对图书馆领导者决策心理的剖析，以及图书馆环境对个体心理所产生的影响与互动效应的研究。图书馆心理学的研究视角宽广，涉及的心理层面既包含了个体的情绪、态度、动机、认知特征等内在因素，也包括了社会文化背景、组织氛围、物理空间布局等外在条件，它们共同塑造了图书馆这一特殊社会系统中的心理现实。通过这样的研究，图书馆心理学不仅有助于优化图书馆服务质量，提升用户满意度，还能促进馆员的职业成长和图书馆组织的健康发展。

（三）图书馆心理学和读者心理学的区别

图书馆心理学与读者心理学在研究领域和内涵上有明显的区别。读者心理学聚焦于读者在使用图书馆资源和服务时出现的心理活动及其规律，包括读者的信息检索行为、阅读偏好和获取知识过程中的心理变化。它探究如何通过了解读者的需求和心理特征来改善图书馆的服务，使其更加贴合用户的期望。相较之下，图书馆心理学的视野更为宽广，不仅考虑读者的心理特点，还包括图书馆员在提供服务时的心理状态、领导者在管理图书馆时的决策心理，以及图书馆的整体环境如何影响人们的心理反应和行为模式。它关注的是图书馆作为一个信息交流平台，在其中所有参与者——包括读者、图书馆员和管理者——的心理互动，以及这些互动是如何影响图书馆服务效率和用户体验的。由此可见，图书馆心理学不仅继承了读者心理学的研究成果，还将其拓展到一个更为全面的维度，以促进图书馆服务的整体优化和发展。

（四）图书馆心理学的发展

图书馆心理学的发展得益于心理学这一人类科学的广泛应用，初始阶段主要集中在对读者心理学的研究，这一分支专注于探讨读者在使用图书馆服务时的心理过程和行为模式。随着时间的推移，心理学的各个领域，如交际心理学、认知心理学、环境心理学、社会心理学和跨文化心理学等开始逐渐融入图书馆管理与服务中。这些学科的融合与应用不仅丰富了图书馆心理学的研究内涵，也为图书馆实践活动提供了理论支持，促进了服务创新。图书馆工作者开始更深入地理解读者的需求、偏好及其信息检索行为，并在此基础上优化图书馆空间布局设计、资料组织和服务流程，以提高图书馆服务质量。信息技术的快速发展为图书馆心理学的研究提供了新的工具和平台，使得研究方法更加多样化，研究内容也更加深入，从而使图书馆心理学在图书馆学科体系中占据了重要的位置，并在图书馆的日常管理和服务创新中发挥着关键作用。

二、心理学运用于图书馆用户服务工作的意义

在图书馆工作中，图书馆服务的对象是用户。用户作为图书馆工作的基本要素，决定了图书馆的宗旨是全心全意为用户服务，图书馆的一切工作必须围绕着用户展开，只有研究用户的不同心理，满足用户的各种需求，才能使图书馆用户服务工作得到广大用户的认可，才能不断提高图书馆用户服务工作的水

平和质量。所以，将心理学运用于图书馆用户服务工作中具有重要的意义，它能帮助我们更好地研究用户的不同心理，为用户提供符合其心理需求的服务。

（一）心理学运用于图书馆用户服务工作是深化用户服务的必然

图书馆作为信息与知识交流的核心场所，其服务质量直接影响用户的体验和满意度。运用心理学理论与技巧，图书馆工作人员能够更加精准地理解用户的心理需求和行为动机，这对于构建用户中心的服务体系至关重要。心理学的运用助力工作人员洞察读者在选书、阅读以及信息检索过程中的心理活动，如阅读习惯、认知风格和情感反应等。通过这种深入的理解，图书馆能够设计和提供更为个性化、符合用户心理特征的服务。例如，针对不同阅读兴趣和心理特点的推荐系统、情境化的阅读空间布局以及心理辅导活动的开展，都是心理学在图书馆服务中应用的体现。这种服务不仅增进了用户的阅读体验，还能促进读者的心理健康和知识获取，进而显著提升图书馆的整体服务水平。因此，心理学的融入不仅是对传统图书馆服务的深化，更是实现服务创新和提升的关键途径。

（二）心理学运用于图书馆用户服务工作能够提高用户的综合素质

图书馆在致力于提供知识资源的同时，亦肩负着塑造读者行为习惯的责任。心理学应用于图书馆用户服务，在理解和预防不文明借阅行为方面发挥着至关重要的作用。当图书馆工作人员掌握了心理学原理，就能够洞察背后的心理动机，如压力释放、认知偏差或对规则认知的缺失。这种深入的理解是设计有效干预措施的基础，可以帮助图书馆制定专门的行为引导计划，比如通过举办读者教育研讨会、贴心的环境布局调整以及奖励制度的建立，来纠正和预防不当行为。这类措施不仅仅是对个别行为的简单矫正，而是旨在培养读者的自我意识，提升其对公共空间和共享资源的尊重。进一步地，这种以心理学为基础的方法论，也能够在读者的内在价值观和外在行为规范之间架起桥梁，促进其在知识获取、社交互动和个人成长等方面的综合素质提升。这不仅仅是对图书馆环境的一次革新，更是对社会文明进步的一种贡献。

（三）心理学运用于图书馆用户服务工作能够充分发挥图书馆的教育职能

图书馆在其教育职能的履行中，可以通过心理学的应用来实现更深层次的用户服务。面对社会生活中的各种压力，人们往往会承受各式各样的心理负担。借助图书馆丰富的知识资源，心理健康教育能够被纳入服务体系，其中阅读疗法作为一种治疗手段，能有效缓解用户的心理压力。通过精心设计的阅读材料和活动，图书馆可以帮助用户认识和处理心理问题，从而促进其心理福祉。这种服务不仅仅是信息的传递，更是一种心灵的抚慰和智慧的启迪，使图书馆的角色从静态的信息提供者转变为动态的心理健康促进者。进而，这种心理学的应用不只是解决问题的手段，也是建立用户与图书馆之间更深层次联系的桥梁，引导用户在知识的海洋中实现自我成长和心灵的滋养，最终提升图书馆整体的服务水平和社会价值，实现其教育功能的全面发挥。

第二节 读者心理学与图书馆读者服务

一、读者心理学概念

相关学者对读者心理学的定义如下：读者心理学是一门研究读者心理活动规律及图书馆设备对读者心理活动影响的学科。研究这一学科的目的在于通过归纳、分析、总结读者在图书馆借阅过程中的心理活动，进而较为系统、科学地了解读者的心理活动趋势。图书馆管理者以此为改进切入点，为广大读者提供更加个性化的服务。

二、读者心理学与图书馆读者服务的关联性

读者的阅读偏好受到其个性、生活经历、教育水平、价值信念等多种因素的综合塑造，形成独特的阅读口味。图书馆若想为读者提供个性化服务，就必须深入了解他们的心理和兴趣取向。例如，探究学习动机的心理学研究，为图书馆提供精准服务的理论支撑。学习动机，作为驱动个体走进图书馆的关键力量，不仅受到家庭环境的塑造，还与个人的爱好和社会环境息息相关。因此，图书馆工作人员需通过细致的调查和研究，解读这些因素的内在联系，以便更好地服务读者。

每位读者都有其独特的心理特质和阅读需求，这些需求由各自的年龄、教育背景、职业等多方面因素决定。如果图书馆不能准确把握这些需求，就无法为读者提供满意的阅读材料。学习动机研究说明了个体学习行为背后的心理因

素，这些因素直接关联着学习态度和积极性。读者的学习动机受到内外多种因素的影响，图书馆工作人员需要通过全面的分析，识别影响阅读动机的主要因素，并据此提供更为精准的服务策略。值得注意的是，学习动机的核心在于读者的内在自驱力和对学习的真正兴趣。正面的学习动机不仅能够长期激励读者，而且有助于他们在阅读中获得乐趣，促进个人品质和文化素质的提高。图书馆需对读者的多样化需求和变化多端的阅读动机进行细致研究，以确保服务工作的有效性和针对性，进而提升图书馆服务质量及其在社会中的作用。

图书馆的物理环境，包括内部布局、设施配置和信息技术应用，对读者的心理体验和学习成效有着显著影响。例如，阅览室中的励志名言可能激发读者的阅读激情，从而提高学习效率。心理学研究指出，图书馆环境与读者的阅读动机、情感等心理活动紧密相关，因此，探寻优化阅读环境、促进思考和启迪思维的策略对图书馆的布局设计至关重要。

第三节 读者心理学在图书馆个性化服务工作中的运用

一、个性化服务工作中运用心理学的必要性

图书馆要满足用户的不同心理需求，就必须为用户提供个性化服务。个性化服务是适应读者需要的服务，也是图书馆服务宗旨的体现。因此，研究心理学在个性化服务工作中的运用显得尤为重要。

（一）个性化服务是图书馆用户服务发展的方向之一

个性化服务作为图书馆用户服务的发展方向之一，体现了现代图书馆从以馆藏为核心转向满足用户个性化需求的服务模式的转变。这种服务不仅仅是应用户的明确要求而被动提供信息，更通过对用户的个性和使用习惯的深入分析，主动提供所需信息，从而实现服务时间、方式和内容的个性化。在这一过程中，图书馆对信息的提供更强调针对性，即根据用户的特定需求，提供定制化的信息和服务。为了适应信息社会的发展，图书馆不断创新服务策略，针对不同用户群体的需求，提供差异化的服务，这样的主动服务模式大大提高了图书馆服务的有效性和用户满意度。通过这种个性化服务，图书馆不仅解决了信

息资源供需之间的矛盾，还通过精准的资源推送，节约了用户的检索时间和精力，促进了信息的快速流转和高效利用，从而推动图书馆服务向更加以用户为中心的方向发展。

（二）用户需求的多元化需要图书馆运用心理学满足用户需求

随着学科领域不断分化和融合，用户的信息需求变得愈加复杂和多元，高校图书馆读者不仅追求综合性文献，同时也需要精确的数据和最新的研究动态。这些需求的多样化反映了用户对信息检索的个性化和深入性要求，他们不满足于仅获得书目信息，而是渴望根据个人的兴趣和专业背景，深入某一学科领域。网络信息的动态性和模糊性使得用户在信息的海洋中往往感到无所适从，如何从浩如烟海的数据中准确抽取自己所需已成为一个挑战。图书馆在这一背景下，必须运用心理学的原理和方法来深入理解用户的心理特点和需求，以便更加精准地进行信息服务的个性化设计。通过个性化服务，图书馆能够为用户提供更为精确和及时的信息检索、获取途径，并能主动向用户推送符合其需求的信息资源。这种服务不仅极大地节约了用户的时间和精力，提高了信息检索的效率，而且通过满足用户多样化的信息需求，有效地缓解了信息过载所带来的压力，实现了信息资源供需之间的平衡。因此，图书馆服务的创新必须依托对用户心理学的深刻洞察，这样才能在信息丰富而又纷繁复杂的现代社会中提供真正有价值的个性化服务。

（三）新技术的应用需要图书馆运用心理学开展更多的推荐服务

新技术的应用正大幅改变图书馆服务的面貌，尤其在推动个性化阅读服务方面起到了核心作用。这些技术让图书馆能够更深入地分析和理解读者的需求心理，从而设计出更符合个人偏好和需求的服务。图书馆通过采用数据挖掘和用户行为分析工具，可以揭示用户的阅读习惯、兴趣偏好以及潜在需求，进而利用这些信息来提供更准确的推荐服务。例如，图书馆可以根据用户的借阅历史、搜索行为和在线互动，利用算法预测用户可能感兴趣的新书或主题，并主动将这些信息推送给用户。同时，图书馆也可以利用社交媒体和在线社区的力量，鼓励用户参与到内容的创建和分享中来，进一步增强服务的个性化和社区参与感。这种以用户为中心的服务模式，不仅提高了用户体验，增加了用户与图书馆之间的互动，还能够使图书馆服务更加贴近用户的实际需求，从而提升图书馆在信息服务方面的专业性和深度。通过这样的方式，图书馆不仅成了信息的提供者，更是用户信息需求的精准匹配者和文化互动的推动者，使得读者能够在信息过载的时代中，更有效率地接触到他们真正需要和感兴趣的内容。

（四）个性化服务实现了用户至上的现代服务宗旨

图书馆的现代服务宗旨突出了用户至上的理念，这一理念在个性化服务的实践中得到了充分体现。个性化服务的核心是深入理解和满足用户的独特需求，这要求图书馆不仅仅作为信息的守门人，而是成为信息资源的积极策划者和提供者。在这种服务模式下，图书馆会综合利用用户的阅读历史、兴趣偏好、行为习惯等数据，通过精准的分析和智能的算法，为每位用户量身定制信息服务，从推荐阅读到学术资源的指引，每项服务都旨在贴合个人的实际需求。这种服务方式大大提高了用户的满意度和忠诚度，因为它不仅节约了用户寻找信息的时间，更在精神层面满足了用户对个性化关怀的渴望。图书馆通过这种方式展现出对用户独特性的尊重和对服务个性化的追求，进而推动了图书馆服务从传统的被动式向主动式、从统一化向个性化的转变。个性化服务不仅是图书馆对用户服务理念的一次深刻革新，也代表了图书馆在信息服务领域不断进步和发展的重要标志，它标志着图书馆在追求用户满意度上所迈出的重要步伐，体现了图书馆工作在现代信息社会中的方向和使命。

二、个性化服务工作中运用心理学的措施

图书馆个性化服务工作的开展必须紧紧围绕着用户的心理需求，只有这样才能满足不同用户的需求，实现真正意义上的个性化服务。

（一）根据用户心理需求确立个性化的服务内容

图书馆在推进定制化信息服务时，需深入挖掘和分析用户的特定需求。这要求图书馆设计信息库时，不仅要考虑覆盖广泛的知识领域，从基本理论到专业技能的实际应用，还需关注新兴学科与高科技领域的最新进展。针对各专业领域的精粹内容，图书馆需进行精选与集中配置，确保信息资源既准确又实用，并根据行业发展和学科革新及时更新服务内容，以适应用户的多样化心理和需求。

对于残障读者，图书馆提供的定制服务尤为关键。图书馆需要从残疾人士的实际参与能力、信息处理特点及其独有的心理状态出发，设计特殊的服务模式。这包括从图书馆设施的无障碍设计（如坡道、感觉导向设备等）到信息资

源的推广，以及确保这些设施的维护与使用都能满足残障人士的需求，为他们提供舒适、无忧的阅读环境。此外，通过开展信息技能培训，提升残障人士的信息获取和处理能力，帮助他们实现自我价值和社会融合。培训可以通过个别指导、网络咨询或集中课程等多种形式灵活进行，致力于激发残障人士的阅读兴趣和提升他们的知识应用能力。

（二）根据用户心理需求构建个性化的服务体系

构建个性化服务体系的核心在于紧密围绕用户的心理需求，提供定制化的服务体验。在实现这一目标的过程中，必须确保基础设施的完备性与先进性，涵盖计算机软硬件、服务器、客户机、数据存储与网络安全设备等关键技术组件。系统的选择要注重稳定性和兼容性，确保数据库软件能够高效处理元数据，同时保持用户界面的直观性，以促进用户的积极互动。通过整合信息服务的理念，发展一个综合性的分布式网络架构，该架构由用户界面、调度系统、检索系统和资源加工系统等多个模块组成，旨在提升服务的整体性能和可靠性。强化高性能服务器、规模化数字信息处理和高可靠性网络交换设备的建设，将是实现这一服务体系的关键。同时，数据库管理系统的完善将进一步支撑整个图书馆布局结构体系的构建。当这样一个服务平台得以实施，它将充分利用现代技术条件，满足用户深层次的心理需求，为其提供真正个性化的服务体验。通过这种方式，图书馆能够更好地理解并响应用户的期望，从而提升用户满意度和图书馆服务的整体质量。

（三）根据用户心理需求构建个性化的信息服务平台

构建以用户需求为中心的个性化信息服务平台，意味着图书馆服务设计必须深入理解并响应读者的心理期望。个性化定制与推送平台的实施，便是通过分析用户的阅读习惯和偏好，创建符合其兴趣的定制页面，并主动推送相关信息，实现"信息找人"的服务模式。个性化检索平台则依托智能化的检索系统，提供精准的搜索结果，以满足用户对信息检索的个性化需求，从而引导和加强用户的个性化阅读趋势。个性化参考咨询平台则更加注重信息的深度加工与分析，通过收集生产、实习、实训等方面的信息，并根据用户的具体需求，提供专业的咨询服务，从而帮助用户更有效地获取和利用信息。最后，个性化知识决策服务平台则是向用户提供决策支持、智能查询和科研问题解决的规则和模式，协助用户在各类决策场景中进行有效的知识运用。这四个平台共同构成了一个全面、综合的个性化信息服务体系,旨在为用户提供一个定制化、智能化、专业化和决策化的信息服务环境,从而实现图书馆服务在满足用户心理需求方面的创新与发展。

(四)根据用户心理需求提供满足用户需求的个性化服务

图书馆应该适应现代网络与通信技术高度发展的趋势,设计专门的计算机系统,为各层次用户提供满足其心理需要的、特定的个性化知识服务。

1. 个性化定制服务

个性化定制服务在图书馆中是一种以用户为中心的服务模式,通过细分用户群体和数字信息内容,使得用户能够根据自己的需求和目标对资源类型及其呈现方式进行个性化的设定。这种服务模式的多样性体现在内容与页面定制上:图书馆通过系统地识别与评价信息资源,将其整理成用户可选择的目录或源站点地址。当用户登录图书馆的网站或平台时,基于用户的偏好和历史数据,系统会自动推送个性化的内容给用户,从而创建一个完全个性化的信息服务空间。此外,个性化页面定制服务允许用户依据个人喜好进行页面显示设置,用户可以定制网页颜色、布局及主题内容,使其成为一种个人化的数字资源组织工具。这样的个性化服务不仅提高了用户对数字资源的使用效率,也显著增强了图书馆的服务品质。通过利用基于网页控件的技术,图书馆能够为用户提供更为精准的电子图书、期刊、网络信息、专业数据库和个性化检索等服务,满足用户独特的信息需求,并提升用户体验。

2. 个性化推送服务

图书馆个性化推送服务利用先进的信息技术,深入理解用户的阅读习惯和偏好,实现精准的信息交付机制。用户在图书馆系统中登记个人信息和阅读兴趣后,图书馆通过自动化工具对海量数据进行分析,筛选出与用户偏好相匹配的资源。随着新资料的入库,系统即时更新,利用算法确定哪些信息最适合推送。传统的频道式推送转变为个性化通道,图书馆根据用户的具体需求和学科背景,精心策划线上内容,用户得以随时接触到自选频道中的资讯。电子邮箱推送服务进一步细化了个性化体验,用户不仅接收到定期更新的新书消息、专题讨论、学术会议通知和期刊内容,还可依据个人需求调整推送频率和内容类型。个性化推送服务突破了时间和空间的限制,提供了一个灵活、虚拟的信息获取平台,用户可以主动设定信息的类型和展示方式,图书馆则通过页面和邮件系统将定制化的信息主动送达给用户，从而极大地丰富了用户的阅读体验和知识获取途径，提高了信息利用率，并促进了用户与图书馆之间的互动合作。

3. 开展个性化知识决策服务

开展个性化知识决策服务是图书馆提升信息服务水平的重要方式，它通过整合数据挖掘和知识发现技术，对大量的图书馆数据库和网络信息空间进行深入分析，从而揭示其中有价值的信息。这种服务不仅满足了用户在智能查询、科学研究、决策支持和问题解决方面的复杂需求，而且能够挖掘出尚未被充分利用的信息关系、趋势和知识。在个性化知识挖掘服务过程中，图书馆会从显性资料与隐性资源中，依据用户的特定需求进行精准服务，这通常包括信息的捕获、分析、重组和传递。通过这一服务，图书馆能够帮助用户预测信息的总体特征和发展趋势，揭示数据间的潜在联系，发现过去可能被忽视的重要因素。这些发现对于用户做出更为明智的预测和决策至关重要，能够有效提升他们在学术研究或职业活动中的竞争力和效率。图书馆在这一过程中扮演的角色，不仅是传统意义上的信息提供者，更是智能信息服务的引导者和专业知识服务的创新者。

4. 提供个性化信息导航服务

在数字时代，图书馆面临着海量信息的挑战，用户往往在寻找所需信息时感到困惑和无助。为了解决这一问题，图书馆可以发挥其专业优势，提供个性化信息导航服务。这种服务通过深入了解用户的搜索习惯和信息需求，利用先进的信息技术，将分散在互联网上的信息资源进行有效的归纳和分类。图书馆通过建立主题导向的信息资源库，并结合用户画像，设计和实施精准的导航路径，使得用户能够迅速而准确地定位到所需的信息。

个性化信息导航服务不仅提升了用户检索信息的效率，还增强了用户体验。图书馆参考咨询部门的专业人员需要对信息资源进行严格的筛选和评估，确保提供的内容既权威可靠又高度相关。此外，通过不断收集用户反馈和使用数据，图书馆可以持续优化信息导航服务，使其更加贴合用户的实际需求。这种服务不仅减轻了用户筛选信息的负担，也充分体现了图书馆在信息整合和知识服务方面的专业价值，从而在数字化浪潮中巩固了图书馆的核心地位。

5. 提供信息垂直门户服务方式

在现代图书馆管理策略与阅读服务创新的背景下，信息垂直门户服务方式成为满足读者深层次专业信息需求的有效手段。这种服务的核心在于精准地聚焦某一学科或专业领域，通过对互联网上海量信息的细致甄选和深入加工，图书馆能够构建起一个专题信息的集散地。垂直门户通过评估信息的质量，确保所提供内容的专业性和准确性，进而为用户提供一站式获取、检索和利用专业信息的体验。这种服务不仅涵盖了对资源的筛选和分类，更包括了对信息的整合与知识化处理，如撰写摘要、评论和用户指导等，以增强信息的可用性和用户的获取效率。图书馆通过设置专业搜索引擎和目录式索引，使用户能够快速定位到精准的资源，同时提供源站点链接，方便用户访问原始资料。此外，垂直门户的建立反映了图书馆对特定学科领域的深入理解和重视，有助于图书馆在学术界树立专业权威形象，并支持高等教育机构在学科建设上的深化与特色化发展。通过这种方式，图书馆不仅仅是信息的提供者，更成为学术研究和专业学习的有力伙伴，促进知识的创造和智慧的传承。

6. 提供信息智能代理服务方式

在信息爆炸时代，图书馆面对的挑战是如何在海量数据中为用户提供精确的个性化服务。信息智能代理服务作为解决方案之一，利用先进的人工智能技术，深入理解用户的行为模式和偏好。这种智能系统通过分析用户的历史查询记录、阅读习惯及在线互动数据，自学并预测用户的潜在需求。它能够自动筛选和推荐内容，为用户带来定制化的阅读体验，减少信息过载的压力。例如，当用户在搜索学术论文时，智能代理会考虑用户的专业背景、引用偏好及阅读深度，从而主动呈现最相关的文献和资源。它还能够连续追踪新发布的研究，确保用户能第一时间获取最新知识。智能代理不仅提高了信息检索的效率，也扩展了用户发现新知识的途径。通过个性化的内容聚合和智能推荐，图书馆的信息智能代理服务实现了与用户的高效互动，极大地丰富了用户的学习和研究经验，同时也提升了图书馆服务的现代化水平和用户满意度。

7. 提供资源共建共享服务方式

图书馆资源共建共享服务是一种创新的信息管理和服务方式，它通过整合语义技术、社交网络技术以及现有的局域网资源，实现了知识的有效聚合与再创造。例如，高校图书馆可以利用这些技术手段构建以校内重点学科为中心的知识库，鼓励学科专家和馆员将有价值的学术资料、研究成果和观点整理并上传到平台。这样的共享知识库不仅仅是存储信息的仓库，更是一个动态的、可协作编辑的百科全书平台。用户在这一平台上不仅能获取所需信息，还能根据个人专业知识和视角对现有内容进行修正和创新。这种动态参与的过程不断优化和更新知识库内容，使得图书馆的资源不断得到丰富和完善。此外，这一服务模式通过技术的力量，将图书馆的服务范围扩展到了网络空间，实现了服务的无处不在，用户可以随时随地访问和利用这些资源，大大提高了图书馆服务的便捷性和实效性。通过资源共建共享服务，图书馆在推动学术交流的同时也强化了自身在信息服务领域的核心地位。

第四节　心理学在图书馆参考咨询服务工作中的运用

一、参考咨询服务工作中运用心理学的必要性

图书馆的参考咨询服务工作是为用户答疑解难的工作，必须在了解用户心理的基础上，与用户主动交流沟通，才能使咨询服务工作更有针对性。可见，图书馆参考咨询工作中必须运用到心理学的知识，才能更好地为用户提供高质量的参考咨询服务。

（一）参考咨询服务是高层次的用户服务

图书馆参考咨询服务，作为满足读者信息需求的专业工作，已成为现代图书馆服务的关键组成部分。这种服务不仅涉及对信息资源的帮助、解释、评估和使用，而且还包含自助查询、学科导航、特色数据库、实时交互和文献传递等多元化内容。它超越了传统的信息提供角色，成为一种深层次的、个性化的学术支持。特别是学科导航服务，它不仅提供专业的学科知识，还涉及对海量网络信息资源的筛选和优化，体现了图书馆在现代信息服务领域的研究与开发能力。此外，这些服务的提供方式也在不断创新，包括了网络资源的整合和虚拟馆藏的建设。为了使服务更加精准和高效，图书馆必须深入理解和满足用户的心理需求，这就要求图书馆工作人员不仅要精通各种检索技术，熟悉馆藏资源，更要具备心理学知识，以便更好地理解用户的行为和需求，提供更为人性化的参考咨询服务。通过心理学的运用，图书馆能够提供更加细致入微的服务，真正做到以用户为中心，显示出图书馆服务工作的高业务水平和专业性。

（二）心理学运用于参考咨询服务工作能够体现图书馆的业务水平

随着信息技术的飞速发展，图书馆参考咨询服务得以依托计算机、通信、信息以及多媒体技术实现现代化和智能化的飞跃。这一转变不仅极大地提升了信息检索和处理的效率，也对参考咨询人员提出了更高的专业素质要求。参考咨询人员需精通计算机操作、网络应用和数字咨询系统，以便快速准确地为用户提供所需信息。同时，他们必须对图书馆业务流程、馆藏资源分布以及各种咨询资源，包括工具书籍和电子资源，有着深入了解，并掌握高效的检索技巧。除了这些技术性技能，参考咨询人员还需要具备相关主题的专业知识和技能，以便更准确地理解用户需求，提供专业的咨询服务。心理学的运用使得参考咨询工作更加注重用户体验，通过理解用户的心理需求和行为模式，参考咨询人员能够更加精准地为用户提供个性化服务。这种以用户为中心的服务理念和方法，不仅能有效提高用户满意度，也是图书馆专业服务水平的重要体现。通过心理学的应用，图书馆参考咨询服务能够更好地满足用户的信息需求，展现图书馆服务的深度与专业性。

（三）心理学运用于参考咨询服务工作能够推动经济、文化的发展

图书馆参考咨询服务在运用心理学知识的过程中，能够深刻理解并满足用户的各种心理需求，这种服务不仅提升了用户的满意度和忠诚度，而且在更广阔的层面上推动了社会经济与文化的发展。举例来说，在信息化社会中，企业对于情报信息的需求异常迫切，图书馆通过精准的咨询服务，依托心理学的洞见，为企业提供定制化的情报解读，这直接加强了企业的市场敏锐度和竞争力，进一步促进了经济的增长和产业的创新。在文化层面，图书馆利用心理学原理，通过参考咨询服务为用户推荐适合其文化兴趣和需求的资源，极大地方便了用户对文化知识的获取，这不仅丰富了用户的文化生活，还促进了文化资产的交流与传播，提升了整个社会的文化素养。这样的服务模式证明了心理学在图书馆参考咨询服务中的实际价值，不仅仅局限于提升单一服务交互质量，更是一种促进社会整体发展的强大动力。

二、参考咨询服务工作中运用心理学的措施

参考咨询服务工作是读者与图书馆的相关工作人员为满足各自需要所进行的一种交际活动。要使读者与图书馆工作人员的交际活动卓有成效，仅仅局限

于了解读者的需要和动机肯定是不够的，还要对图书馆工作人员进行分析，把握工作人员与读者两者之间的关系。研究交际心理学当中的从认知到认同的心理过程，对于促进图书馆的参考咨询服务工作具有积极的指导作用。

（一）将交际心理学的第一印象原理运用到参考咨询服务工作中

在图书馆参考咨询服务中，工作人员对读者留下的第一印象起着至关重要的作用。人的知觉稳定性意味着第一次接触形成的认知将持续影响未来的互动。如果图书馆工作人员能够在第一次会面时展现出积极主动、礼貌大方、热情友好和端庄专业的形象，并且能以高效和娴熟的技巧提供服务，将极大地增强读者的好感并形成积极的长效关系。为了形成这样的第一印象，图书馆应当注重员工的个人修养、社交技能和服务态度。依据卡内基的建议，参考咨询服务人员应当致力于成为耐心的倾听者，鼓励用户分享个人见解，保持微笑并频繁提及用户的名字以示亲切，针对用户的兴趣展开对话，以及以真诚和关怀的态度使对方感受到自己的重要性。这种以用户为中心的服务方式不仅能够在初始阶段建立信任和尊重，而且有助于创造一种积极、包容和支持的咨询环境，从而使得图书馆服务得到用户的认可与推崇，形成良好的服务品牌形象。

（二）将交际心理学的移情原理运用到参考咨询服务工作中

在图书馆的参考咨询服务中，移情原理的应用至关重要，其核心在于通过换位思考来加深服务人员与读者之间的情感联系。当咨询工作人员站在读者的立场上，用心理学的角度理解和体验读者的需求和情感时，能更深刻地把握读者的心理状态。这种深度的同理心不仅有助于构建信任与共鸣，而且能够有效地预测和满足读者的个性化需求。通过移情，咨询人员能够在读者探寻信息时提供精准的辅导和建议，当读者遇到难题或焦虑时，能够给予情感上的安慰和支持，创造温馨、理解和包容的咨询环境。这种情感的投入和关怀会使读者感到被尊重和被重视，从而降低沟通障碍，减少误解和冲突，增进服务效果。正因为咨询人员能够深入体会读者的立场和感受，他们的服务自然而然地变得更加人性化、细致入微，从而能够更好地满足读者多样化和个性化的信息需求。简言之，咨询工作中的移情原理不仅关乎情感的共鸣，更是增强参考咨询服务有效性和用户满意度的关键所在。

（三）将交际心理学的避免争论原理运用到参考咨询服务工作中

在图书馆参考咨询服务中，避免争论原理的运用尤为重要，因为服务的核心在于理解和满足读者的需求，而不是与之辩论正确与否。当读者与图书馆工作人员在信息检索或资源推荐过程中意见不一时，保持冷静和专业的态度是关键。工作人员应当耐心聆听，用开放性的问题引导对话，从而深入了解读者的真实需求。即使在观点相左时，也应通过构建性的反馈和积极的交流来寻求共识，而非通过争辩来证明自己的观点。这样的对话方式不仅能够避免情绪激化，还能够促进信息的有效传递和知识的共享。图书馆工作人员要具备妥善处理分歧的能力，使得参考咨询服务让双方都感到舒适和被尊重。通过倾听、理解、尊重和合作，图书馆工作人员可以与读者共同探索问题，找到最佳解决方案，这样的服务不仅提升了用户体验，也强化了图书馆作为知识服务中心的角色。避免争论，以理解和合作为基础的参考咨询服务，能更有效地建立起与读者之间的信任和长期的合作关系，从而为读者提供更加准确和高质量的信息资源。

（四）将交际心理学的不要直接批评和责怪他人原理用到参考咨询服务工作

在图书馆的参考咨询服务中，运用交际心理学的原则，特别是避免直接批评和责怪他人，对于建立积极的用户关系至关重要。图书馆工作人员在提供咨询服务时，应通过倾听和同理心，理解用户的需求和情感状态。批评和责怪不仅会引发用户的抵触心理，还可能损害他们的自尊，从而影响图书馆的服务效果和声誉。相反，当用户遇到困难或误解时，工作人员应通过巧妙的语言引导和建设性的反馈来帮助他们，而不是直接指出错误。这种方法可以帮助用户在不感到羞耻或不足的情况下提高知识水平，同时也维护了图书馆支持学习和成长的环境形象。通过这种方式，图书馆工作人员不仅帮助用户找到他们需要的信息，还教会了他们如何更有效地进行搜索和研究，这样的服务才能真正赢得用户的信任与尊重，从而形成长期的良好关系。

（五）将交际心理学的勇于承认错误原理运用到参考咨询服务工作中

在图书馆参考咨询服务工作中，勇于承认错误的原则是关系管理的关键要素。当工作人员出现差错时，主动承认错误并非表现出弱点，而是展现出专业的诚信与责任感。这种诚恳的态度有助于营造开放和信任的氛围，使得读者感到更加舒适和尊重。承认错误并不等同于自我否定，相反，它是对个人成长和专业发展的积极认可。当工作人员直面差错并提出改进措施时，不仅能为读者树立起积极解决问题的典范，还能减轻工作中的心理压力，避免错误的持续累积。这种做法也鼓励了读者在面对自己的疑惑和错误时采取相同的积极态度。更重要的是，通过这种互动，图书馆工作人员与读者之间的关系得以加强，建立起一种基于相互理解和尊重的伙伴关系。对错误的坦诚接纳不仅能够化解可能的冲突和误解，还能够作为人际互动中的润滑剂，促进更高效和谐的服务交流，从而在长远中提高图书馆的服务质量和用户满意度。

（六）将交际心理学的提高自身素质原理运用到参考咨询服务工作中

在图书馆参考咨询服务工作中，运用交际心理学的提高自身素质原则，图书馆工作人员须深化对图书馆事业的执着追求和深情厚爱，持续提升职业道德和专业技能。这种高标准的自我要求使他们在与读者的互动中，不仅仅是提供信息服务，而是成为读者情感与智慧的引导者。通过展现热情、耐心和主动性，工作人员能够创造温馨而亲切的服务氛围，促进读者与图书馆之间的情感联结。同时，精通现代化的信息检索工具和技术，工作人员能够更有效地理解和预测读者的需求与心理状态，以更加专业的角度提供个性化咨询。这种对内在素质与外在技能的双重提升，不仅增强了工作人员的自信和工作满意度，而且通过榜样的力量，激励读者对图书馆服务的认可与信任。在日复一日的服务中，不断地反思与成长，工作人员能够更加敏锐地捕捉到读者的非言语线索，灵活地调整沟通策略，使咨询服务变得更加高效和人性化。这样的专业发展和人际交往技能提升，最终将转化为读者满意度的增长，为图书馆塑造出专业、友善、有效的公共形象。

（七）将交际心理学的严格遵守职业道德规范原理用到参考咨询服务工作中

在图书馆参考咨询服务工作中，遵循职业道德规范并体现之于日常工作实践中，对于保证服务质量和维护图书馆形象至关重要。参考咨询服务工作本质上是一种专业性很强的服务活动，工作人员不仅需要具备扎实的专业知识和技能，更要展现出高度的责任感和敬业精神。图书馆工作人员应当以热情和耐心对待每一位读者，无论遇到何种咨询需求，都需保持积极主动的工作态度，全心全意为读者提供帮助。在处理参考咨询时，工作人员需以严谨细致的作风，确保信息的准确性和操作的高效性。同时，面对繁杂的咨询任务和可能出现的读者异议，工作人员必须保持冷静和专业的姿态，利用沟通和心理学技巧来化解矛盾，以避免不必要的争执，从而创造和谐的信息探索环境。工作人员在服务中表现出的职业操守和优质服务将成为图书馆信誉的重要支撑。通过这种全方位的职业素养展示，图书馆不仅能够满足读者的信息需求，更能在读者心中树立起积极、专业、可靠的形象，进而提升图书馆在公众中的整体评价和社会影响力。

第九章
图书馆移动阅读服务创新策略探索

第一节　图书馆移动阅读的内涵

一、移动阅读的内涵及特征

（一）移动阅读的内涵

移动阅读在我国只有不到 20 年的历史，因此，目前尚没有统一的概念，比较有代表性的是：

曾妍认为移动阅读是以移动阅读设备为载体，对以电子版方式在互联网上出版、发行的文本信息、图像、声音、数据等多种信息形式的内容，通过便携式阅读终端进行有线下载或无线接收，最终实现阅读的一种新方式。它不但融合了传统纸媒体的书写和互联网的交互特征，还包括了无线的基本特征：移动，即时。

卞庆祥认为移动阅读是指以手机、PDA 等移动终端为阅读工具，在移动通信与互联网相结合的无线互联网的环境下对网上电子资源进行的随时、随地的阅读，它是人们利用数字图书馆的新模式。

楼向英、高春玲认为移动阅读一般指不受物理位置的限制，人走到哪里，即可阅读到哪里，并认为手机阅读是移动阅读的一部分，且与数字阅读和多媒体阅读有一定交叉。

学者们尽管表述不一，但本质上是一致的，即一是移动阅读是以手机、PDA 等移动设备为载体；二是阅读内容是文本、图像等电子文献；三是通过互联网进行下载、浏览；四是不受时空限制，具有即时性和移动性。

阅读是人类最基本的信息行为之一，是对出版物上的内容进行综合利用的行为。从阅读演变的过程看，现代阅读的内涵比传统阅读有了很大的扩展，在电子阅读出现之前，人们主要对图书、报纸、杂志等纸质出版物中的文本信息进行利用。随着电子阅读、网络阅读、数字阅读的出现，出版物中的文本信息不再是单一的文献载体，集文本、音频、视频等于一体的多媒体信息的比重越来越大，人们的阅读不再仅仅局限于文本，其内涵已经扩展到多媒体信息的综合利用。除了传统的"看"，还包括了"听"等阅读方式。很显然，这已经是广义的阅读了。

移动阅读是移动环境下的阅读，移动是相对于固定而言，区别在于人或物在空间位置上的变化状态。固定环境是指人或物处于相对稳定的空间环境，如图书馆、办公室等。移动环境则是指人或物处于不断变化的空间环境，如交通旅途、户外活动等。移动阅读是传统阅读的延续，是现代移动信息技术发展的产物，是伴随着可移动数字化阅读终端和相关阅读软件的流行而引起人们重视的。

从移动终端看，移动阅读包括手机阅读和其他移动阅读。手机阅读是用户对手机载体上的信息内容的认识活动，阅读内容形态既包括文本信息，也包括音频、视频和图像等信息。其技术实现方式随移动/无线信息技术的进步而发展，从有线移动到无线移动，从 SMS（短信息）、MMS（多媒体信息）到 WAP、客户端软件、APP 等，用户可以主动访问阅读，也可以订阅、下载所需阅读信息。除了手机阅读之外，移动阅读还包括 MP3、MP4、PAD、PSP、电子词典、电子阅读器等，都可以通过离线或无线网络在线获取所需信息实现移动阅读。

（二）移动阅读构成要素

移动阅读领域的一种重要学说是阅览学，该学科的核心理念见于《阅览学新论》一书。该理论提出，阅读行为涉及三个核心元素：阅读的内容、阅读者本身以及阅读的实际过程。所谓阅读内容，实则指的是各类文本和材料，它们由内容、阅览环境和时间三个维度构成，其中文本是核心，因其蕴含的符号和物理载体不可分离。阅读者是指那些参与阅读活动的个体，即我们日常所指的读者。阅读活动本身是一种心理活动，它起始于视觉感知和大脑相关区域的生理响应。当一个人拥有阅读能力，即拥有了解读文本的智力条件时，其阅读的需求、兴趣、动机、情感和意志等非智力因素对阅读成功起到了决定性的作用。阅读的实践活动即阅读者（主体）与文本（客体）之间的互动，其本质在于物理和精神两个层面过程的结合。

在移动阅读方面，人类的信息行为理论为其另一理论支持。Sonnenwald 在信息行为理论中提出，信息行为受到五个因素的影响：个人特质、物理对象、动因、空间和时间。个人特质涉及参与者在特定环境下的兴趣、能力、感知和认知，以及他们的社交网络。物理对象是行为的焦点，包括信息本身、资源、通信技术以及与环境相关的其他元素，还包括这些对象的获取方式。动因是行为发生的原因和动力，可能源自目标、动机和使用过程。空间指的是任务发生的环境，可以是组织或更广阔的社会政治经济环境。时间则描述信息行为的阶段，可以细分为片段、间隔或时期。王艳等人提出的 6W 模型进一步解析了信息行为，包括行为主体（Who）、动机（Why）、动态（What）、时间（When）、空间（Where）和媒介（Wedia）。信息行为的主体是信息用户，可以是个体也可以是群体。动机可分为工作、自我提升和社交等多种。动态则包括接收、传递、交流和检索等行为。时间和空间分别指行为发生的时刻和地点，媒介则涵盖了传统和多媒体信息形式。

在移动阅读领域，用户对手机等移动设备上信息的处理属于认知活动。综合阅览学和信息行为理论，移动阅读涉及的关键组成部分包括用户、阅读行为和读物。移动阅读用户是多样化的，包括不同性别、职业、年龄和教育背景的读者，他们根据自身特点有着不同的需求和特征。阅读行为是用户对读物的选择、搜索、利用和交流的集合体，而读物本身，作为客体，指的是移动设备上的内容和载体。

（三）移动阅读的特征

移动阅读是现代信息技术环境下的一种新的阅读方式，是一种碎片化的浅阅读，与传统的纸质文献相比具有以下特征：

1. 移动阅读是一种不受时空限制的阅读

移动阅读借助于智能手机和其他移动设备的便携性，打破了传统阅读对特定物理空间和时间的依赖。在这种阅读模式下，用户可以在地铁的挤压、咖啡馆的闲暇或是长途飞行的单调中，轻松地通过触摸屏幕就接触到海量的书籍和文章。无论是在城市的喧嚣角落还是在偏远地区的宁静之地，只要手中有网络连接的设备，文献资源便如同空气一般无处不在、无时不有。移动阅读的普及得益于高速移动通信技术的发展，如 4G、5G 网络的广泛覆盖，以及云存储技术的应用，使得大容量信息的存储和快速传输成为可能。此外，线上支付的便捷化也极大地简化了获取付费内容的流程，用户可以在几乎不感知的瞬间完成交易，立即沉浸在作者构建的知识世界中。这样的阅读方式，不仅仅体现了技术进步给生活带来的便利，更是对阅读习惯和文化消费模式的一次革命性的改变。它让知识的传播与汲取无界限、无障碍，使得每个人都能在这个信息爆炸的时代中找到属于自己的一席之地。

2. 移动阅读是一种碎片化的浅阅读

移动阅读的兴起与现代生活节奏紧凑不无关系，它满足了人们在短暂时间内获取信息的需求。这种读取方式多见于日常生活的碎片时间，如通勤途中、等待中或临睡前，人们通过手机等移动设备，借助 Wap 或 Web 浏览器，快速浏览新闻、娱乐或生活资讯。这些内容往往设计得短小精悍，便于一目了然，迎合了快速消费信息的习惯。环境的多变与时间的零散使得移动阅读很难达到传统纸质阅读的专注和深度，阅读体验常常被周遭环境的嘈杂或是时间的紧迫所打断，导致阅读多是浮光掠影，跳跃性和碎片化的特点更为显著。在这样的背景下，移动阅读更多地承担起信息快速获取和初步了解的角色，而非深度学习和长时间专注的阅读。它虽然为人们提供了极大的便利，但也限制了阅读的深度和连贯性。这种浅尝辄止的阅读模式并不能完全满足深度学习和理解的需要，因此更多地作为一种辅助性、补充性的阅读方式存在。

3. 移动阅读是一种个性化阅读

移动阅读在自媒体时代展现出强烈的个性化特点，它不仅改变了信息的传播方式，还增强了阅读的自主性与参与度。在这个时代，用户不再是被动接收信息的对象，而是成了信息传播的平等参与者。他们在各种自媒体平台上根据个人兴趣和偏好发布和选择阅读内容，形成了一个高度个性化的信息生态系统。每个人都可以是一个独立的信息节点，他们分享自己独特的观点和见解，展现个性化的内容，这不仅让他们得到了表达自我和个性的空间，也让其他人有机会接触到多样化的信息和知识。在这个过程中，阅读变得更加主动和具有选择性，用户可以根据自己的喜好筛选信息，阅读那些真正吸引他们的内容。这种个性化阅读模式既满足了用户的个性需求，也促进了专注和深入的阅读体验，有助于打造更加丰富和多元的阅读环境。

4. 移动阅读是一种分享与互动的阅读

移动阅读显著地改变了阅读分享与互动的传统模式，使之变得更为即时和无界限。在这个数字化时代，阅读不再是孤立的活动，而是一个动态的、社会性的互动过程。借助于智能手机和平板等移动设备，读者可以在阅读的同时，通过点击屏幕上的分享按钮，将有趣的文章或重要信息瞬时传递给朋友或公众，从而开始即时的对话或讨论。这种交流不仅跨越了地理界限，也缩短了信息传播的时间距离。传统的书评和论文发布受限于较长的出版周期和严格的审查流程，而移动阅读环境下的分享与反馈几乎可以做到实时进行，极大地提升了信息的流通速度和广度。

在社交媒体平台上，信息的传播变得更为人性化和个性化，因为这里的信息不仅仅是单向的从作者到读者的传递，而是一个多维度的、双向的沟通过程。读者在这里不只是消费信息的一方，同时也是创造和传播信息的主体。他们可以轻松地对内容进行评论、点赞或是转发，与此同时，其他读者也可以对这些互动做出回应，形成了活跃的参与和反馈机制。这样的互动不仅促进了知识的传播，也加深了用户之间的社会联系，使得阅读变得更加有趣和具有社会性。此外，移动阅读还让每个人都有机会成为影响他人的意见领袖或信息的节点，每个个体的阅读体验和见解都有可能成为推动信息进一步传播的催化剂。这种互动性和社会性的结合拓展了移动阅读的边界，让阅读变成了一种集体参与的文化实践，图书馆需要把握这一趋势，以创新的服务满足用户的新需求。

二、移动阅读影响因素

影响移动阅读的因素比较多，概括起来主要有两大类：

（一）外部因素

1. 宏观因素

移动阅读的兴起，根植于社会和技术的共同演进。现代科技的飞速发展与社会生活步调的加快，共同孕育了此现象，这背后反映了深层的社会动因和技术进步。20世纪以来，科技进步推动了经济和社会的巨变，人们的工作与日常生活亦随之发生革新。在全球化与信息化的浪潮下，世界经济展现出新的面貌，社会经济的发展也使得生活节奏加速，竞争加剧。在这个快节奏的时代背景下，沉浸式深度阅读的机会逐渐减少，同时信息化带来的信息量大爆炸使得人们难以应对滚滚而来的资讯洪流，传统阅读模式的局限性日益显现。在这种压力和信息洪峰下，人们获取和处理信息的方式开始悄然转变，新式阅读模式应运而生。信息技术的不断进步也引领了信息传递媒介的变革，出版内容从纯文字到图文并茂，再到集文字、图像、视频于一体的形式，人们的阅读方式也由单一的书籍阅读演变为多样化的媒介阅读。纸质媒介，如传统书籍、报纸、杂志的阅读地位逐渐被图片、动漫、电视、网络以及手机阅读等多种现代媒介分割和替代。阅读内容已不再局限于文字，而是扩展到了多媒体信息的综合运用，呈现出与传统纸媒体阅读截然不同的全媒体阅读体验。正是社会进步与信息技术革命的双重作用，促成了移动阅读的诞生。

随着社会和信息技术环境的不断变化，移动阅读作为一种信息行为也在不断演变。人的信息行为不仅受到生理和心理因素的影响，感知环境亦在其中扮演角色，即人们对资源环境的感知会帮助形成印象和评价，进一步作用于信息行为。韩思雨在其硕士论文《高校用户信息行为及其影响因素研究——基于社会化阅读环境的视角》中，系统性地阐述了资源环境（即社会环境）对移动阅读行为的影响。

2. 微观因素

在细节层面，影响因素可以划分为组织背景和阅读场景两大类。组织背景指的是提供移动阅读服务的机构特性，如图书馆、数字阅读平台等，这些机构的形象、品牌认知及其提供的服务模式都可能左右用户是否选择该平台进行阅读。至于阅读场景，这涉及用户在特定环境下阅读的情况，如在旅途中、排队等候、会友间隙、如厕时刻或临睡前的阅读体验都会受到各种因素的影响。需要指出的是，移动环境下的阅读与传统的固定环境阅读存在显著的不同：在图书馆等固定场合，阅读通常是主要活动，而在移动状态下，阅读可能只是一种顺带的次要行为。

（二）内部因素

移动阅读的个体因素涉及阅读主体、所读内容和阅读实体本身。这些要素囊括了用户的个人特质、需求、经济实力、互联网接入技术、阅读设备、内容质量、用户的能力和阅读习惯等方面。个人特质指的是用户的基本信息，包括年龄、性别、教育程度、工作等，以及用户群体的共性特点。据中国新闻出版研究院连续年度的全国阅读调研报告显示，移动阅读的普及与用户的年龄、所在地域、教育水平等因素紧密相关。李武的在线调查研究揭示了上海高校学生在移动阅读多个维度上的行为模式，并考察了性别、年级、专业和手机类型等因素的影响。

用户的阅读需求多元，包含阅读动机、内容偏好、种类选择等。董文鸳的研究基于大学生群体对移动阅读习惯的调查，证明了不同性别、年级、专业和地域的学生在移动阅读动机、内容选择、阅读习惯、付费意愿等方面有明显的个体差异。

经济实力决定了用户在移动阅读服务上的投入能力。Jung J 的研究表明，电子书阅读器的使用与个人年龄、教育背景、收入水平、对印刷文本的需求和电子设备的所有状况密切相关。

互联网接入技术指的是用户通过手机等移动设备接入无线网络的能力，包括连接方式和网络速度。阅读设备则涉及设备的种类、配置、功能和相关软件等。D.T.Clark 的研究指出，特定电子阅读器的显示分辨率和色彩限制对阅读学术图表内容造成了障碍，尤其对自然科学文章的读者影响较大。Darrcoh 认为，文本的阅读性和易读性是衡量移动阅读效果的关键指标。Pattuelli 和 Rabina 提出，由于移动阅读器缺少传统纸质书籍中常用的功能，如划线、书签、注释等，可能会影响使用体验。Woody 等人的研究表明，屏幕阅读相较于纸质阅读更易引起疲劳。郭恋的实验研究发现，颜色、字体大小、阅读材料的类型等因素会对移动阅读体验产生重要影响。袁曦临的实验显示，纸质阅读更适合深入和系统性学习，而移动阅读则更便于快速信息检索和即时学习。

第二节　图书馆移动阅读服务模式

图书馆移动阅读服务，即指基于移动互联网环境下用户的阅读需求及阅读目的，借助移动设备和媒介，为读者的阅读活动提供的一系列阅读服务。图书馆作为公益服务机构，在移动阅读服务推广方面，可以与各大数据内容提供商、出版商、终端设备制造商、运营商及技术公司进行合作，共同推动图书馆移动阅读的发展，创造多赢的市场格局。在上文探讨的移动阅读现有模式中，盛大模式、中国移动（包括电信、联通）模式都已经成型，在国内有一定影响，当然，它们还不属于图书馆行业的移动阅读。但是图书馆等机构可以探讨与其如何合作事宜，上海图书馆目前的阅读模式值得参考与借鉴；作为与图书馆有过密切合作的电子书、有声读物、音乐和视频资料等数字内容与服务提供商，如国外目前流行的 OverDrive 和 3M 模式，图书馆可以做更多的研究与合作。

总的来说，根据调查可知，目前图书馆移动阅读服务模式主要有四种：第一种是移动设备（电子书阅读器、平板电脑等），预装数字内容，出借移动设备让读者体验移动阅读；第二种是移动平台或自动化系统的移动服务功能系统，但使用用户自有的移动终端；第三种是 Mobile 版数字资源，如 EBSCOhost Mobile、PubMed、RefWorks、WorldCat Mobile 等；第四种是自建移动图书馆或自有数字资源，或者自有特色馆藏资源的移动发布。

一、借阅模式

借阅模式，即由图书馆服务机构购买移动设备（如电子书阅读器、平板电脑等），预装数字内容，出借移动设备，为读者提供移动阅读服务。

（一）纯设备借阅模式

即用户一方面可以通过借阅电子书阅读器等移动设备，阅读电子书阅读器中随机预装的图书，此外，也可以自己使用阅读器去网站中下载所需资源。越来越多的美国图书馆出借 Kindle 及其他电子书阅读器，供图书馆用户浏览与阅读。2007 年，美国新泽西州的 Sparta 公共图书馆在 Kindle 阅读器刚推出时，在全美就最先采购两台 Kindle 阅读器提供电子书阅读器出借服务，开启美国电子书阅读器出借业务的先河，允许用户使用图书馆账号在借出的 Kindle 阅读器上免费下载亚马逊网站上的电子书，便于用户阅读电子书，这种直接让用户采购的政策及时满足了图书馆用户的阅读需要。

北京大学图书馆 2009 年与汉王科技合作，提供汉王电子书阅读器的借阅服务；辽宁省图书馆从 2011 年就提供外借电子书阅读器服务，截至目前，共购入 500 台平板电脑，20 多台汉王电子书阅读器，平板电脑中内置超星软件和图书，除了自身带的 3000 册图书外，每台电子书阅读器都可以下载本馆丰富的资源；辽宁省图书馆的移动阅读服务主要是基于方正电子图书中华数字书苑和龙源手机图书馆两个数据库的支持。目前，很多公共图书馆和高校图书馆都提供电子阅读器、平板电脑出借服务，此种新颖的服务和新的阅读体验深受用户欢迎。

（二）设备定制模式

即对电子书阅读器的软硬件系统定制开发，以便更好地揭示本馆馆藏，方便读者利用此类设备轻松访问与利用本馆海量专属数据资源。例如，上海图书馆自 2009 年 2 月在全国率先推出电子阅读器外借服务后，已经有 2000 台电子书阅读器在总馆和 5 个分馆供读者流通使用。随后，上海图书馆引进盛大锦书阅读器 200 台，并购买 40 种付费电子书，每种 5 复本，共计 200 复本，用以提供个性化定制服务，对产品的功能进行了优化，内容进行了扩充。内容方面，从纯书籍阅读向综合网站（集图书、报刊、网络文学于一体）及安装具有以上功能和内容集合的应用发展；硬件功能方面，由电磁笔触控或键盘控制向更接近传统阅读体验的手指触控等发展。图书馆用户凭借上海市图书馆一卡通就可在上海市任意一家图书馆借阅到电子阅读器，并可以登录上海图书馆打造的海量资源阅读平台，检索、下载、浏览并阅读所需要的信息资源。

二、采购移动服务平台或移动服务模块

采购移动平台或移动服务模块，即图书馆等服务机构通过购买移动平台或图书馆自动化系统中的移动服务功能模块，为用户提供移动阅读服务。

Demco 软件公司（原先的 Boopsie 公司）作为全球大学和图书馆移动技术解决方案的提供者，至今已为全世界 2500 多家高校图书馆和公共图书馆提供自主研发的移动 App。通过图书馆的 Demco Discover Mobile 本地移动应用集成服务平台，图书馆用户可以访问 OverDrive 的电子书、音频资源及视频资源，以及 3M Cloud Library 的电子书资源等。

此外，Springshare 公司研发的 LibGuides 内容管理和知识分享平台兼容移动设备，所有页面都针对移动浏览器进行优化。例如，鲍灵格林州立大学图书馆（Library of Bowling Green State University）使用 Springshare 公司研发的 LibGuides 平台提供移动阅读服务，图书馆用户通过移动设备可以阅读此平台上的 ARTstor Mobile、Lexis–Nexis Academic Mobile、ProQuest Mobile、PubMed Mobile、RefWorks Mobile 和 World CatMobile 等资源。

国内用户可以购买书生移动图书馆或超星移动图书馆等移动服务平台，使用各种手持移动终端设备就可以对图书馆的电子资源进行检索、借阅或全文访问等。目前支持的设备类型包括塞班、Android、iOS 等，如辽宁省图书馆、北京理工大学图书馆等购买超星公司的移动平台，提供期刊、论文及电子书在线阅读服务。用户还可以购买汇文软件的短信服务平台、手机图书馆门户、掌上 App 等，如大连理工大学图书馆购买汇文移动平台，通过书目检索系统手机服务和掌上汇文平台，提供图书咨询、预约、续借、图书评价与最新通报、讲座信息及推荐阅读等服务。

三、采购 Mobile 版数字内容

采购 Mobile 版数字内容，即图书馆通过购买 EBSCOhost Mobile、PubMed、RefWorks、WorldCat Mobile、JSTOR Mobile、ProQuest Mobile 等移动数据库资源，如美国耶鲁大学图书馆、美国达特茅斯学院图书馆等；或者购买 OverDrive、3M Cloud Library 等业界领先的、提供移动阅读解决方案的数字内容提供商，为图书馆用户提供移动阅读服务。

四、自建或合作开发模式

自建或合作开发模式，即图书馆通过自建（或合作开发）移动图书馆平台、数字资源或机构库等移动馆藏资源，为图书馆用户提供移动阅读服务，如清华大学移动数字图书馆系统（TWIMS）、重庆大学移动图书馆、厦门大学图书馆手机客户端等，通过自建（或合作开发）的移动图书馆平台，为拥有相应设备的读者提供移动阅读服务；上海交通大学图书馆自 2011 年 10 月起，向全校师生推送个性化的电子教参资源，并推广电子教参的移动阅读。此外，图书馆的 Self–publishing 平台、图书馆 2.0 资源（微博、微信、SNS 服务、视频网站等）、开放获取资源是图书馆自建移动阅读内容的另一创新模式，为图书馆开展移动阅读、传递信息提供了一个交互式传播渠道。以图书馆 2.0 资源为例，图书馆不仅可以通过微博等渠道发布采购的新书目录，还可以给出图书馆电子资源的链接，方便读者移动阅读。读者可以通过微博留言给出自己的意见，提出自己的阅读意愿或者分享阅读体验。图书馆可以根据用户的信息改进自身服务，如清华大学图书馆、厦门大学图书馆都在腾讯或新浪上建立了自己的官方微博。

这四种模式的主要区别在于图书馆资源移动访问的处理方法上。模式一的优势在于用户体验较好，因为移动设备由图书馆购买，可以选择契合移动设备的数字内容预先安装，缺点是移动设备是一笔不菲的投资，且受众有限。模式二实际上是立足现有的图书馆资源，通过技术手段使得现有的图书馆资源能被用户访问。因用户的移动设备品种多样，一般仅能支持主流的移动操作系统，如 Android。此模式把资源的移动访问交由第三方来完成，第三方移动平台起着连接图书馆现有资源和移动终端的作用。模式三与模式二不同，它由数据库商直接提供其移动访问的平台，从单个数据库角度看，用户体验要好于模式二。

模式四属于自有资源的移动发布，不涉及其他图书馆购买访问权的资源。这四种模式并不是完全独立的，它们完全可以共存在同一所图书馆中，提供给用户多样化的选择。

但目前图书馆对移动阅读服务模式的选择一般还停留在感性认识的初级阶段。一方面表现在图书馆对用户真正需求的移动阅读服务模式缺乏了解，对移动图书馆的服务效果也缺乏客观的评价；另一方面图书馆对移动阅读的相关产业生态链缺乏考察分析，不同的移动阅读服务模式，图书馆在产业链中的作用、地位是不一样的。如果不了解图书馆在移动阅读产业链中的地位，就无法切实发挥好图书馆的作用。

第三节　图书馆移动阅读服务运行机制

随着数字资源向移动服务的延伸与发展，人们逐渐习惯于享受无处不在的信息服务。传统的图书馆服务，读者需要进入实体图书馆或者至少通过计算机才能连接到图书馆的网络，时空限制性较强，已经较难满足当今大多数读者的需求。智能手机、平板电脑等功能强大且具有移动网络访问能力的移动终端逐渐发展、普及。各个城市和学校的无线网络建设以及移动信息服务已经逐渐进入网速较快的 Wi–Fi 和 4G、5G 网络，越来越多的读者习惯于利用移动终端随时随地地去获取各类资源。图书馆作为以信息资源服务为主的机构，应该适应这种趋势，逐渐将数字图书馆信息服务与读者的使用环境相结合，从单一的有线网络服务扩展到更广阔的无线移动服务领域中，使读者通过无线终端设备连接到 Internet，即可享受超越时空限制的图书馆移动阅读服务。为了满足读者的需求，推进多方位立体移动阅读服务的理念，图书馆正在进行着服务运行机制的定义与规划。

一、图书馆移动阅读服务体系架构

从 20 世纪 90 年代兴起的数字图书馆发展至今，大多数图书馆的数字资源数量已经超过了纸质资源数量。读者通过网络已经可以方便快捷地获取数字资源，但随着移动阅读服务的发展，现有的数字资源平台和图书馆的服务流程无法很好地兼容与迎合移动阅读的需求，图书馆需要重新规划与设计现有的工作流程和运行规划，甚至需要对数字资源进行重新定义与组织，从而适应图书馆移动阅读的需求。

移动图书馆服务虽然提供了多样化的便捷服务，但是在总体规划上依然存在一些问题，主要表现在以下几个方面：

一是缺乏统一的标准规范，无法长远发展。任何服务都需要有一定的标准规范，方能对所有的服务进行统一规划与管理，各图书馆之间的服务才能够进行互联互通，但目前各图书馆的移动服务大多以各自的特点进行系统建设，没有完整的服务标准，也没有行业规范。因此，难以建立完整的移动服务体系，各自为阵的建设模式阻碍了移动服务的长远发展。

二是各自为阵，缺乏合作共建。各图书馆没有统一的标准规范，同时在建设方面也各自为阵，没有在移动服务上进行合作共建。共建、共享、共赢的模式虽然被大家所认同，但是在实际操作中却鲜有成功案例，这对图书馆的移动服务要做大做强产生了很大的障碍。

三是资源揭示较浅，展现模式贫乏。图书馆资源在移动端的展示需要技术与资源相结合，目前，大多移动服务的功能仅停留在资源的目录检索与展示，鲜有对资源内容的深度挖掘。同时，移动端的资源展示形式也是现在移动服务的弊端之一，其展示模式大多停留在资源的信息列表显示，对资源的内容展示不够友好，读者往往需要安装特定的移动端插件或 App 方能阅读，但无法进行资源关联。

由此可见，目前国内外图书馆移动服务的运行模式与系统体系还没有被广泛认可。就目前而言，在移动阅读服务研究中大多是针对某项服务开展运行服务体系研究，特别是在运行体系架构方面，鲜有基于图书馆资源的整体规划，主要有以下几个观点：

（一）数字图书馆与业务系统集成移动化

此种模式主要关注传统的数字图书馆资源向移动化业务系统集成的方向转变，形成移动化的服务平台。在这个系统体系中，基础支撑层的工作主要负责对目前数字图书馆以及业务系统的基础数据进行统一的规范与整理，并以标准接口的形式输出给内容层；在内容层以服务、资源、业务等多个方面进行内容划分，向读者端输出；在读者端接受服务之前，由技术实现层对这些资源根据现有的移动技术进行页面友好性加工处理，并以多种形式向用户层展示；最终，读者可以在用户层获得图书馆提供的移动阅读服务。

1. 基础支撑层

基础支撑层在传统的数字图书馆标准基础上进行优化，对硬件环境、系统标准、信息资源及服务接口进行标准化定义，在商业系统平台及图书馆的共同努力下，建立各图书馆认可的统一数据标准对图书馆的移动服务起到至关重要的作用。因此，在资源接口方面应兼容资源的元数据标准、共享代码、数字对象标准、规范文档等诸多数据基础工作所需的标准与规范，从而为移动服务奠定坚实的基础。

2. 内容层

内容层从多个方面进行细分，分别是服务、资源和业务。

（1）服务

从移动服务的特性来看，可分为多种类型，分别是单一型、延伸型和融合型。其中，单一型指的是沿用了传统的资源检索与获取模式，将传统的 PC 端服务延伸至移动服务端，读者可以随时随地查询图书馆所拥有的资源，这种模式为图书馆在各类资源的揭示方面提供了较好的扩展空间，为读者提供了无处不在的资源服务；延伸型是将传统的图书馆服务利用移动端的特性进行延伸。例如，微博、微信、短信等服务，此类服务将传统的图书馆服务通过移动端的特有属性进行整合，并提供简便、快捷的移动信息服务；融合型指的是对图书馆与网络信息资源的整合服务，这种服务结合了传统的图书馆资源，也整合了网络开放的信息资源，使读者在获取图书馆资源的同时，也可以通过开放的第三方资源接口获取更多的相关资源服务。

（2）资源

图书馆服务的主体是自身拥有或购买的信息资源，在传统的信息服务中，资源的表现形式为图书、图片、期刊文章和音视频等，在移动服务中，这些资源类型依然是主要的服务方向，但必须注意资源表现的友好性。因此需要在内容层对资源进行二次加工，即对现有的资源进行移动化处理，包括分辨率、文件大小、播放格式等问题，以便读者能在移动端通过较小的带宽损耗获得更多的资源，并能满足读者碎片化资源获取的需求。随着智能终端的快速发展，资源的表现形式逐渐变得多元化，并具备更好的兼容性，为图书馆移动服务提供了更广阔的展示空间。图书馆资源的移动化加工越来越偏重于内容的多样化展示，如图片可以识别内容、添加便签、添加笔记等功能，这些功能的实现需要在内容层对资源进行有序化处理后方可实现。

（3）业务

传统的图书馆业务关注在资源的组织与揭示上，移动服务为传统的图书馆业务带来了改革与创新。为了适应移动阅读服务，诸多图书馆将业务重点从传统的业务中分出部分在移动阅读方面。例如，为了实现图书馆的短信服务，需要针对短信服务的特征进行系统开发与服务监控；为了让读者享受无处不在的资源服务，特别设立移动服务网站等。

3．技术实现层

技术实现层是整个架构中尤为复杂与变化多样的层面。随着移动技术的发展，技术实现层的内容也发生着变化，即图书馆需要紧跟移动技术的步伐，为读者提供方便、有效获取的服务模式。就目前而言，移动技术主要有短信（彩信）、WAP、App、微信等，这些技术在移动终端的流行趋势下显得尤为重要，但现阶段，传统资源服务依然发挥着举足轻重的作用。美国皮尤研究中心发布的研究报告指出，60% 的平板电脑读者和 61% 的智能手机读者主要通过网络浏览器获取新闻。由此可见，移动端的 WAP 服务包括微信等内容浏览服务等，依然是读者阅读的重心。

4．用户层

用户层是整个体系架构中最需要持续了解与跟踪的环节，图书馆需要对移动服务的用户进行持续的关注与调研。图书馆只有跟踪了解用户的需求，才能获得更好的移动服务趋势，才能在移动服务建设方面提供以用户需求为驱动的移动阅读服务。清华大学图书馆、西北工业大学图书馆等在移动服务的项目研究过程中对用户做了大量的调研与分析，充分了解用户需求、分析用户的特点，以及针对移动服务进行用户需求分析，为业界认识与了解用户需求提供了较好的素材。

（二）基于云计算的图书馆移动服务体系架构

基于云计算的图书馆移动服务体系架构是在云计算的大背景下提出的。这种体系架构是在资源云存储、资源云服务的大框架下建设的，具体包括格式适配层、业务管理层、业务应用层和门户展现层。

1. 格式适配层

格式适配层指的是将现有的图书馆数字资源通过格式转换形成移动终端可识别的浏览格式，如 TXT、JPG、MP4 等。

2. 业务管理层

业务管理层是将现有的资源内容进行分类，根据资源和移动终端的特性，将内容进行细分，使不同内容的资源有不同形式的展示，并实现一定的资源关联功能。

3. 业务应用层

业务应用层是读者在系统登录之后的一系列应用功能合集，这些应用主要体现个性化阅读需求，以期为读者提供贴心的个性化服务。

4. 门户展现层

如今的移动服务已不仅仅是一种终端展示服务，因此，在系统基础平台上进行多样化终端服务是十分必要的，常用的展现形式有 WAP 门户、客户端 App、专用阅读器、Web 服务、后台管理平台，为不同需求的终端用户提供相同内容、不同表现形式的移动服务。

（三）基于云计算的图书馆资源一体化共享学习体系架构

在以上两种模式中，部分学者对图书馆的移动服务进行整体规划与定义，并对其体系架构提出了更深层的服务架构。此模式是在图书馆数字资源和业务服务资源的基础上，利用云计算服务平台为读者提供个性化协同共享资源服务架构，以上海交通大学图书馆就移动阅读服务总体规划为例。

上海交通大学图书馆对移动图书馆服务提出了一种不同的设计理念，模糊了移动设备的概念，以移动资源为主线，提出基于云服务的移动服务，以网站和众多 App 等构成的移动应用服务群给读者提供全方位不同类型的移动服务，其将图书馆的移动阅读服务定义为："在移动环境下实现的基于云服务的通过各类终端设备随时随地对图书馆任何资源及服务的利用，更进一步，可通过知识重组来实现智慧阅读。"其中，协同、群组阅读和分享应成为核心模式，在不同的终端设备中承担不同职能。

此定义将数字图书馆资源、图书馆的服务资源及移动阅读特有的功能进行融合，以网站和 App 的方式为读者提供服务，同时还强调了在具有个性化的移动阅读服务中应充分考虑群组协作与分享功能。这说明图书馆已经开始考虑如何将图书馆的资源（包括人力资源和场所资源等）与读者的移动阅读结合起来整体设计与规划，从而进行移动阅读服务探索。

二、图书馆移动阅读服务运行

（一）无处不在的网络环境

无处不在的网络环境将是读者获取图书馆移动阅读服务的网络环境基础，主要根据移动阅读的主要需求提供无处不在的网络连接方式，现有的网络连接方式主要有 Wi–Fi、4G 及 5G 网络。不少地方政府、院校都提出了创建智慧城市、创建智慧校园之类的工作目标和奋斗方向，相关学者更是围绕其技术与可行性进行了大量的推演和论证。一些先进、发达的城市和学校还推出了具体的规划和方案，如"无线城市""数字城市""光纤城市""物联城市"等，为图书馆移动阅读带来了良好的网络环境。

（二）良好体验的移动阅读平台

以电子书为例，大多数图书馆提供的数字资源阅读平台以两种形式存在，即支持网络浏览与获取和下载模式。网络浏览阅读模式目前已为用户所熟知；图书馆支持的电子书下载模式当前兼容不同类型的电子书阅读器和移动设备等。OverDrive 是与图书馆合作的电子书提供商，其电子书通过电脑和移动设备的 App 都可以访问和阅读；EBL 也提供可供下载的学术和科研电子书等。Adobe 提供软件系统支持电子书下载，通过 Adobe 数字版软件转化，当前电子书格式基本是 PDF 和 EPUB 等。

对于图书馆网站及数据库等服务系统的开发，传统上对功能性比较关注，倾向于提供大而全的信息服务功能，对于界面设计、用户 UI 等用户体验层面的元素则关注不足。Web2.0 时代以后，客户端技术开始流行，用户体验（User Experience，UE）成为网络服务领域普遍受关注的层面，图书馆学界也开始研究如何为用户提供更佳的使用体验。早在 2012 年《地平线报告》（高等教育版）中指出，移动图书馆应用技术发生着翻天覆地的变化，平板电脑或许在高校中成为主要的移动应用。伴随此技术浪潮，国内各图书馆正积极推进移动图书馆服务，而移动服务过程中的用户体验也会引起相关人员的关注。在移动图书馆开发之初，图书馆就对系统的功能模块划分以及用户界面进行良好的设计与规划，这样可以减少因用户体验缺失而带来的网站二次开发费用，能节省资源，并能有效改善用户在使用过程中的使用体验，从而为用户提供更好的移动图书馆服务。

1. 用户体验的概念定位

借鉴用户体验在学术界比较普遍的定义，可归纳为，移动图书馆用户体验是指用户在享受移动图书馆所提供的信息资源服务过程中产生的心理感受，这种感受由多方面因素影响决定，包括用户的应用环境、用户感受、文化背景、信息资源、服务平台等。在移动图书馆服务之前，应该针对用户体验进行移动图书馆用户体验设计（User Experience Design，UED），包括用户分析调研、可用性分析、终端界面设计以及人机交互友好性等多方面的设计内容，从而挖掘与分析移动图书馆用户的信息需求和获取行为模式，将多方面的体验因素融入设计中，使用户在使用移动图书馆服务过程中能获得各主要方面的良好体验，为用户提供方便快捷的信息获取途径和移动场景下的信息服务。

2. 融入系统开发过程的用户体验

用户体验设计是移动图书馆在建设中的一项主要工作，不仅是指移动终端的界面设计，也不仅是指 Web 网站系统开发过程中界面设计与规划，因为它不仅与用户有关，同时是整个移动图书馆服务平台的整体设计与规划，覆盖了开发者与用户在信息交互过程中的耦合。

信息构建师 Peter Morville 等设计出了一个描绘用户体验要素的蜂窝图，它通常被作为量化网站用户体验的依据。结合蜂窝图模型和移动图书馆平台上用户的移动阅读特点，笔者认为移动图书馆系统的用户体验设计可分为五层，即战略层、范围层、结构层、框架层和表现层。将用户体验的设计分层与网站系统的结构化开发方法相结合，可实现持续系统地关注用户使用移动图书馆服务所产生的使用体验与心理感受，及时发现和把握用户的体验需求，并将之融入系统开发过程中，从而使系统开发的各个阶段都能较好地满足用户的移动阅读需求。

随着不受时空限制的智能手机、平板电脑等移动终端设备的日益普及，用户通过此类设备"浅阅读"的场景在增加，这就对移动图书馆系统所提供的内容模块提出了要求。针对用户体验的移动图书馆系统建设将用户体验融入系统开发的全过程，兼顾服务内容、功能模块、用户界面等各方面的用户体验，将移动图书馆的应用规划与目标在系统设计上进行有机整合，使用户获得更佳的体验，提高日益复杂的网络及设备环境中的竞争力。

（三）可移动识别和获取的数字资源

随着计算机网络技术的高速发展，信息资源的移动传播表现出传播速度快、阅读方便、信息更新频率快等特点，20世纪末期电子资源在我国图书馆开始得到大规模发展与利用，电子资源在馆藏建设中的地位和重要性也越来越重要。电子资源的利用已经影响和改变着用户使用图书馆的方法与习惯，成为图书馆现代化、网络化、数字化的象征之一。移动图书馆服务的主体可提供各类数字资源，这些数字资源的主要来源便是图书馆购买的各类数据库及自建数据库等资源。由此可见，电子资源是移动图书馆服务的重点之处。

然而，如今所说的数字资源是基于数字图书馆理论加工和编辑而成的，若将图书馆现有的数字资源提供给移动端，则需要考虑移动终端的服务表示形式，或将资源进行格式的转换，以适应在移动端可识别和获取的需求。

总体来说，可供移动阅读的数字资源根据读物类型可分为图书、报刊、音视频、网页等；可供移动阅读的数字资源按照来源可以分为移动数据库、移动馆藏、图书馆的自出版资源、开放获取资源，以及根据师生的移动阅读服务的需求，通过专题知识库、信息跟踪、专题特色资源等形式，将内容拓展到移动终端上的学术和生活休闲类资源等。

（四）泛在移动环境下的移动馆员

美国图书馆史学家Johnson在《西洋图书馆史》中提到："在书籍和图书馆的历史中，人的因素始终是最重要的。"馆员是泛在信息资源环境下移动图书馆信息资源服务最主要的影响因素，也是最丰富、最有潜力的资源之一。

泛在信息资源环境下，优秀的图书馆员对移动服务起着至关重要的作用，其自身教育是基础，更为重要的是自身的能力教育与素质培养。面对读者在移动服务方面的大量需求，图书馆应该注重与加强对图书馆员的培养，为馆员提供一系列的补充教育，如在职培训、继续教育、业务交流等，从而提高馆员的综合素养，使馆员的信息化设备使用水平、语言能力、知识面、信息分析处理能力、业务水平等都有一定提高。泛在知识环境下的移动图书馆拥有的数字信息资源非常丰富，馆员应具备良好的信息处理能力，对信息进行加工编码等，使信息增值，向用户提供信息增值服务。

三、图书馆移动阅读服务的保障机制

图书馆移动阅读服务可持续、良性发展，需要一系列的保障机制，具体包括：

（一）系统保障

图书馆移动阅读服务是信息资源的新型服务方式，信息资源的有效组织与管理是图书馆所有服务端的资源保障基础，它将决定读者在移动端可享受哪些资源服务及何种程度的资源服务。随着图书馆信息资源类型越来越多，读者若需要从移动端获取不同类型资源，则需要从图书馆不同的资源平台（WAP 页面、App 等）获取。然而，传统的图书馆资源管理模式正在发生着改变，专业的图书馆系统提供商也正在开始将图书馆资源集成管理系统向多种类型的资源统一管理以及移动化服务的升级与转型，从而适应图书馆在移动服务大背景下的趋势。由此可见，图书馆移动阅读服务中，图书馆资源集成管理系统保障必不可少。

下一代图书馆系统多采用面向服务的体系框架（Service Oriented Architecture，SOA），该体系框架是对原有的系统架构进行重新规划与设计，将图书馆各类资源的工作流程进行统一模式的构建，并以网络云资源的存储模式代替传统的本地资源服务模式。系统选择软件即服务（Software as a Service，SaaS）进行部署，通过系统提供的各类 API 接口，与各种现有的系统服务进行扩展和整合，系统前端为用户提供简单易用的浏览检索界面，类似于谷歌模式，使读者能快速发现和获取其所需要的相关资源。这种下一代图书馆自动化系统可更好地适应图书馆的资源无线扩展和资源移动化服务。在国外，图书馆集成管理系统（ILS）开发商和图书馆界正在此方面进行积极努力，已有部分类似产品正式投入使用，如 Ex Libris 的 Alma、Innovative Interface 公司的 Sierra、Serials Solutions 的 Intota、CLC 的 WorldShare Management Services（简称"WMS"）、VTLS 的 Open Skies、开源计划的 Kuali OLE。下一代图书馆资源集成管理系统的改变主要在以下几个方面为开展图书馆移动阅读服务做了数据资源保障。

1. 多种类型的资源高度集成，为移动服务平台提供统一接口

当前，图书馆的数字资源不断丰富，来源日益增多，图书馆若要利用自身资源为多种移动终端提供移动阅读服务，则要对不同来源的数字资源进行集中调配。由于图书馆数字资源存放在不同的存储空间中，数据库的结构与部署情况也不尽相同。因此产生了大量的异构性、分布式、多样化的数据资源，对其进行统一管理与配置将耗费大量的精力。移动图书馆服务平台所需要的信息资源接口则需要尽可能地统一，即需要在一个相对标准化、程度高的数据中心调用在移动服务中所需的信息资源。目前，已有部分产品是针对不同异构系统的统一管理工具，如电子资源的管理系统（Verde、ERM、Serials Solutions 360 Resource Manager 等）、原文链接系统（SFX、Serials Solution 360 Link 等）、数字资产管理（DigiTool、Content Pro、CONTENTdm 等）、一站式发现系统（Primo、EDS、Summon 等），还有图书馆一直以来关注的知识库系统（DSpace、Fedora 等）。Marshall Breeding 指出，"如今，对来自不同系统、不同格式的多类型资源的揭示、集成和整合成为图书馆的核心任务之一，这也是未来图书馆自动化系统要重点考虑的问题"。下一代图书馆集成管理系统也纷纷致力于实现此目标，重建资源管理模型，统一图书馆管理各类资源的工作流程，以实现资源的统一管理。

2. 采用关联数据技术，实现图书馆资源与相关资源互通

Tim Bemers-Lee 最早提出了关联数据（Linked data）这一概念。关联数据的本质是通过网络把以前没有关联的相关数据连接起来，所有的网络资源均可进行关联数据处理，将其进行语义化，成为传统模式下的编目和规范控制基础。对关联数据的支持是下一代图书馆集成系统的重要发展趋势之一。关联数据的三元组模型为图书馆提供了很好的统一数据的模型，利用关联数据模型可将图书馆所有的资源进行统一描述、管理与存取 API（RDF/SPARQL）。这种方式为图书馆集成管理系统提供了技术基础，利用关联数据应用可推进图书馆发现服务，对异构数据平台之间的数据融合、跨系统间的数据交换、检索等具有很好的指导意义。

3. 提供标准的数据资源接口，实现多终端资源互操作

在过去的几年里，主流图书馆移动阅读平台都是独立于图书馆集成系统，通过 API 接口与数据访问协议来实现资源的统一检索。主流移动阅读平台都

具有较显著的互联网基因，与 Web2.0 应用整合度较高（如来自豆瓣的书评、封面等），可提供比图书馆传统 OPAC 系统更强大的资源发现功能（如检索结果分面浏览、流行度排序、相关度排序等），能为用户提供良好的使用体验。下一代图书馆集成系统在设计规划的时候，就已经按高内聚、低耦合原则将资源管理模块与资源发现模块进行了分离，模块间的互操作通过开放接口进行，这就为移动平台端的实现提供了很大的灵活性，大大降低了移动端平台与图书馆集成系统资源管理模块洽接的复杂度。

4. 资源逐步迁移至云环境，整合图书馆与多方数据资源

随着云概念的升温和云技术应用的日趋广泛，云理念在下一代图书馆集成系统中也得到了很好体现，系统平台本身也逐渐趋向基于云计算环境进行部署。数据中心与业务平台的云计算化，有利于图书馆与商业数据公司之间进行资源交换，所有图书馆的资源将在云计算的服务器中进行统一管理与调配，并以统一的标准格式进行整合与输出；云端的数据与资源对图书馆自身是良好补充，图书馆亦可经由云平台提供各类软件应用服务；有了云端的海量数据支持，图书馆可进行较精确细致的用户行为分析和馆藏分析，对于提高图书馆的服务水平和文献资源建设工作都有很大帮助。Ex Libris 公司的学术推荐服务（bx）及 OCLC 的馆藏分析服务，是基于云数据开展的典型服务，可为读者提供个性化程度较高的移动服务。

5. 形成移动互联架构，凸显个性化移动服务模式

随着移动互联网的发展和相应设备的普及，基于移动场景的读者信息查询、信息分享和信息交流日趋频繁，已经成为人们的习惯。顺应这一趋势，多家图书馆集成系统软件商已经推出各自相应的移动应用，如 Ex Libris 的 Primo 手机访问、SirsiDynix 的 BookMyne、Librarything 的 Li-brary Anywhere、Innovative Interface 的 Encore Mobile 和 Air PAC、Auto Graphics 的 Ili2Go 等。如今，各系统厂商推出的移动应用均以图书馆传统的馆藏书目数据为主，即进行书目数据的查询、浏览及电子资源的下载等，附加的产品功能包括二维码和条码扫描、短信提醒等。下一代的移动图书馆产品将集成更多的服务功能，包括虚拟现实技术、场地导览服务等，这些移动服务的实现可利用 RFID、GPS、IBeacon 等新兴的感知技术，将传统的用户获取服务转换为图书馆推送服务。

此外，还将对用户信息行为、兴趣点进行分析与数据挖掘，并开展动态推送服务，提高服务的精细化与个性化水平。

6. 支持开放共享及用户参与，实现图书馆资源共享互通

由于移动阅读具有个性化和交互性优势，因此，开放共享与用户参与是图书馆开展移动服务的核心理念之一。随着用户移动服务的参与，用户驱动的信息资源服务得以长足发展，如图书采访、图书编目、书评等用户生成内容（User-generated content，UGC）的分包模式已成为图书馆的发展方向之一。相关的产品，如 OverDrive、OCLC、EBL、Ebrary、Intota 等系统，如今均提供了基于用户驱动的采购支持，其中 OCLC 将联合目录的共建模式扩大到互联网用户，用户可以检索书目中添加的目次、注释、评论等内容。同样，Alma 的 Community Zone 也是一个开放的书目信息库，参与共建的用户都可以通过移动端上传 / 下载所需要的书目数据，也可以通过条码信息来反馈需求。下一代图书馆集成系统更具开放性，可无缝嵌入社会化网络功能组件中，使用户在各种场景都能便捷地与图书馆互动，成为丰富图书馆移动服务能力的核心基础设施的一部分。

（二）政策保障

图书馆政策是图书馆事业发展的行为准则或规范，健全、完善的图书馆政策体系直接保障图书馆事业的发展方向。面对传统互联网向移动互联网突飞猛进的发展，图书馆是否为数字化的未来做好了充分准备；是否明确用户需求，针对用户日渐移动化学习、社交化生活的趋势，做好服务转型的充分准备，这些都是图书馆界需要考虑的问题。因此，图书馆开展移动服务及移动阅读服务，也需要制定移动政策。

移动图书馆服务要想健康、良性地发展，切实满足用户需求，需要取得领导的重视，制定有针对性的政策，并认真思考图书馆阅读服务模式的转型机制，在网络技术、资金方面给予支持，并制定相应的规章制度，依托图书馆 2.0 理念，将 Wiki、Rss、Blog 等技术运用到移动终端上，并延伸图书馆馆际互借业务，从视、听等方面多元发展移动阅读业务，保障图书馆移动阅读服务顺利开展。

（三）资金保障

资金是图书馆开展移动服务及移动阅读服务的关键制约因素。在图书馆开展移动服务及移动阅读服务的运作过程中，资金需要用在很多方面：一是用在

移动阅读平台建设方面，如软件外包研发费用、购置硬件设备费用、软件后期维护费用、短信平台费用、软件自建研发费用等；二是用在内容采集与整合数字资源方面，如移动馆藏整合、移动数据库购置、图书馆机构库等特色资源的描述、揭示、组织、整合方面等的资金支持与保障。

资金支持和宣传推广活动存在相互影响的关系，图书馆人需要持续对移动图书馆服务进行有效的推广和营销，让政府及公众真正了解图书馆事业，全面评估图书馆价值，加大对图书馆的资金扶持力度。

（四）人员保障

耶鲁大学图书馆员 Joe Murphy 认为，移动馆员只有具备：T 技能；馆员移动素养能力；聚焦用户的服务理念；沟通能力；合作能力；研究能力；熟悉各种移动设备；基本的使用移动软件 / 移动技术等综合能力，才能推动图书馆移动阅读服务切实开展。

在图书馆移动阅读服务开展过程中，馆员队伍建设问题不容忽视，依靠馆员培训和交流机制及人才引进机制等措施进行保障，做好移动馆员的培训学习工作，加强硬件、软件等要素的正常运行，建立移动馆员队伍，建立完善的移动信息素养（Mobile Information Literacy）培养机制。

就图书馆组织而言，有效的馆员培训管理机制可以发掘馆员潜能，发挥人才作用，提高馆员工作效率与服务水平，进而提升用户满意度。弹性的馆员管理机制有助于降低馆员的工作失误率，而馆员满意度的提升还可以减少员工流失率，降低图书馆的招聘成本，营造图书馆的核心竞争力，助推图书馆服务目标的实现。馆员在培训管理机制中，需要明确和知悉如何使用移动终端设备帮助移动阅读的用户，特别是需要把自己转型成流动馆员（Roving Librarians）、移动馆员。馆员需要随时随地充分使用移动设备，尽可能高效地使用各种工具和设备来支持移动阅读服务持续开展，满足用户学习、工作和生活的需求等。简言之，培训内容包括图书馆移动阅读平台提供的服务内容及使用指南，以便更好地指导读者使用移动图书馆服务或阅读图书馆资源。培训内容与图书馆对用户培训的内容密切相关，即馆员首先需要了解用户培训的内容，包括：移动终端设备类型介绍及选择等理论培训；熟悉图书馆移动馆藏和移动数据库等资源；移动阅读平台的使用技能培训；移动阅读服务的政策指南培训；移动阅读内容版权保护培训；移动阅读的流量及资费问题介绍等。只有这样，馆员才能更好地为用户使用图书馆的移动服务平台提供指导，系统了解图书馆可提供的移动阅读资源，引导用户进行移动阅读体验与推广移动阅读服务。

图书馆开展移动阅读服务，除了培养移动馆员的移动素养能力外，还需要加强人才交流和引进机制。一方面通过学术交流、业界会议、馆际之间的交流，加强人才互融互通；另一方面则是引进熟悉 QR Codes、Location Services、Augmented Reality 等方面的技术人才、图书馆营销人才或熟悉用户需求的心理学专业人士等，多方面完善图书馆的人才队伍建设。

（五）用户机制

对于移动图书馆服务和图书馆移动阅读服务来说，用户需求是图书馆服务的出发点，用户满意度是图书馆服务的目标。图书馆在开展移动阅读服务中，需要切实对用户进行研究，了解与掌握用户类型、用户信息需求和用户阅读心理，并对用户进行有关硬件设备和软件支持方面的培训，对用户的阅读进行有效干预，帮助没有移动阅读意识和习惯的用户进行阅读，并对用户的个人自然信息和用户阅读行为及用户隐私进行保护，以便有的放矢地提供更优质的服务，推动图书馆移动阅读服务按需开展等。

建立完善的用户机制和用户战略的优点在于能够提升用户的移动阅读知识和技能，获知更好、更全的访问信息资源的途径，提高用户对图书馆的满意度和移动阅读满足感，通过便捷、高效的移动阅读服务和全民的阅读资源可以节省用户的学习时间。

其中，用户阅读行为主要包括用户的上网行为、移动终端覆盖率、用户的阅读习惯、阅读场景、付费意愿及用户可接受的内容呈现形式等要素；用户阅读心理主要包括用户对移动图书馆服务和图书馆移动阅读服务的认知度、接受度及满意度等。图书馆可以使用诸如客户端应用、用户应答系统、博客等社交网络平台、二维码等技术来动态支持培训机制，用户培训主要是指通过培训手册、在线视频资料、传统讲授、小型交互式小组等途径开展：移动终端设备类型介绍及选择等理论培训；介绍图书馆移动馆藏和移动数据库等资源；移动阅读平台的使用技能培训；移动阅读服务的政策指南培训；移动阅读内容版权保护培训；移动阅读的流量及资费问题介绍等，不断培养用户的移动信息素养。

大数据是目前业界关注的焦点，已经在很多领域有了充分的应用，并产生了巨大的效益，图书馆可以将大数据挖掘与分析技术运用到图书馆移动阅读服务中，分析用户移动阅读行为和移动阅读偏好，并根据用户的移动阅读行为和移动阅读偏好，及时完善图书馆移动阅读平台建设和数字资源采集、组织与利用，而不是让移动图书馆服务或图书馆移动阅读服务流于形式，并通过用户满意度不断衡量与提升图书馆移动阅读服务的质量。

（六）全面质量管理保障

全面质量管理保障主要涉及服务质量控制和评价控制等方面。

服务质量控制，一是在图书馆开展移动阅读服务的前期阶段，要秉持"用户需要什么，图书馆提供什么"的理念，根据区域经济发展水平等情况，立足实际，做好用户需求调研，想用户之所想，按照用户需求开展移动阅读服务；二是在图书馆移动阅读服务开展过程中，要做好移动馆员、用户的培训工作及阅读推广活动，保证图书馆移动阅读服务良性及可持续发展。

质量跟踪与评价是提高图书馆移动阅读服务水平的保证，评价控制主要是指要关注图书馆移动阅读服务的后期评估与评价，如通过读者面谈、问卷调研、网络调研等方式，跟踪与评估用户对阅读所需数据流量、数据传输速度、所需资费等情况的接受程度、系统整体满意度等。服务质量评价与改进系统要以读者为中心进行建设，制定相应的评估指标体系，这样才能为提高图书馆移动阅读服务质量提供支撑。图书馆需根据用户的阅读行为与阅读偏好，不断改进移动阅读系统和完善移动阅读服务。

（七）知识产权保障

在移动阅读内容知识产权保护议题上，全社会都应该积极行动起来，围绕制度、服务、技术等因素，制定好移动阅读相关行业标准，消除个人隐私安全隐患，致力于建立全方位保障的版权保护体系，为版权和隐私权提供更好的保护，这样才能确保移动阅读产业链中的各环节都健康、有序，使移动阅读在良好环境下生存与发展。

1. 使用网络著作权、传播权等法律武器保障资源版权

近年来，智能手机、平板电脑、电子书阅读器等硬件设备日益更新换代，数字图书馆、数字期刊、数字报、手机报等新内容传播形式多种多样，人们的学习、工作和生活正在被数字出版与数字阅读影响与改变。2001 年新修订的《中华人民共和国著作权法》（以下简称《著作权法》）中增加了"信息网络传播权"，加工处理后的海量数字版权作品取得授权，公众经由万维网和移动

互联网等各种渠道可以对其进行阅读，同时，数字图书馆、在线网络传播等软硬件环境下的数字版权纠纷问题也日益严峻。

移动阅读生态链中，需要权衡电子图书出版商、电子图书集成商的图书版权权利关系，电子图书和电子期刊的版权问题，以及学术电子书和休闲电子书的版权问题。

对于图书馆等服务机构来说，在开展移动阅读服务过程中，需要将数字内容下载到个人移动设备上或图书馆自有的电子书阅读器上等。因此，对于电子书的合理使用，以及电子书的馆际互借与文献传递等图书馆移动阅读服务中涉及的著作权使用行为，没有规定例外，给图书馆带来了系统性法律风险，目前可通过：《著作权法》第八条；2005年3月1日生效的《著作权集体管理条例》（第四十八条）；2006年7月1日生效的《信息网络传播权保护条例》（第二十七条），进一步完善著作权相关立法，通过法定许可制度等法律武器保障数字资源版权，与时俱进及时修订《著作权法》《著作权集体管理条例》《信息网络传播权保护条例》等法规，在进一步解决购买而不是订阅的条件下，解决数字阅读资源的保存及永久访问问题，以及数字阅读资源等内容版权资源背后所隐含的各类著作权法律问题。同时，《著作权法》第三次修订应反映上述国际最新发展动态，在《著作权法》例外条款中予以规定。

2. 加快版权保护技术的研发

由于其数字化特性，数字内容产品的复制、传播成本极低。目前，数字产品侵权手段复杂多样，版权保护相关法律制度还不够完善。在这种情况下，加快版权技术保护技术的研发将对防止侵权行为的发生有重要意义。数字技术的产生和发展对版权制度的影响已经为世界所认识。世界知识产权组织（WIPO）在1996年针对数字技术的应用出台了《世界知识产权组织版权条约》（WCT）与《世界知识产权组织表演和唱片条约》（WPPT），这两个条约及所附的"议定申明"较充分地弥补了原有《伯尔尼公约》及《罗马公约》在数字环境下的不足，各国也针对数字环境相应地调整和修改了本国的版权法。

2012年11月29日至30日在中国杭州举办的"数字环境下版权集体管理国际研讨会"中，各国政府及版权和相关权集体管理组织、国际版权机构共同研讨在应对数字技术发展挑战方面，在版权管理和执法方面所采取的应对措施和经验做法，以及互相交流数字环境下版权集体管理的现状和发展方向与政府监管、版权立法、执法实践等议题。通过加快推进数字版权管理技术应用进程，对数字内容进行加密和附加使用规则来限定数字内容的使用情况，保障数字内容的版权权益。

3. 建立数字版权集体管理组织

版权集体管理是指版权人（包括邻接权人）以信托方式把自己的权利转让给管理团体，授权管理团体管理他们的权利，权利人享受由此带来的利益，集体管理组织属于非营利性组织；经权利人授权，与权利人建立信托关系；集体管理组织以自己的名义为会员主张权利，包括诉讼仲裁等。

版权集体管理组织经权利人授权，集中行使权利人的有关权利，并以自己的名义与使用者订立著作权或者与著作权有关的权利许可使用合同（简称许可使用合同）；向使用者收取使用费；向权利人转付使用费；进行涉及著作权或者与著作权有关的权利的诉讼、仲裁等。

图书馆开展移动阅读服务过程中，应关注以中国文字著作权协会为首的现有五家著作权集体管理组织的有关数字版权的管理规定，了解数字版权的相关法律依据，如《著作权法》《著作权集体管理条例》《信息网络传播权保护条例》及相关法定许可制度等。在移动阅读产业生态链中，顺应产业发展需要，依靠著作权集体管理组织，加强与集体管理组织合作，发挥其专业优势，与数字出版商、平台和运营商精诚合作，树立规范的版权意识和社会责任意识，创新数字版权授权模式，遵循先授权后使用的版权保护原则，通过建立完善的数字版权资源与交易平台，解决海量作品的授权问题。在推广作品和维护自身权益方面拧成一股绳，提高作品传播效率、速度和广度，大大降低维权成本，让数字内容的创作、生产者等著作权人的劳动得到合理回报，使其利益得到有效保护，促进移动阅读生态链的自我创造、自我规范与自我完善。

4. 加强移动互联网监管，保护用户隐私

近年来，移动互联网发展迅猛，用户使用移动互联网的同时也产生了用户账号、好友关系、通讯录、用户文档、地理位置信息、网络聊天记录等信息。大数据时代真正到来，信息传递的方式和渠道更加多元化。大量用户信息在移动互联网中不受时间、空间、接入方式的限制进行传播的同时，也滋生着移动网络安全问题，安全隐患和用户隐私泄露的风险也越来越严重和普遍，这都给网络安全监管提出了更多的挑战。

移动互联网成为移动阅读重要的传播渠道，所以，移动互联网在监管体系上应着重关注用户的个人信息安全和隐私保护问题，如用户阅读内容、用户个人隐私及用户权益等方面都需要加大监管力度。因此，建立相关监管制度，搭建互联网监控管理平台已刻不容缓。用户在隐私得到保障时，才能放心大胆地体验移动互联网服务。

在移动阅读生态链中，保护用户隐私需要政府、行业协会、数字内容提供商、设备制造商、电信运营商、图书馆及用户等各方面协同工作。移动阅读产业链的各个参与主体都应该致力于打造注重用户体验的、最安全、最隐私的移动阅读平台，针对用户个人自然信息和浏览阅读偏好进行监管，实现对用户隐私及安全的全面保障。这样才能使移动阅读产业未来的发展空间更广泛。

图书馆等服务机构在开展移动阅读服务中，必须慎重考虑用户数据信息的隐私与安全问题。图书馆需通过一定形式的读者教育及馆员培训等，增强 SoLoMo 环境下图书馆和用户双方的信息安全意识。图书馆在鼓励用户移动阅读的同时，也要加强对用户进行版权保护意识的教育，制订详细可行的服务控制规划，多维度、多视角对信息资源进行描述，确定用户所能参与的"度"，对用户生成内容、转载内容、合理使用资源等场景的内涵与外延进行规范和界定，从而对用户参与信息传播、用户生成内容的风险进行有效控制。

有些移动图书馆和移动阅读并非单一图书馆能够完成的，目前大部分移动图书馆服务仅限于单一图书馆的开发、建设与推广，鉴于各个图书馆的规模、经费、资源、技术、人员的具体情况，区域合作、馆际联盟的需求会持续增加，图书馆资源联盟或平台联盟的发展路线会将合作理念制度化、标准化，不断完善图书馆移动阅读服务生态圈。

图书馆之间可以进行横向联合，由大型、经费充裕的图书馆牵头，通过馆际合作、区域联盟、资源联盟或平台联盟的方式，合作购买电子书，或制定移动阅读相关行业标准，确保更好地实施移动阅读服务，并为中小图书馆提供成熟的方案和实践经验。

图书馆也可以与数据库商、出版界等跨界合作及共享交流，在资源联盟与合作上，图书馆可以与一些专业数据库合作，购买其移动数据库，并适用于不同的移动终端。例如，弗朗西斯·康特韦医学图书馆的移动服务上，汇聚了哈佛医学院及众多医学数据库商之间的资源项目，不仅包括移动优化的 WAP 网站资源，也包括适用于各个移动智能终端的 App 应用，主要服务于哈佛医学院、哈佛公共卫生学院、波士顿医学图书馆和马萨诸塞州医学会，哈佛大学师生只需输入个人账户信息，就可以登录使用图书馆资源。在保障知识产权的前提下满足了移动用户获取图书馆资源的需求，拓展了移动图书馆服务的时空范围，为图书馆之间进行合作提供了很好的借鉴与思考。得克萨斯州 A&M 大学医学图书馆与一些移动数据库内容提供商合作也颇多，如 DynaMed、EBSCO Database、Epocrates 等，部分移动数据库内容还可以免费获取。

此外，移动图书馆平台建设及内容管理，还需要支持 Cloud 云计算和 Global 全球化战略，通过不断加强图书馆业界合作及跨行业合作，探索图书馆移动阅读服务的运营模式，将单一移动图书馆服务模式推广至其他图书馆，不断促进图书馆移动阅读服务生态链的形成。

第十章
图书馆网络视频阅读服务创新路径

第一节　图书馆网络视频阅读推广实践经验

一、多种方式激发用户参与数字阅读推广的意愿

图书馆在推广数字阅读的过程中，采取了一系列创新性的策略来激发用户的参与意愿。在线阅读活动的举办，以及提供丰富的阅读推荐和分享机制，已成为吸引用户眼球的重要手段。为了进一步增强用户体验，图书馆不断挖掘社交媒体平台和移动应用程序的潜力，通过设置互动游戏和组织抽奖活动，加深用户的参与感。这不仅为用户提供了一个轻松愉悦的数字阅读环境，而且也通过游戏化元素让阅读变得更加吸引人。

图书馆还积极寻求与各类机构和社区的合作，共同举办数字阅读培训、讲座，以及各种展览活动。这些合作项目不仅提升了图书馆服务的社会化程度，而且通过专业的培训和深入的讲座，有效提升了用户对数字阅读的理解和认知。展览活动的开展也为用户提供了一个直观展示数字阅读魅力的平台，通过实物和多媒体的结合，增强了用户的感官体验，提高了他们对数字阅读内容的兴趣。

这种多维度、互动性强的推广方式，不仅使数字阅读服务变得更加丰富多彩，也更加契合当代用户的阅读习惯和偏好。通过不断创新服务手段和提升用户参与度的策略，图书馆成功地将传统的阅读服务转型为互联网时代下的数字化阅读新模式。这种模式不仅为用户带来了便利和快乐，同时也为图书馆的数字资源建设和利用开辟了新的道路，赋予了图书馆在数字时代中的新角色和新价值。

二、通过在线直播互动的方式来开展数字阅读推广

图书馆在推动数字阅读的道路上，正在利用在线直播这一现代技术创新服务方式，为用户带来全新的阅读体验。通过精心策划和组织，图书馆邀请了一批作家、学者以及资深读者，开展一系列线上讲座和读书分享活动。这些活动不仅仅局限于被动观看，更是通过直播平台的实时传输与互动功能，让用户能够穿越虚拟与现实的界限，与嘉宾进行实时提问和评论，深度参与到每一次讲

座和分享中。这种直播互动不仅仅是信息的单向流动，更是知识共享、观点交流的双向互动，极大地增强了用户的参与感和阅读体验。

图书馆通过在线直播平台的运用，不断拓展阅读推广的形式，如在线读书会的举办，为喜爱阅读的用户提供了一个共同讨论书籍、分享阅读感受的社区空间。这些读书会的直播互动，使得用户即便身处家中，也能感受到与其他读者现场交流的温度，拉近了彼此之间的距离。此外，图书馆还通过在线直播组织作文比赛等文化活动，激发用户的文学创造力，为用户提供了一个展示自我、相互学习的舞台。通过这些丰富多样的直播活动，图书馆不仅加深了用户对书籍的了解，也促进了用户间的交流与互动，形成了一个活跃的数字阅读社区。

数字阅读服务的创新不仅体现在技术和平台的运用上，更在于图书馆如何通过直播这一媒介，传递阅读的乐趣与价值。图书馆通过直播活动的策划与实施，不断探索与用户互动的新途径，旨在通过每一次线上的实时互动，搭建起书籍与读者之间的桥梁，推广数字阅读的同时，也强化了图书馆在数字时代的文化传播功能。这种互动式的直播推广，不仅为用户带来了全新的阅读体验，更加深了用户对图书馆数字阅读服务的认知与依赖，增强了图书馆服务的吸引力和影响力。

三、赋予线下推广场景线上导流功能

在现代图书馆管理中，线下活动与线上服务的融合已成为阅读推广的重要策略。图书馆通过在传统的阅读推广场景中整合数字技术，创新性地构建了一种线下至线上的无缝链接体验，有效地增加了数字阅读服务的覆盖面和影响力。当读者参与图书馆的线下活动，如阅读展览或作者见面会时，他们会发现这些实体体验被巧妙地与线上资源连接起来。例如，在阅读展览中，图书馆不仅展示实体书籍，还巧妙地布置了二维码，这些二维码通往图书馆电子图书馆或特定数字资源的在线平台。读者只需简单地用智能手机扫描这些二维码，即可立即访问到更广泛的阅读材料，包括电子书、有声读物和互动内容。这种方式不仅为读者提供了即时的阅读渠道，也极大地提升了数字资源的使用率。

此外，图书馆在展示物品上附加数字阅读链接或推荐码，这一做法能够刺激读者的好奇心，鼓励他们进一步探索和使用数字阅读服务。当读者对某个展示的主题或书籍感兴趣时，他们可以立即获取相关的数字资源，不受时间和空间的限制，深入阅读和学习。这种即时的信息获取方式，不仅省去了在书架之间寻找书籍的时间，而且能够迅速满足读者的信息需求。

图书馆采用这种线下到线上的导流方式，不仅方便了读者，也加强了图书馆服务的连贯性和一体性。读者在体验线下活动的同时，被自然引导至图书馆的线上服务，从而享受到更为丰富和完整的阅读体验。这种策略也有助于图书馆收集关于读者阅读偏好和行为的数据，进一步优化服务和资源配置。通过这样的创新路径，图书馆不仅促进了数字阅读的普及，还增强了自身作为知识和文化传播中心的角色，充分展现了图书馆在数字时代的生命力和创造力。

第二节　图书馆网络视频阅读服务推广实践不足

一、资源和技术限制

小型或地方性图书馆在推广网络视频阅读服务时面临着不少挑战，其中资源和技术条件的局限性是一个显著的痛点。这些图书馆往往预算有限，缺乏获取或维护先进设备和技术的财力，这直接影响到能否提供高品质的网络视频服务。由于缺乏必要的硬件支持，如高速互联网连接、高分辨率摄像头和麦克风等，以及软件资源，包括视频编辑和流媒体服务平台等，图书馆难以生产和分享高质量的视频内容。这不仅减少了视频阅读服务的可用性，也影响了用户的观看体验。

资源的限制还表现在内容创作和管理上。没有足够的专业人员来规划、录制、编辑和发布视频内容，图书馆难以保持视频服务的更新频率和质量。此外，小型图书馆常常缺乏专业的 IT 支持。当用户或图书馆工作人员在使用视频服务过程中遇到技术问题时，可能难以得到及时和有效的解决，进一步降低了服务的吸引力和用户的满意度。

这些技术和资源上的不足，限制了网络视频阅读服务推广的范围和效果。对于那些期望通过网络视频服务访问图书馆资源的用户，特别是在信息技术迅速发展的今天，他们可能会因为视频质量不佳、内容更新缓慢、操作使用复杂等问题而感到失望，甚至放弃使用图书馆的网络视频阅读服务。对于居住在偏远地区或者出于各种原因无法亲临图书馆的读者来说，网络视频阅读服务本应是他们获取知识和信息的重要途径，但这些技术和资源的限制却使得他们无法充分享受到这一便利。

这种状况不仅削弱了图书馆服务的均等性，也未能充分发挥网络视频阅读在提升公共文化服务和终身学习方面的潜能。因此，对于小型或地方性图书馆而言，寻找切实可行的解决方案以克服这些挑战，提升网络视频阅读服务的质量和可达性，是实现其服务目标和满足社区需求的关键。这可能包括寻求政府或私人资助、建立合作伙伴关系、利用开源技术、培养志愿者或员工的技术能力等多种策略，以确保所有用户都能平等地享受到图书馆提供的数字化阅读服务和资源。

二、缺乏个性化和定制化策略

图书馆网络视频阅读服务面临的一个关键问题是缺乏个性化和定制化的推广策略。在数字时代，用户的阅读习惯和偏好千差万别，但许多图书馆仍沿用传统的、"一刀切"式的服务推广方式，难以满足不同用户的个性化需求。这种泛泛而谈的服务模式不仅很难吸引用户，还可能导致用户体验不佳，最终影响到用户对图书馆网络视频阅读服务的整体评价和忠诚度。

为了提高用户的参与度和满意度，图书馆应当深入挖掘和分析用户数据，包括用户的浏览历史、阅读偏好、互动反馈等，以这些数据为基础实现个性化服务。例如，通过数据挖掘技术，可以识别用户的兴趣领域，然后提供定制化的视频推荐，确保用户能够快速找到他们感兴趣的内容。此外，图书馆可以根据用户的历史行为，定期推送更新通知，针对特定的群体推广相关主题的深入探讨或作者访谈等特色内容，从而提供更具吸引力的个性化体验。

定制化服务还可以体现在用户交互和界面设计上。用户可以根据自己的喜好来调整界面的布局和功能，如设置常用的搜索过滤器、选择内容展示的方式等，使得每个用户都能在图书馆的网络平台上拥有更加个人化的空间。为了进一步提高服务的个性化程度，图书馆可以开发智能推荐系统。该系统能够学习用户的行为模式，并据此不断优化推荐算法。

同时，图书馆应当建立起更加灵活的反馈机制，鼓励用户对所接受服务的满意度和改进建议进行反馈。这些反馈信息对于图书馆理解用户需求，不断调整和改进服务具有至关重要的作用。通过这样的循环迭代，图书馆能够确保其网络视频阅读服务始终保持活力，不断适应用户的变化和期待。

图书馆必须从用户的角度出发，运用现代信息技术和大数据分析手段，深化服务的个性化和定制化。这样的策略不仅能够提升用户的满意度和忠诚度，还有助于图书馆在竞争日益激烈的信息服务市场中保持自身的吸引力和竞争力。通过精准的个性化服务，图书馆能够吸引更多用户，提高网络视频阅读服务的使用率，最终实现资源的优化配置和服务质量的持续提升。

三、用户教育和培训不足

在推广网络视频阅读服务的过程中，图书馆面临的另一项挑战是用户教育和培训。特别是对于那些可能不太熟悉数字技术的老年读者，以及那些数字阅读经验较少的用户，复杂的操作界面和新兴的技术平台很可能成为他们享受服务的障碍。这不仅影响了他们获取信息的效率，也减少了他们使用网络视频阅读服务的可能性。因此，图书馆必须认识到，提供技术设施和资源的同时，对用户进行适当的教育和培训是同等重要的。

图书馆可以通过设计一系列的培训课程和工作坊帮助用户克服技术障碍。这些活动应当覆盖基本的计算机操作技能、网络搜索技巧，以及如何有效地使用图书馆提供的网络视频资源。为了满足不同用户群体的需求，这些教育活动需要有不同的难度级别，从基础到高级，让所有用户都能找到合适的学习途径。除了现场教学外，图书馆还可以提供在线教程和视频指导，让用户能够在任何时间、任何地点学习和复习。

此外，图书馆的工作人员应当接受专业培训，以便更好地指导和支持用户。工作人员不仅要熟悉所有的数字资源和工具，还要具备良好的沟通技巧，以便能够耐心地解释和指导，特别是对于那些不熟悉数字环境的用户。图书馆可以设立帮助台或在线咨询服务，提供即时的技术支持和问题解答。

为了进一步提升用户教育的效果，图书馆可以利用用户反馈来调整和优化培训内容。通过定期的调查和评估，图书馆可以了解到用户在学习过程中遇到的具体问题，哪些内容是用户最感兴趣或最需要帮助的，然后针对这些反馈进行调整。这种基于用户反馈的持续改进过程，能够确保培训活动更加贴合用户需要，从而提高用户的学习效果和满意度。

四、推广效果的评估和反馈机制不够完善

在网络视频阅读服务的推广过程中，评估和反馈机制的完善性对于服务质量和用户体验的提升至关重要。图书馆在开展服务时，往往会面对如何衡量推广效果的问题。有效的评估机制可以为图书馆提供关于哪些服务受欢迎、哪些需要改进的直接信息。然而，许多图书馆尚未建立起一套全面的数据收集和分析体系，导致服务推广策略无法做到精准调整，从而影响了服务的整体效果。

为了解决这一问题，图书馆需要构建一个包含用户反馈渠道的评估体系，这样可以确保收集到用户对网络视频阅读服务的直接反馈。这一体系不仅包括定期的用户满意度调查，还包括对服务使用情况的实时监控。例如，可以通过在线问卷、用户访谈、评论分析等方式，收集用户对视频内容、播放平台、界面设计等方面的看法和建议。

此外，图书馆还应该采用数据分析工具来挖掘用户行为数据，如观看次数、观看时长、互动频率等，这些数据可以揭示用户的偏好和习惯。通过对这些数据的深入分析，图书馆可以识别出受欢迎的内容和服务痛点，从而针对性地进行优化和创新。

与此同时，图书馆还应当确保评估结果能够被及时地反馈给服务设计和管理团队，以便快速做出响应。评估结果的分析报告应该详尽呈现服务的优势和不足，并根据这些信息调整推广策略。例如，如果发现某个视频系列的观看率低，图书馆可能需要调查原因，并考虑改进视频内容、增加互动元素或改善宣传方式。

为了实现持续改进，图书馆应该将评估和反馈机制视为一个动态的、迭代的过程。不仅仅是单次的反馈收集，而是一个持续的循环，不断地收集数据、分析反馈、调整策略、再次评估。这种循环不仅能帮助图书馆提升服务质量，还能够建立起与用户之间的良性互动，增强用户的参与感和归属感。

最终，通过这样一个精细化的评估和反馈体系，图书馆能够确保网络视频阅读服务更加贴合用户需求，提升用户满意度，增强服务的吸引力和影响力。图书馆需要认识到，只有当用户的声音和体验得到充分重视和利用时，图书馆的服务推广才能真正达到预期的效果，实现服务的持续创新和改进。

第三节　图书馆网络视频阅读服务推广的具体实施路径

一、搭建用户标签体系

在构建图书馆的网络视频阅读服务创新路径时，搭建用户标签体系是一个核心的环节。这个过程起始于对用户信息的深入收集与分析，其中包括但不限于用户的基本资料，如年龄、性别、学历，以及他们的阅读偏好和行为模式，如常读的书籍类型、频繁活跃的时间段等。收集到这些数据后，图书馆可以利用先进的数据分析工具和算法，将这些看似杂乱无章的信息转化为有价值的用户标签，这些标签能够揭示每位用户的独特需求和兴趣点。

利用这些分析出的用户标签，图书馆能够对用户进行有效的分群，将具有相似阅读兴趣和行为特征的用户聚集在一起，形成特定的用户群体。这种分群不仅有助于图书馆更精确地理解不同用户群体的需求，而且提供了为每个群体定制服务的可能性。例如，文学爱好者可能更加倾向于观看与文学相关的视频内容，而科普读物的爱好者可能更乐于观看科学教育视频。这种定制化的服务方式，使得图书馆能够推出更为个性化的推荐，不仅提升了用户体验，也增加了资源的使用效率。

基于用户的个性化标签和分群，图书馆可以进一步实施精准的内容推荐和服务。通过智能推荐系统，图书馆能够根据用户的阅读历史和偏好，推送更加相关和吸引人的网络视频内容。例如，对于历史爱好者，图书馆可以推荐深受好评的历史纪录片或系列讲座；对于科技迷，可以提供最新的科技发展专题视频或在线研讨会。图书馆还可以根据用户的具体需求，提供定制化服务，如根据用户喜好定期发送专题阅读资讯，或制作个性化的阅读推荐单。

最后，用户标签体系的建立也为图书馆提供了开展有针对性的宣传和推广活动的依据。通过对不同用户群体特征和兴趣的详尽了解，图书馆可以设计出更加吸引特定用户群体参与的宣传方案。例如，对于青少年学生群体，可以举办富有教育意义的视频知识竞赛；对于在职人员，则可以推出助力职业发展的网络研讨会或专题工作坊。通过这些精心设计的活动，图书馆不仅能够进一步提升服务的吸引力，还能够增强用户的参与感和归属感，从而构建起一个活跃且持续互动的阅读社区，为网络视频阅读服务的持续创新和发展打下坚实的基础。

二、构建多平台联动式数字阅读服务推广格局

在图书馆网络视频阅读服务的推广中，构建一个多平台联动式的数字阅读服务推广格局显得尤为关键。这种格局的建立旨在通过多渠道的宣传和推广活动，扩大服务的覆盖范围，提升用户的参与度以及数字阅读的普及率。为此，图书馆需精选各种适合的传播平台，包括但不限于图书馆官方网站、应用程序、社交媒体平台（微信、微博、QQ空间）、在线教育平台、电子书平台以及网络视频平台。通过在这些平台上发布定制化的内容和活动信息，图书馆能有效吸引更多用户的关注，促进用户之间的互动交流。

为了保障推广活动的一致性和连贯性，图书馆应建立专门的推广团队负责跨平台的活动规划与资源整合，与各平台的运营人员和负责人密切合作，共同策划推广策略，创造一致的推广内容。这样的协同工作不仅可以提高宣传效果，还有助于及时收集和响应用户的反馈，优化用户体验，提升服务质量。

除此之外，图书馆需与不同的机构、社区组织、教育机构以及媒体建立合作关系，以实现资源共享和优势互补。与这些机构合作举办数字阅读相关的活动和讲座，不仅能增加数字阅读服务的社会影响力，也能将数字阅读深入到社区和学校，使之成为人们日常生活的一部分。与媒体的合作则可进一步扩大宣传范围，通过专题报道、采访等方式，介绍图书馆网络视频阅读服务的独到之处和优势，从而促使数字阅读服务信息传达给更广泛的受众，提高公共知名度。

综上所述，多平台联动的推广策略能为图书馆网络视频阅读服务带来更广阔的发展空间和更高的用户参与度，这种策略的成功实施对于图书馆数字阅读服务的普及和持续发展至关重要。通过这样的模式，图书馆能够有效地提升自身的服务能力，为用户打造更加丰富、便捷、高效的数字阅读体验。

三、以网络视频营销来推动数字阅读推广服务的供需平衡

在图书馆网络视频阅读服务推广的过程中，实施精准高效的营销策略对于平衡阅读服务供需具有至关重要的作用。制定明确的宣传目标，并针对不同的

目标用户群体深入分析其特点和需求，是确保宣传内容具有吸引力和参与度的基础。同时，宣传信息的传递方式需明晰，让用户轻松理解数字阅读的价值所在，这要求我们不仅要有趣味性地设计内容，也要注重信息的透明度和易懂性。详尽的宣传计划和时间表对于保持宣传的连续性和持续性至关重要，这不仅涉及活动的具体内容和安排，还包括选择最合适的推广渠道和宣传的最佳时间段，以便最大程度地提升宣传的有效覆盖和用户的参与率。

宣传的多渠道策略能够确保不同用户群体的覆盖，这既包括线上的图书馆官网、社交媒体和数字阅读应用，也涉及线下的学校合作、社区活动和展览等形式，从而实现数字阅读推广的广泛性和多样性。为了提高宣传的吸引力和影响力，选择恰当的宣传工具和方式至关重要，这意味着我们需要利用多种媒介，如文字、图片和视频，以及用户喜爱的语言和风格来呈现数字阅读的独特优势和体验。此外，对宣传效果的评估和调整是不可或缺的环节，它能帮助我们实时了解用户的反馈和参与状况，从而优化宣传策略和内容，提升宣传的实效性。

综上所述，图书馆网络视频阅读服务推广要求我们在策略制定、计划实施和效果评估上精准施策，细致操作，以确保服务供需平衡，不断提升数字阅读服务的推广质量和用户的阅读体验。

四、有策略、有计划、多渠道宣传

在制定图书馆网络视频阅读服务的宣传策略时，核心在于深入理解和分析目标用户群体的需求与兴趣，进而设计具有吸引力的宣传内容。为了准确传递关键信息，必须突出数字阅读的独特优势和价值，激发潜在用户的兴趣和好奇心。同时，周密的宣传计划和时间表是保证传播效果的基础。这包括精心挑选的内容、合理的时间安排以及恰当的推广渠道，以便在用户最活跃的时段进行传播，从而提高信息的可见率和互动率。

多渠道宣传策略能够扩大数字阅读服务的覆盖范围，线上渠道，如图书馆官方网站、社交媒体平台和数字阅读应用成为直接和便捷的信息传递工具，而线下渠道则可以通过与教育机构、社区中心和媒体的合作，在实体活动中提升服务的可见度和信任度。在这一过程中，传播方式的多样化至关重要，利用各种媒介，如文字、图片、视频等，以及用户偏好的语言和风格，可以显著提高宣传内容的吸引力和影响力。更有甚者，通过与知名公众人物或行业领袖的合作宣传，可以进一步增强宣传的权威性和影响范围。

宣传效果的持续评估和及时调整同样不可或缺，这涉及监控用户反馈和参与度，以精准捕捉宣传活动的成效和用户的实际反应。根据这些评估结果，图书馆可以快速调整其宣传策略和内容，确保宣传活动与用户需求保持同步，从而有效提升用户参与度。为了未来宣传活动的持续优化，定期的效果评估和总结是提供宝贵经验和参考的关键环节，确保图书馆能够不断进步，适应数字阅读市场的变化，最终实现服务的创新和提升。

五、注重网络视频的情感价值、平台定位及版权问题

在图书馆网络视频阅读服务的推广中，注重视频的情感价值是提升用户参与度的关键。情感价值的塑造可以通过分享用户的阅读体验、讲述动人的故事。以及展现作者与读者间的互动等方式来实现。这类内容不仅能够激发读者的共鸣，还能够促进他们对数字阅读的热情，有助于形成情感上的连接，使其更愿意深入探索和利用图书馆的数字资源。视频的情感层面也可以通过展示图书馆如何影响个人生活与成长、描绘阅读对于知识获取和心灵慰藉的重要性来进一步强化。同时，调整和优化视频内容以适应不同数字平台的特性是至关重要的。考虑到各个平台所吸引的用户群体、使用习惯和期望的内容类型不尽相同，定制化的推广策略能够确保信息有效触达目标观众。例如，针对年轻用户活跃的社交媒体平台，可以设计更为轻松幽默的视频内容，而专业或学术导向的平台则可能需要更加严谨和翔实的内容。此外，视频制作的合法性和遵守版权法律是网络推广中不可忽视的法律义务。合法使用音乐、图片和视频片段，不仅体现了对原创者的尊重，也保护了图书馆服务不受侵权纠纷的干扰。这不仅需要在内容创作时警惕，还要在通过各种渠道发布内容时保持警觉。在实际操作中，可以通过购买版权、使用公有领域的素材或者与原创者达成合作协议等方式来规避潜在的版权问题。同时，建立健全的版权保护机制，如水印、版权声明等，以确保内容的原创性和独立性不被侵犯，这对于维护图书馆服务的专业形象和信誉至关重要。通过这些措施，图书馆能够在推广数字阅读服务的同时，也为用户提供一个安全、可靠和合法的网络视频观看环境。

参 考 文 献

[1] 吴帅.图书馆管理与服务研究 [M].汕头：汕头大学出版社，2022.

[2] 黄如花，肖希明.数字信息时代的图书馆管理 [M].武汉：武汉大学出版社，2023.

[3] 夏雨雨，许志军，赵雯.公共图书馆管理与阅读服务 [M].哈尔滨：哈尔滨出版社，2023.

[4] 马蓉，胡琬堃，杨丽杰.图书馆管理与阅读服务研究 [M].长春：吉林人民出版社，2021.

[5] 赵曾，朱彦.公共图书馆管理与阅读服务 [M].哈尔滨：北方文艺出版社，2022.

[6] 张译文.图书馆管理与服务创新研究 [M].北京：中国商务出版社，2022.

[7] 刘淑玲.图书馆管理与资源开发建设 [M].长春：吉林出版集团股份有限公司，2022.

[8] 谷慧宇.图书馆管理的创新方法研究 [M].延吉：延边大学出版社，2021.

[9] 罗颖.图书馆管理与数字化建设研究 [M].长春：吉林出版集团股份有限公司，2022.

[10] 许松河.图书馆管理与应用研究 [M].长春：吉林出版集团股份有限公司，2019.

[11] 于佳岑.面向 2035 的公共图书馆阅读服务转型路径研究 [D].大连：辽宁师范大学，2022.

[12] 韩迪.全民阅读保障体系建设研究 [D].哈尔滨：黑龙江大学，2022.

[13] 罗丹.江苏省公共阅读服务体系建设研究 [D].扬州：扬州大学，2022.

[14] 刘泽宁.基于智慧技术的公共图书馆社会化阅读服务模式研究 [D].天津：天津理工大学，2021.

[15] 孙蕊.移动互联网环境下高校大学生碎片化阅读行为研究 [D].天津：天津工业大学，2018.

[16]何希.移动阅读及其用户行为研究[D].重庆大学,2014.

[17]陈雪芬,苏瑞竹.面向智慧图书馆的高校图书馆员能力建设研究[D].广西民族大学,2023.

[18]张瑞琳,赵丽梅,黄丽霞.智慧图书馆价值链构建研究[D].黑龙江大学,2023.

[19]郑佳茹.城市公共图书馆管理问题研究——以温州市"城市书房"为例[D].西北农林科技大学,2022.

[20]郭晓雨.重庆图书馆智能化公共服务建设研究[D].西南大学,2022.

[21]王纯明.公共图书馆阅读推广工作的实施策略与管理模式研究[J].兰台内外,2024,(05):73-75.

[22]杨冰.以人为本创新高校图书馆管理手段[J].文化产业,2024,(03):88-90.

[23]董谦,田阳.数字中国背景下公共图书馆智慧化转型策略研究[J].河南图书馆学刊,2024,44(01):44-46.

[24]张绍敏.智慧读者服务管理系统建设策略[J].传媒论坛,2024,7(01):113-116.

[25]刘培旺,张文亮,柯平.新时代我国图书馆学教育的适应性调整及应对策略研究[J].图书馆,2024,(01):25-31+46.

[26]买鲁旦·阿布拉.基于大数据技术的图书馆管理创新策略分析[J].电子技术,2023,52(12):154-155.

[27]禹雪燕.融媒体时代图书馆图书资料管理新策略研究[J].湖北开放职业学院学报,2023,36(23):122-123+126.

[28]张玉.中国传统视觉元素在数字媒体艺术设计中的应用[J].玩具世界,2023,(06):82-84.

[29]王长熠.图书馆电子资源管理与预警策略分析[J].电子技术,2023,52(11):52-53.

[30]周慧.中国传统元素在数字媒体艺术设计中的应用[J].鞋类工艺与设计,2023,3(20):39-41.

[31]陈艺楠.数字媒体艺术设计中中国传统元素的融入[J].鞋类工艺与设计,2023,3(19):60-62.

[32]高靖童.传统水墨元素在数字媒体艺术创作中的表达与应用[J].艺术市场，2023（10）：60-62.

[33]刘泽煜.数字媒体艺术设计的特征及对传统艺术设计的影响研究[J].纺织报告，2023，42（09）：59-61.

[34]杜群英，刘槐煜.新媒体环境下高校图书馆管理策略[J].采写编，2023（09）：164-166.

[35]李志跃."互联网+"时代高校图书馆服务管理的创新策略[J].采写编，2023（09）：167-169.

[36]王健，王珺.数字媒体艺术设计中中国传统元素的融入探索[J].鞋类工艺与设计，2023，3（16）：105-107.

[37]刘艳.数字媒体艺术设计中传统元素的应用探讨[J].中国民族博览，2023（14）：238-240.

[38]姚童哥，肖瑶.新媒体艺术视野下中国传统绘画的传播路径探讨[J].四川戏剧，2023（06）：132-136.

[39]姜瑛，云桢，宋艺赫.数字媒体艺术下传统文化的传承[J].上海轻工业，2023（03）：63-65.

[40]何婧，佟佳.数字媒体艺术在中国传统文化包装中的运用分析[J].上海包装，2023（05）：16-18.